위대한 실패

위대한 실패

베른트 잉그마르 구트베를레트 지음

장혜경 옮김

율리시즈

한국의 독자들에게

내 책이 한 권 더 한국에서 출판된다니, 매우 영광스럽다. 이 책은 특히나 장기적 프로젝트였던 데다 자료 조사 과정에서 사실 증명이 결코 쉽지 않았다. 덧붙이자면, 역사는 실패를 생략하려는 경향이 있기 때문이다.

역사는 승리자들에 의해 쓰여진다. 그들은 과거부터 지금까지 줄곧 사관을 통제하고 지배하는 자들이다. 성공하지 못하고 패배한 사람들은 누구나 역사적 기록에서 외면받거나, 부당하게 취급되거나, 아니면 기억에서 근절돼 통째로 잊혀진다. 이는 모든 시대, 모든 문화에서도 마찬가지다. 천 년도 더 전에, 중남미 마야의 통치자들이 서로 치열하게 싸웠을 때, 승리를 차지한 왕은 패배한 상대편의 모든 역사 기록을 지워 그들에게서 과거를 앗아가버렸다. 정치적으로 억압을 받던 20세기에도 마야인들에게는 같은 일들이 발생했다. 하지만 역사적 기억은 문화의 정체성을 유지하는 데 매우 중요하다. 고대 마야의 이 같은 역사 '가공'은, 현대 역사가들로 하여금 어떤 식으로 사건이 전개되었는지 정립하는 것을 매우 어렵게 만든다. 현대 마야는 자신들의 과거, 유산, 역사적 정체성을 회복하기 위해 힘든 싸움을 벌여야 했다. 두 경우 모두,

사실이 어떠했는지와는 상관없이 역사는 승리자에 의해 남용되었다.

사람들에게는 역사 감각만 필요한 것이 아니라, 사실에 입각한 역사에 대한 권리 또한 필요하다. 중앙 아메리카, 아시아, 유럽에 이르기까지, 언제 어디서든 역사는 남용되었고 지금도 마찬가지다. 내 고향 베를린에서는 20세기 동안 도로명들이 정치 상황에 따라 계속 바뀌고 있는 중이다. 어떤 역사적 인물을 도로명에 내세울 만큼 추앙받을 가치가 있는지에 대해서는 때로 격렬한 토론이 벌어지곤 한다. 동상들이 세워졌다 철거되고, 한때는 진실이라고 여기던 것이 다른 시기에 와선 불법으로 간주된다. 1950년 동독의 공산주의 정부는 베를린의 아름다운 왕궁을 폭파하기로 결정한다. 역사 반영이라는 어설픈 운동의 일환으로, 왕궁은 군주제와 프로이센 군국주의의 상징이니 불필요한 것으로 간주해 없애버려야 한다는 취지에서였다. 사회주의 '공화국 궁전'이 지어졌다가 공산당이 정권을 쟁취한 이후 철거된 그 자리에, 현재는 옛날의 왕궁이 다시 지어지고 있는 중이다. 바로크 양식의 석재 파사드로 둘러싼 채, 콘크리트로 옛 모습을 복원하고 있다. 이 모든 것이 역사적 해석의 특권을 주장하기 위해 행해지는 것들이다.

역사적 오독의 다른 예라면, '동독 사람들의 노스탤지어'라는 의미의 합성어로 독일어로 '오스탈지'라는 것에 집착하는 일부 동독 사람들을 들 수 있다. 이러한 유형의 향수는 동독사의 이면, 예를 들어 전 국민을 대상으로 했던 비밀 기관, 언론의 자유의 결여, 민주주의의 부재, 부패한 경제, 붕괴되어가는 도시, 오염된 자연 같은 것은 외면한다. 대신 경제적 안전성, 서로에 대한 배려, 사람들 간의 강한 연대 같은 장점들을 그리워한다. 동독에 대한 서독의 자주적인 태도와 마주하면서, 그들은 자신들의 특별한 처지, 독재적 상황에 놓여 있던 삶을 방어한다. 물론 모두 이해가 가기는 하지만, 당시에는 마주하기를 거부했던 그 상황을 이제 와서는 너무도 당연히 정당화하고 있는 것이다.

지극히 당연한 말이지만, 역사 그 자체는 반복되지 않는다. 그러나 현재 벌어지고 있는 사안에 대한 더 나은 판단을 내릴 수 있도록, 몇 가지 비교 지점들을 제시한다는 점에서 역사는 훌륭한 조언자다. 동시에 역사는 현재의 정치 혹은 이데올로기를 보완하는 데 쓰일 수도 있다. 정치가와 미디어들은 과거의 어떤 관점을 옳다고 주장하는데, 특히 미디어가 압도적인 영향력으로 과거의 어떤 시점을 이해시키기 위해 사용될 때, 얼마나 많은 진실이 그 뒤에 버티고 있는지와는 상관없이 특정한 과거를 이해하도록 강요하는 데 동원될 때 주의해야 한다. 이런 식의 버전은 유창한 설명과, 완벽한 확신을 동반한다. 그럼에도 불구하고 너무도 빈번하게, 역사는 정확하게 제시되기보다는 특정한 목적으로 해석되기 일쑤다. 2천 년 전 로마의 전기작가 수톤^{Sueton}이 로마의 황제들을 기술하면서 사실이라기보다는 그 당시에 대한 자신의 관점을 말했던 것처럼. 과거에 대한 언급은 항상 옳은 것일 수는 없다.

역사를 다룬 내 책에서 나는 기만당한 역사와 역사를 통해 다시 기만당한 사람들을 언급해왔다. 남성 역사가에 의해 업신여김을 당해온 역사 속의 여성들, 단지 전기작가가 악마로 묘사하는 바람에 미치광이로 낙인 찍힌 왕같이, 쓸 것도 생각할 것도 많다. 이는 다시 성차별, 혹은 타문화와 전통과 신념에 대한 완전한 무지, (매우 명백한 혹은 명백히 가려진) 정치적 목적 등으로 이어진다.

다른 유형의 역사적 오독은 '기술하지 않는 것'이다. 우연히 그리고 하나씩, 역사상 세 가지 커다란 실패를 마주했을 때 나는 호기심이 발동했다. 그 세 가지는 프랑스의 혁명력과, 유럽에서 아프리카를 잇기 위해 지중해의 수면을 낮추는 프로젝트와, 브라질에 고무 농장을 짓는 헨리 포드의 과한 욕심 프로젝트다. 이 셋은 매우 잘 기록돼 있었지만 대중에게는 거의 완전히 잊혀진 내용들이다. 대실패작으로 결론나버렸다는 건, 오히려 좀더 야심찬 아이디어였다는 반증은 아니었을까? 무엇이 그들로 하여금 그러한 생각을 발전시키도록, 그런 계획을 시작하도록 만들었을까? 그리고 그들은 어떻게 실패에 이르렀을까? 그런 점들이 매혹적이었기에, 규모와 내용에 있어서는 서로 달랐지만, 원대한 아이디어를 현실화시키려는 막대한 노력과 크나큰 실패로 끝났다는 데서는 유사한 사건들을 살펴보기로 했다.

그중 인류를 위한 공통어를 꿈꾸었던 에스페란토, (불과 얼마 전까지만 해도 매우 잘 잉태될 수 있었을) 지구상에서 소아마비를 근절시키겠다는 프로젝트 같은 것은 감탄스러울 정도다. 그런가 하면 인간과 원숭이의 이종 결합 같은 혐오스러운 것, 히틀러의 광궤열차 계획 같은 어이없는 것, 혹은 자연 지형을 거슬러 흐르도록 강줄기를 죄다 바꾸겠다는 하천개발계획 같은 것들도 있다. 자료 조사를 하면서 나는 이러저러한 프로젝트들과 마주하게 되었다. 그러나 예상했던 것과는 달리, 자료 정리가 충실히 되어 있지 않아 애를 먹었다. 역사적 승리들은 거듭거듭 쓰여지고, 영웅과 승리자들은 널리 알려지고 학교에서 가르치고 베스트셀러에 기록되는 반면, 실패작은 다른 일로를 걷는다. 그들의 이야기는 다른 통치자, 다른 이데올로기, 혹은 다른 시스템에 대한 논쟁, 잘 못된 것, 극복해야 할 대상으로 사용될 때에나 주로 언급된다.

야망, 노력, 능력에 대한 과대평가에 얽힌 매혹적인 이야기라는 점과는 별개로, 이러한 큰 실패 사례들은 우리에게 교훈을 준다. 광범위하게 무시되고 잊혀진 이 이야기들은, 실패는 걸러내고 성공 사례만을 선호하는 식으로 선별해낸 역사를 어떻게 돌아볼 것인지에 대해 생각할 거리를 제시한다.

그래서 역사를 읽는 것, 과거에 대한 지식을 갖추는 것에는 몇 가지 좋은 이유가 있다. 무엇이 과거에 대한 옳은 시선인지를 회의할 수 있고, 현재를 이해하는 데도 도움이 된다. 그리고 무엇보다, 역사는 매혹적이며 스릴 넘치는 교훈이 될 수 있다.

차례

한국어판 서문 4
글을 시작하며 13

1장. 가장 순수한 것을 얻기 위해 – 황금의 생산 17

연금술 – 현대 화학의 전신 21 | 금 제작 레시피 26 | 연금술사에 대한 조롱과 경멸 31 | '하얀 금', 도자기 35

2장. 불완전 교향곡 – 보베 생 피에르 대성당 43

한 시대의 등대 47 | 결정의 결과들 54 | 권력 상실로 인한 건축 중단 60 | 11월 밤의 재앙 63 | 고난의 재건축 66 | 새로운 최상급 71 | 두 번째 붕괴 73

3장. 중력을 극복한 기적의 장치 – 톨레도의 양수시설 77

산상 도시에 물 대기 81 | 왕의 부름을 받은 시계공 85 | 조롱과 비난 89 | 세계 8대 기적 96

4장. 새 시대의 선언 – 프랑스 혁명력 99

역사가 만들어지다 102 | 기독교 역법의 부담 104 | 자잘한 개혁 대신 크게 한 방 108 | 이데올로기적이고 시적인 역법 111 | 혁명력의 보급 116 | 1주 10일의 단점 119 | 혁명력의 종말 122

5장. 세계 공용어의 꿈 – 루드비히 자멘호프의 에스페란토 127

야만인과 벙어리 130 | 희망의 의사 134 | 예외 없는 문법 137 | 열광과 비난 143 | 박해받은 국제주의 148 | 위대한 실패 150

6장. 세계 지도를 바꾼다 – 헤르만 죄르겔의 아틀란트로파 153

현대를 향하여 157 | 유럽이여, 어디로 가시나이까? 160 | 200년이 더 걸리는 프로젝트 166 | 건축가들의 놀이터 169 | 진공의 아프리카 172 | 공상과학 소설의 소재 176

7장. 창조에 손을 대다 – 원숭이와 인간의 교배 181

의심스러운 여행 186 | 유리한 조건 189 | 프랑스의 지원 192 | 성공을 결심하다 195 | 자원자, 나타나다 200

8장. 원시림 길들이기 – 헨리 포드의 포드란디아 205

증시가 사랑한 천연고무 210 | '미친 헨리' 포드 214 | 마스터플랜도 없는 대형 프로젝트 219 | 밑 빠진 독 224 | 빈약한 소출, 배부른 해충 227

9장. 전 세계 교통의 혁명화 – 히틀러의 광궤철도 231

거대하게, 더 거대하게 235 | 과대망상의 건축 237 | 지도자의 제국광궤철도 241 | 철도 관계자들의 밋밋한 반응 244 | 최종 승리를 대비하여 246 | 유럽을 가로지르는 2층짜리 호텔 열차 251 | 굴러가는 극장 254

10장. 버튼만 누르면 만사 OK – 사이버네틱스 259

전쟁의 자식, 사이버네틱스 263 | 사회주의가 접수하다 268 | 비법은 경제 사이버네틱스 270 | 구원의 약속 273 | 칠레, 사이버네틱스의 놀이터 279

11장. 자연을 혁명하라 – 시베리아 강줄기를 바꾸다 285

대형 프로젝트를 사랑한 국가 289 | 시베리아 295 | 브레즈네프가 사랑한 프로젝트 299 | 소비에트의 세계 개조 303 | 저항의 목소리 306

12장. 한 모금의 백신 – 세계보건기구의 소아마비 근절 프로젝트 311

병의 역사 314 | 원인을 찾아서 322 | 성급한 환호 324 | 세계인의 건강이라는 헤라클라스의 임무 327 | 새로운 시작 331

진보라는 현대의 이상은 그리 오래된 것이 아니다. 하지만 자신의 능력을 활용하여 주변 세상을 만들어 나가고자 하는 욕망은 인간의 타고난 본성이다. 그런데 그런 바람직한 측면이 자칫 뒤틀린 과대망상과 오만으로 변질되는 경우가 적지 않았다. 서양에서는 인간의 오만을 상징하는 사건으로 흔히 성경의 《창세기》에 기록된 바벨탑 축조를 든다. 사람들은 하늘까지 닿을 거대한 탑을 지어 신에게 도전하려 했다. 이에 신은 인간이 하늘에, 신에게 너무 가까이 오지 못하도록 언어의 혼란을 일으켰고, 사람들이 서로의 말을 알아듣지 못하는 바람에 프로젝트는 실패로 돌아가고 만다.

실패한 바벨탑 축조 이야기는 도가 지나칠 정도로 자신의 능력을 뛰어넘으려고 해서는 안 된다는 교훈을 전해준다. 내 마음대로 할 수 있을 것 같은 것, 바람직해보이는 것이 모두가 좋고 믿을 수 있는 건 아니라는 증거이기도 하다. 어쩌면 구약의 바벨탑은 노아의 방주 이후 가장 유명한 성경의 토포스(창작의 원천으로 자주 사용되는 한 텍스트에서 관습화된 표현이나 구절―편집자)일 것이다. 시대를 막론하고 그런 오만의 노력은 항상 있어 왔기 때문이다. 새로운 도전과 기록을 향한 인간의 충동은 지금까지도 꺾이지 않았다. 그러므로 성경의 바벨탑 모티프에 부합하는 사례는 수없이 많다. 또한 어디까지가 지나치지 않은 것인지, 언제부터 자기 능력을 조절하고 도전의 충동을 옭죄어야 옳은지의 문제는 예나 지금이나 현실성을 잃지 않는다.

실패의 얼굴은 다양하다. 이 책은 이런저런 방식으로 실패하고만 일련의 프로젝트들을 모아놓았다. 황금 제작의 꿈에서 과학의 보편적 힘에 대한 믿음까지, 기술에 대한 탐닉에서 세계 개선의 무시무시한 시나리오까지, 그 내용도 시대도 다양하다. 프로젝트의 동기 역시 확신과 이상주의에서 전능의 환상까지, 무엇이든 할 수 있다는 믿음에서 단순한 이윤 추구를 지나 기술에 대한 과도한 열광에 이르기까지 실로 각양각색이다. 실패의 원인도 다 다르다. 지역도 남미, 시베리아, 칠레, 카스티야, 스탈린의 소련, 나치 독일, 중세와 혁명기의 프랑스, 지중해 해안, 아마존의 열대우림, 아프리카 내륙 등 세계 각지를 아우른다.

어떤 프로젝트는 너무 도가 지나치거나 외람돼, 엄청난 매력에도 실패한 것에 저도 모르게 안도의 한숨이 나온다. 반대로 정말 안타까운 실패도 있다. 또 각기 계획의 수준과 연구 수준도 다르다. 계획이 거의 완벽해 실천으로 옮기기만 했으면 되는 수준이 있는가 하면 도저히 완성될 것 같지 않은 종류의 프로젝트도 있다.

이 책을 쓰면서 많은 전문가들의 도움을 받았다. 그리고 자랑스러운 성과와 성공보다 실패를 이야기하기가 훨씬 어렵다는 사실도 알게 되었다. 역사가들은 실패한 사건에는 별 관심을 두지 않는 법이다. 너무나 인간적이지만 한편으로는 안타깝기도 한 사실이다. 실패도 적잖이 인간적이며 승리와 실패는 떼려야 뗄 수 없는 관계이니 말이다.

이 책에 실린 오만과 자만은 후세대에게 큰 교훈이 될 것이다. 특히 위태로운 우리의 지구와 인류라는 프로젝트가 존폐 위기에 처해 있는 21세기의 우리 인간들에게는 더더욱 그러할 것이다.

Chapter 1

가장 순수한 것을 얻기 위해

- 황금의 생산

처음 금을 만난 순간부터 인류는 열렬히 금을 갈망했다. 어쩌면 금은 인간이 발견한 최초의 금속이었는지도 모른다. 지금으로부터 6000년도 더 전에 말이다. 가장 오래된 황금 공예품은 불가리아의 흑해 연안에서 발견되었고, 제작 시기는 기원전 4400년에서 3900년 사이로 추정된다. 다른 금속들이 속속 발견되면서 황금은 더욱 독보적인 위치를 얻게 된다. 가장 순도가 높은 금속인 데다, 천상의 것, 신과 태양과 빛을 상징하면서 신비의 의미를 획득했기 때문이다. 남미의 잉카인들, 이집트인들, 바빌로니아와 중국인들을 가리지 않고 모두가 그 희귀한 금속에 특별한 의미를 부여하였다. 모두들 금을 찬양하였고 금의 기원을 신에게서 찾았다. 물론 반대 의견도 있었다. 귀한 금속이 불러일으킨 탐욕 때문이었다. 1세기 대 플리니우스는 황금을 멀리하라고 충고했고, 약 9000년 후 경제학자 존 메이너드 케인즈^{John}

Maynard Keynes는 황금을 '야만의 금속'이라 불렀다.

색깔, 불멸성, 희소성, 사용하기 편한 성질—금은 부드러워서 가장 잘 늘어나는 금속이고 따라서 가공하기 좋다— 덕분에 금은 귀하고 값비싼 물건이 되었고, 장신구로 활용되다 결국 화폐로까지 사용되었다. 이미 기원 전 3000년부터 금의 강도를 높이기 위해 은과 동을 섞은 합금이 제작되었다. 금은 처음 발견된 이후 지금까지 약 10만~12만 톤이 채굴돼 가공되었고, 해마다 최고 2500톤의 금이 추가로 채굴되고 있다. 그것을 전부 합치면 한 선분의 길이가 족히 20미터는 될 무지무지하게 큰 주사위를 만들 수 있을 것이다. 그렇지만 우리의 지구는 인간의 욕심을 다 채울 만큼의 풍족한 금을 간직하고 있지 않다. 지각에는 1000톤당 불과 3~6그램의 금만 함유되어 있으며, 바닷물은 더 함량이 낮아 1000톤당 불과 1그램 정도가 들어 있을 뿐이다.

최초의 금화는 리디아의 왕 크로이소스가 만들었다고 한다. 그는 기원전 6000년경에 살았고 지금까지도 전설적인 부의 상징으로 여겨지는 인물이다. 금화와 은화는 성공가도를 달렸다. 미국의 달러 역시 불과 몇십 년 전까지만 해도 금본위제 화폐였다. 유동되는 지폐에 해당하는 금이 전설적인 켄터키 주의 포트 녹스에 보관되어 있었다. 하지만 금본위제도는 폐지되었다. 지금처럼 국가가 채무 위기에 빠진 시대에는 참으로 안타까운 일이라 하겠다. 화폐 가치가 떨어지고 증시가 추락할 때에는 투자자들이 안전한 금으로 몰린다. 그러다 보니 2011년의 세계 경제 위기 때처럼 금의 가치가 하늘 높은 줄 모르고 치솟기도 하지만 그러다 언제 다시 바닥까지 추락할지 모를 일이다.

금이 너무 비싸고 귀하다 보니 이내 모조품이 등장했고 그 후로 위조 화폐까지 유통되어 골치를 썩였다. 대부분은 금에 다른 금속을 섞은 합금이었지만 워낙 정교해 이물질을 섞었다는 사실을 금방 알아보기가 힘들었다. 합금과 동시에 금을 전혀 함유하지 않은 금의 대체물도 시장에 등장했다. 예를 들어 구리와 아연의 합금인 황동은 이미 기원전 2000년부터 사용되었다. 그것을 황금이라고 속여 시장에 팔았다면 아마 위조범은 상당한 돈을 벌었을 것이다. 하지만 그 시절 사람들은 황동 같은 금속을 아주 정직하게 대체물로 판매하였다. 수백 년이 넘도록 수많은 문화권에서 금의 가공과 제작은 연금술사들의 몫이었다.

연금술 – 현대 화학의 전신

연금술은 유서 깊은 학문 분과이지만 현대적인 의미의 과학에는 포함되지 못한다. 그렇다고 해서 연금술이 초자연적이고 사도邪道적이며 사기행각이라는 비난을 받아야 할 이유도 없다. 하지만 오랜 세월 끈질기게 험한 소문들이 연금술을 따라다녔고, 지나칠 정도로 악의적인 상상들이 연금술사들을 괴롭혔다. 엄격하게 합리주의적인 현대의 관점에서 본다면 종교와 연금술은 그 기원이 동일하다. 과학적인 기초가 부족한 상태에서 세상을 설명하고 싶어했던 인간의 열망이 바로 그 기원이었으니 말이다. 현대 과학의 열매를 따먹기까지 인류는 끝없이 "왜"라고 물으며 대답을 찾았다. 연금술 역시 그 길을 걸으면서 결국 현대 화학으로 발전했다. 점성술이 '정식 학문' 천문학의 선구자였던 것과 동일하다. 연금술사들은 자신에게 허용된 지식을 바탕으로 자연에서 찾아낸 물질과 그것의 성질을 연구하였고 나아가 그 물질을 변화시켰다. 그래서 단순한 금속을 보석으로 바꿀 수도 있다고 믿었다. 자연의 성질에 대한 그리스 철학자 아리스토텔레스의 이론 역시 어떤 물질을 다른 물질로 바꿀 수 있는 가능성을 뒷받침했다. 아리스토텔레스는 자연의 모든 것은 완벽을 추구하며, 금속을 포함하여 우리가 죽었다고 생각하는 물질들도 예외가 아니라고 보았다. 따라서 그 시대의 지식과 확신에 따르면 황금의 제작도 충분히 상상 가능한 일이었다.

전체적으로 연금술의 활동 범위는 매우 넓었다. 순수 물질의 증류와 새로운 연금술 기법의 시험에서부터 의약품의 제작 및 실험은 물론 보석 제작에 이르기까지 실로 다양했다. 활동가들의 면면도 그 범위가 매우 포괄적이다. 세상을 등진 외톨이에서부터 교활한 선전가에 이르기까지, 교회에 빌붙어 사는 가난한 더부살이들부터 영주에게 막대한 급여를 받는 전문가들에 이르기까지 다양한 사람들이 연금술에 뛰어들었다. 사리사욕 없이 깨달음을 추구한 사람도 있었고 엄청난 돈벌이를 목표로 삼은 사람도 있었으며 교양 없는 신비론자, 예리한 분석가들도 있었다. 철저하게 실용적인 학문 분과였던 만큼 연금술사들은 배운 지식을 다방면에 활용했고 의약품을 만들고 탐나는 보석을 제작하였다. 그렇지만 또 한편으로 연금술은 이론적이고 사색적인, 나아가 철학적인 작업이기도 했다. 그랬기에 자기 영혼의 완성을 목표로 고단한 자연 연구에 박차를 가했던 진지한 연금술사들도 적지 않았다.

우리의 눈에는 황당해 보이지만 고대와 중세, 나아가 근대 초기까지도 사람들은 연금술에 큰 의미를 부여하였다. 그들 역시 우리가 연구 중인 자연과 우주의 메커니즘을 열심히 연구했지만 그리 많은 답을 얻지는 못했다. 지금의 우리는 낡은 족쇄를 벗어던지고 편안하고 안락한 삶을 누리고, 부지런한 현대의 과학자들은 세상과 세상의 구성 요인들을 대부분 해독했다. 물론 수수께끼를 해석한다는 것은 탈마법화를 의미하기도 하며, 현대의 성과가 인간의 영혼에 꼭 좋은 것만은 아니지만 그럼에도 우리는 아주 편안하게 타인의 인식을 신뢰할 수 있다. 물론 솔직히 고백하자면 양자론, 상대성이론, 전자물리학에 대한 우리의 지식이란 것도 연금술사들의 변성이론에 대한 지식보다 더 나을 것이 없기는 하지만 말이다. 사실 연금술에는 의심을 살 만한 시도들도 많았다. 그러나 그것은 이 원형 과학의 역사에서 극히 일부분을 차지할 뿐이다. 엇길로 빠진 실험과 특이한 방법이 인류 역사에서 획기적인 인식을 낳은 경우가 어디 한두 번이던가!

과학 혁명이 일어나기 직전과 과학 혁명이 진행되던 시기인 16, 17세기에 연금술사로 활동했던 사람들은 가장 열심히 연구에 매진한 자연과학자들이었다. 화학이 연금술에서 나왔음을 입증하듯 과학 혁명의 뛰어난 인물 중 몇 사람은 직접 연금술 실험을 실시한 바 있다. 그중에는 현대 물리학의 아버지 아이작 뉴턴과 현대 화학의 공동 설립자 로버트 보일도 포함된다. 또 현대 화학의 선구자인 할레 출신의 안드레아스 리바비우스도 연금술사였다. 그는 비텐베르크 대학과 예나 대학에서 공부했고 그 후 바젤, 예나, 로텐부르크에서 활동하였다. 1597년에 나온 그의 저서 《알케미아 *Alchemia*》는 세계 최초의 체계적인 화학 교과서였지만 그 책에도 변성, 즉 금과 은의 제작에 대해 설명한 부분이 한 군데 있다. 나아가 그는 현자의 돌의 성질을 설명하였고 신체 신비학에 빠지기도 했다.

연금술은 여러 문화권에서 유행했다. 중국과 인도는 물론 고대 이집트와 헬레니즘 문화권에서도 연금술의 이론과 실제를 연구했는데 그 나라들 사이에 교류가 있었는지는 알 수 없다. 중세의 아랍과 이탈리아 연금술은 자연의 성질에 관한 아리스토텔레스의 학설을 기초로 삼았다. 아리스토텔레스는 분할할 수 없는 자연의 기본 소재로 불, 물, 흙, 공기의 4원소를 들었다. 그리고 차고, 뜨겁고, 건조하고, 습한 네 가지 성질의 비율에 따라 불은 뜨겁고 건조하고, 공기는 뜨겁고 습하고, 물은 차갑고 습하며, 흙은 차갑고 건조하다고 보았다. 이 원소들은 서로 변환되는데, 이때 한 가지 성질이 변한다. 예를 들어 습한 물이 변해 건조한 공기가 되는 것이다. 연금술사들은 이 4원소설을 금속의 변성이 가능하다는 증거로 보았다. 그리스인들은 7가지 금속이 있다고 주장했고, 당시까지 알려진 (즉 맨눈으로 볼 수 있는) 행성에 태양과 달을 합한 7개의 별이 각 7가지 금속을 상징한다고 생각했다. 시대마다 행성이 상징하는 금속도, 또 중요하게 생각하는 금속의 종류도 달랐지만 은과 금만은 변치 않고 항상 달과 태양을 상징하였다. 당시 사람들은 금과 은은 완전한 금속이며, 다른 금속들과 마찬가지로 유황과 수은의 두 기본 물질로 구성되어 있지만 은에는 수은이, 금에는 유황이 압도적으로 많이 포함되었다고 생각했다. 우리가 화학 시간에 배우는 주기율표가 나오고, 금이 주기율표상의 11족 원소기호 Au 원자번호 79번의 독자적인 원소가 되고, 유황과 수은 역시 다른 성질을 가진 독자적 원소로 인정되기까지는 아직 멀고도 먼 길이 남아 있었던 것이다.

중세의 서구는 아랍을 통해 간접적으로 연금술을 배웠다. 전달의 중심지는 이슬람이 지배한 시칠리아와 스페인이었고, 그중에서도 특히 톨레도의 번역학교를 꼽을 수 있다. 고대 서구의 지식은 로마 제국이 멸망하면서 대부분 소실되었다. 특히 민족의 대이동이 몰고 온 혼란과 문화적 단절은 극심했다. 반면 이슬람인들은 풍부한 고대의 유산을 소중히 간직했고 유럽 유대 문화권의 과감한 지원에 힘입어 12세기 초부터 중세 기독교에 그 지식을 전달했다. 1144년 이미 스페인에서 활동 중이던 영국 체스터 출신의 로버트는 아랍어 번역본으로 유명한 로마인 모리에누스의 연금술 저작들 중에서 가장 오래된 작품을 출판하였다. 1200년경에는 알프레두스 안글리쿠스Alfredus Anglicus(영국인 알프레드)가 페르시아의 의사이자 학자인 이븐 시나ibn Sina(라틴어로 아비센나Avicenna)가 지었다고 전해지는 약 200년 전의 아랍어 저서를 번역했다. 그 책은 아리스토텔레스의 자연 이론에 바탕을 둔 금속 제작과 금속 변성에 관한 기본 이론서 중 하나다. 연금술에 대한 관심이 높아지면서 고대 저서의 번역 이외에도 당대 전문가들이 쓴 저서들이 쏟아져 나왔다. 그중 몇 권은 사실이 아님에도 유명한 학자의 작품이라는 선전 때문에 많이 읽혔다.

이렇게 연금술 이론은 널리 보급되고 발전되었으며, 특히 불순 금속에서 금과 은을 만들 수 있는 방법이 전해지면서 연금술이 비약적으로 발전할 수 있는 여건이 조성되었다. 하지만 중세 유럽이 연금술에 관심을 가진 것은 시대적 상황 탓이 더 크다. 13세기에는 문화와 경제가 비약적인 발전을 이루면서 금속의 중요성이 높아졌고, 이에 금속으로 다양한 실험을 하기 시작하면서 야금학이 크게 발전한다. 반대로 14세기 같은 위기의 시대에는 빈곤 탓에 보석에 대한 관심이 드높았고 사람들은 쉽사리 사기 행각에 빠져들었다. 14세기 후반이 되자 금 가격은 하늘 높은 줄 모르고 치솟았고 다른 귀금속들도 워낙 구하기가 힘들다 보니 탐욕의 대상이 되었다.

금 제작 레시피

────

연금술사들의 원대한 목표 중 하나가 금속의 변성이니만큼 이 주제에 대해서는 아랍어 저서가 처음 번역된 이후 수많은 저작물이 쏟아져 나왔다. 그렇지만 연금술사들의 저서는 여러 가지 이유에서 이해하기가 쉽지 않다. 권위를 지키기 위해, 혹은 기술을 숨기기 위해 레시피를 암호화하거나 단서를 붙였고 자기들만 알아볼 수 있는 은어를 사용했기 때문이다. 나아가 자주 등장하는 종교적인 함의들도 의심스럽고, 그 레시피들이 하나같이 절대로 성공할 수 없다는 것을 아는 우리로서는 도무지 무슨 말이든 신뢰하기가 힘들다. 그렇다고 해서 당시의 황금 제작 시연들이 다 실패로 끝났다는 의미는 절대 아니다. 사기성이 농후한 연금술사들이 실험이 끝날 무렵 이런저런 조작으로 광채를 만들어냈기 때문이다. 물론 그 광채가 진짜 금, 즉 그 실험에서 제작된 금에서 나온 광채일 리는 만무했다.

수많은 레시피에 등장하고 연금술 실험의 증인들이 기록한 방법을 보면 연금술은 화학적이면서도 야금학적인 과정이었다. 레시피는 사람에 따라 천양지차였고 요리 비법처럼 간단히 따라할 수 있는 것이 아니었다. 금속의 변성을 실험하자면 화학적 과정과 물질에 대한 다소간의 지식은 물론이고 적절한 기구를 갖춘 실험실이 필요했다. 특히 유리 플라스크는 없어서는 안 될 필수품이었는데, 투명한 덕분에 황금 제작에 중요한 색깔의 변화를 눈으로 확인할 수 있었기 때문이다. 연금술사의 상징에 계란이나 자궁이든 플라스크가 그려져 있던 이유도 그 때문이다. 성능 좋은 오븐도 필수 품목이었다. 17세기까지도 온도계는 없었지만 오븐의 온도는 항상 일정하게 유지해야 했다.

상형문자로 된 작업 지침과 첨가물 및 절차에 대한 모호한 지시만이 유일한 걸림돌은 아니었다. 정확한 시간과 기간도 반드시 엄수해야 했다. 성경에 세상은 7일 만에 창조되었다고 쓰여 있었기에 많은 연금술사들이 1주의 리듬을 따랐다. 1년을 단위로 삼거나 황도 12궁도와 그 주기를 단위로 삼는 사람들도 있었고 수태와 출산 사이의 9달을 단위로 삼는 사람들도 있었다.

덕목을 갖춘 연금술사의 인격도 성공 여부에 중요한 역할을 했다. 워낙 대단한 프로젝트이다 보니 배타적인 소수 집단인 경우가 많았다. 중국의 연금술사들은 거기서 한 걸음 더 나아가 더 많은 조건을 구비해야 했다. 한 저서에 다르면 중국 연금술사는 금을 제작하기 100일 전부터 금식을 했고 '유명 고산'에 올라가 2~3명 앞에서만 실험했다고 한다. 또한 연금 기술은 책으로 익힐 수 있는 것이 아니라 스승으로부터 개별적으로 가르침을 받았다고 한다.

자주 언급된 또 하나의 조건은 순결이다. 당시는 연금술뿐 아니라 특별한 행위를 하기로 결심한 모든 사람들에게 요구되던 조건이 순결이었다. 14세기 초반 의사이자 연금술사였던 북이탈리아 페라라 출신의 페트루스 보누스는 위대한 변성을 이룩하려면 기술과 더불어 신앙이 필요하다고 강조하였다. 신의 계시가 없다면 현자의 돌을 발견할 수 없다고 말이다. 인간이 더 높은 분께 다가가려면 먼저 구원되어야 하듯, 단순한 금속도 일종의 구원을 통해 귀금속으로 변할 수 있다는 말이었다. 그런 의미에서 본다면 인간의 현세적 실존과 거친 납덩어리는 다를 바 없는 것이다.

금 제작의 핵심은 촉매였다. 가치 없는 납을 반짝이는 금으로 만들어줄 이 특별한 물질을 흔히 영약(*aua vitae*), 현자의 돌(*lapis philosophorum*), 혹은 팅크라고 불렀다. 원료로는 황산염이나 초석, 수은 등을 사용했다. 연금술사들은 작은 일(*opus parvum*)과 큰 일(*opus magnum*)을 구분하였다. 작은 일이란 은을 만들기 위한 흰 영약의 제조를 말했고, 큰 일이란 금을 생산하기 위한 붉은 현자의 돌을 만드는 일이었다. 현자의 돌은 호칭과는 달리 고체가 아니라 액체였다.

헬레니즘 시대의 이집트에서 나온 가장 초기의 연금술 저서들에서 이미 불순 금속을 금으로 만들 수 있는, '현자의 돌'이라 부르지만 돌이 아닌 가루가 언급되고 있다. 이 가루는 불도룡눙, 바질리스코 도마뱀, 카멜레온 같은 가명으로 불리기도 했으며 종류가 다양하고 제조법이 알려져 있지 않음에도 수 세기가 흐르는 동안 몇 가지 특성이 밝혀졌다. 예를 들면 밀도가 높은 고체 상태에서 가루가 되거나 용해되기는 하지만 연소되거나 기화되지는 않는다는 특성 같은 것들이다. 연금술사 오르툴라누스는 그 물질을 다음과 같이 설명한다. '붉고 투명하고 유동적이며 불에 녹으며 안정적이고 색을 물들이며 변하는 돌이 탄생할 것이다. 그 돌은 수은과 모든 딱딱하고 부드러운 물체를 투과하여 황금을 만드는 물질로 만들며, 인체를 모든 허약함에서 정화시켜 건강을 유지시키고 유리를 전성展性이 있게 만들고 보석을 석류석처럼 짙은 빨강으로 물들인다.' 그러니 납을 금으로 바꿀 수 있는 그런 물질이 다른 위대한 임무에도 사용되었음은 당연하다.

아랍 연금술사의 이름을 빌어 스스로를 자비르 혹은 게베르라

칭했던 한 익명의 작가는 13세기 말 현자의 돌을 세 가지로 분류하였다. 첫째는 일시적인 변성만 가능케 하며, 둘째는 불순 물질의 한 가지 성질만 바꾸며, 셋째는 모든 관점에서 불순 금속을 순금으로 만든다. 하지만 금을 만드는 과정은 제아무리 능력과 인내심이 뛰어난 사람도 가혹한 시험에 들게 하는 일이었기에 게베르는 이런 주의 사항을 잊지 않았다. '연구가는 조용한 성품이어야지 쉽게 화를 내어서는 안 된다. 갑자기 발작을 일으켜 하던 작업을 던져버리거나 부수어서는 안 될 일이다.'

목표에 이르려면 여러 단계를 거쳐야 한다. 대부분은 색깔의 변화로 단계를 나누는데, 순서는 흑, 백, 황, 적, 공작의 검은색이었다. 총 7단계의 색깔 변화를 주장하는 사람도 있었고, 개중에는 12단계, 드물지만 18단계까지도 있었다. 단계가 진행될수록 작업 지침은 불투명해졌다. 제일 먼저 해야 할 일은 기본 재료들을 준비해 밀폐된 플라스크 용기에 그것을 표본 제작하는 일이었다. 그다음 단계부터는 사람에 따라 순서가 달랐다. 용해, 화학적 물리적 하소, 부패, 발효, 응고 등의 단계를 거쳐 현자의 돌이 증식되는 단계로 넘어간다. 이어 마침내 연금술의 최고봉이라 할 단계가 찾아온다. 물질을 불순 금속에 집어넣는 투영의 단계다. 대부분은 불순 금속을 용광로에 녹이고 (혹은 끓고 있는 수은에 넣는다) 현자의 돌을 소량 첨가한다. 그러고 나면 몇 분 안에 ― 전 단계가 완벽했다면 ― 금이 탄생한다는 것이 그들의 생각이었다. 아라곤 왕의 시의이자 연금술사였던 아르날두스 드 빌라노바는 과감한 예언도 서슴지 않았다.

'세상 바닷물이 전부가 따뜻한 수은이거나 녹인 불순 금속이라면, 그리고 살짝 그 의약품을 그 위에 뿌린다면 물은 몽땅 금이나 은이 될 것이다.'

아르날두스는 맹렬하게 연금술사들을 비난한 사람이었지만 연금술사들은 그의 권위를 이용하고 그의 이름으로 책을 출판하기도 했다.

17세기 중반에 활동한 영국의 연금술사 조지 스타키는 에레네우스 필라레테스라는 가명으로 유명했다. 그의 추종자들은 그가 변성의 비밀을 밝히는 데 성공한 몇 안 되는 사람 중 하나라고 믿었다. 스타키는 피, 대변이나 소변으로 현자의 돌을 만들겠다고 애쓰는 연금술사들을 비웃었다. 대신 그는 과거의 학설에 기대 수은을 널리 선전하였다. 이것을 반금속인 안티몬과 은과 섞어야 한다고 말이다.

연금술사에 대한 조롱과 경멸
——

중세 시대에도 연금술사들은 조롱과 경멸의 대상이었다. 오늘날까지도 이어지는 나쁜 이미지는 무엇보다 황금 제조 실험과 돈을 노리고 사람들을 속인 사기꾼들 때문이었다. 평범한 사람들이 보기에 연금술 실험은 미심쩍은 수준을 넘어 신성모독으로 비쳤을 것이고, 나아가 그들의 화학 실험이 무시무시한 지옥을 연상시켰을 것이다.

어쨌든 불과 녹인 금속을 다루는 일은 매우 위험했다. 14세기 말 제프리 초서의 《캔터베리 이야기》에는 뜨내기 연금술사가 등장하는데 그의 하인이 이렇게 제 운명을 한탄하는 구절이 있다. '내 눈은 일을 하느라 약시에 침침하다. 금을 만들면 어떻게 되는지 보라. 그 사기술이 나를 얼마나 벗겨먹었는지 가진 재산을 몽땅 털리고 말았다.' 연금술사 역시도 별로 호감을 얻지 못한다. '어디를 가거나 어디 서 있거나 유황 냄새 때문에 그를 알아볼 수 있다. 암염소처럼 사방으로 악취를 풍기는데 그 냄새가 어찌나 질기고 독한지 1마일을 떨어져 있어도 맡을 수 있을 것이다.' 그로부터 100여 년이 지난 후 제바스티안 브란트는 《바보배_Das Narrenschiff_》에서 연금술사를 사기 치는 바보로 분류한다. '연금술의 대단한 사기극을 잊지 말아야지. 전에 미리 넣어둔 은, 금을 꺼내 보여주는 거야.' 이 구절을 보면 사기꾼 연금술사들의 사기 수법을 알 수 있다. 그러니까 변성이라는 이름의 연금술 연극을 펼치는 도중에 관객 모르게 소량의 금을 슬쩍 넣어놓고 끝날 때쯤 자기가 금을 만들었다고 당당하게 자랑했던 것이다.

세상 어디서건 연금술의 권위를 가장 위협한 것은 꼬리표처럼 따라다녔던 사기행각이었다. 중국에서는 기원전 144년 한나라의 진시황 때부터 그런 행위를 금지하였다. 연금술사들이 불가능한 것을 만들려고 너무 많은 시간과 돈을 잃고 결국에는 사기꾼으로 전락한다는 이유에서였다. 그래도 만일 연금술을 행하다 발각되면 공개적으로 처형하겠다는 협박도 잊지 않았다. 유럽 최초의 연금술 금지령은 303년 로마 황제 디오클레티아누스가 내렸다. 연금술과 관련된 저서의 소각 명령도 함께였다. 1317년 교황 요한 22세는 칙령 〈Spondent quas non exhibent〉에서 연금술사들이 있지도 않은 것을 약속한다고 비난했다. 금을 제작하겠다는 '가없는 연금술사들'의 목표는 용인할 수 없는 것이라고 말이다. 첫째, 연금술사들끼리 의견이 충돌하므로 그들의 기술은 학문이 될 수 없다. 둘째, 그들은 자연에 없는 것을 목표로 삼기에 자연법칙을 의심한다. 셋째, 그들은 위조 금속을 진짜 금속으로 속여 판매하고 모순되는 사도의 학설을 퍼트리기 때문에 거짓말을 한다. '그런 행위를 영원히 추방하기 위해 우리는 이 명령을 통해 이런 방식의 금과 은을 제작하는 모든 이는…… 연금술 금속과 동일한 양의 금이나 은을 가난한 사람들을 위해 바쳐야 한다고 정한다.' 가짜 금으로 화폐를 만들거나 유통시키는 자는 '모든 재산을 잃고 평생 불명예스럽게 살아야' 할 것이다. 물론 이런 식의 금지령들은 사기꾼에게만 해당될 뿐 연금술사 자체를 겨냥한 경우는 드물었다.

당시의 종교계와 학계에서 막강한 권위를 행사하던 프란치스코 교단과 도미니쿠스 교단 역시 소속 수도사들에게 연금술 행위를 엄격히 금지했고, 거듭 이 금지령을 확인했다. 그 말은 거꾸로 계속해서 금지령을 위반한 사례가 적발되었기 때문에 금지령을 반복할 필요가 있었다는 의미다. 연금술은 수도사들마저 뿌리치기 힘든 유혹이었던 것이다.

교회와 달리 세속의 제후들은 연금술에 관심이 많았다. 무엇보다 충분한 금을 생산해 부족한 궁정의 재정을 보충할 수 있으리라는 기대감 때문이었다. 금을 생산하지 못한 경우엔 금의 함량을 줄여 화폐의 질을 떨어뜨리는 수밖에 없었다. 흥미롭게도 14세기에는 특히 프랑스와 영국의 궁정이 교황의 금지 명령을 많이 어겼다. 오랜 세월에 걸친 파리와 런던의 알력이 결국 돈 많이 드는 100년 전쟁을 발발시켰던 것이다. 1329년 영국 왕 에드워드 3세는 존 르루스와 빌헬름 폰 달비를 런던으로 데려오라는 명령을 내렸다. 왕이 그 두 남자의 연금술 능력을 소문으로 듣게 된 것이다. 그들이 '연금술 기술로 은을 제작할 능력이 있기' 때문에 '그 기술로 은을 만들어 우리와 왕국에 좋은 일을 할 수' 있어야 한다는 것이었다.

몇십 년 후에는 프랑크 왕국의 카를 5세마저 연금술사인 볼로냐의 토마소를 불러들였다. 영국과 프랑스는 이미 전쟁 중이었고, 세력 겨루기의 일환으로 저질 화폐를 만들어 상대국의 경제를 교란시켰다. 물론 그런 조치는 자국 화폐마저 황폐화시켰고 결국 1세기 후 에드워드의 후계자인 하인리히 6세와 7세 역시 연금술사를 불러 황금 제작을 의뢰하기에 이른다. 물론 위조 화폐가 지나치게 횡행할 경우엔 왕들도 금지령을 내렸다. 베네치아 공화국은 1488년, 뉘른베르크 제국시는 1493년에 각기 그에 해당하는 법령을 제정하였다. 특히 뉘른베르크 제국시의 경우 정식 연금술과 사기행각을 엄격하게 구분하고 후자의 경우 50굴덴의 벌금을 징수하거나 시에서 추방했다. 그럼에도 연금술사에게 금 제작을 의뢰한 제후들의 목록은 끝이 없었는데, 신성로마제국의 여러 황제들부터 메디치 가문, 스페인과 헝가리의 왕들, 작센, 팔츠, 브란덴부르크의 선제후들, 브란덴슈바이크–볼펜뷔텔, 뷔르템베르크, 헤센–카셀의 실력가들까지 모두가 헛된 행운을 좇았다. 심지어 몇몇은 직접 연금술사로 활동하기도 했는데, 이들의 경우 금에 대한 탐욕 때문이라기보다는 진정한 탐구 정신 때문이었다.

바로크 시대에는 특히 제후들의 연금술 사례가 많이 전해진다. 그 시대의 지배자들은 치솟는 군비와 궁정 생활비 탓에 항상 자금 압박에 시달렸기 때문이다. 하지만 연금술사의 입장에서는 금을 원하는 제후들 밑에서 일하는 것이 곤란할 때가 더 많았다. 《연금술 *Libellus de Alchimia*》이라는 책을 보면 그런 연금술사들의 심정이 잘 드러나 있다. '7번째 규정은 이러하다. 제후나 지배자들과의 연금술 작업에 응하지 않도록 특히 경계해야 한다. 두 가지 위험 때문이다. 네가 응하면 그들은 거듭 찾아와 물을 것이다. 대가여, 진척이 있는가? 언제쯤 성공할 것 같은가? 하지만 작업의 끝을 기대할 수 없을 때는 다 사기라고 외치며 너에게 해를 가할 것이다. 네가 좋은 결말에 이르지 못하면 영원히 괴롭힐 것이다. 설사 목표에 도달한다 해도 영원히 곁에 두고자 너를 보내주지 않을 것이다.'

'하얀 금', 도자기

그럼에도 금에 굶주린 지배자들에게 후한 사례를 받을 수도 있다는 유혹 탓에 많은 사기꾼들이 모험에 나섰다. 1709년의 한여름 브란덴부르크의 퀴르스틴에서는 콘테 데 루기에로라는 가명을 썼던 연금술사 도미니코 엠마누엘레 카에타노가 처형을 당했다. 이탈리아인이었던 카에타노는 나폴리 근처에서 태어난 듯한데 나폴리와 베네치아, 베로나에서 사기꾼 연금술사로 활동하다 정체가 발각될 것 같으면 그때마다 도망을 쳤다. 한 번은 도주에 성공하지 못해 체포되었는데 흥미롭게도 교황이 개입하여 다시 방면되었다. 그 후 외국으로 나갔다가 스페인을 거쳐 1696년 브뤼셀에 이르렀고, 당시 스페인령 네덜란드의 총독이었던 바이에른 선제후 막시밀리안 2세의 궁정에 도착하였다. 선제후가 사기꾼의 약속에 혹해 수백 파운드의 황금 제작에 나섰고 카에타노가 약속한 금을 내놓지 못하자 1699년 뮌헨의 그륀발트 성에 가두어버렸다.

도주와 방면의 우여곡절 끝에 그는 1705년 프로이센의 1대 왕인 프리드리히 1세의 궁에 들어갔다. 마침 프리드리히 1세는 선제후에서 왕이 되면서 자기 과시에 필요한 사치스러운 생활을 유지하기 위해 막대한 양의 금이 필요하던 차였다. 카에타노는 교묘하게 조작해 금을 제작해 보임으로써 왕을 설득시켰다. 하지만 당연히 대량의 금 제작에는 실패했고 이번에도 그동안 써먹던 방법대로 도주하려고 했지만 그사이 초초해진 왕이 먼저 그를 체포해 오데르 강변의 요새 퀴르스틴에 감금시켰다. 이어진 재판은 사형 선고로 끝이 났고, 사기꾼은 결국 번쩍이는 금으로 장식한 단두대에 목을 맡겨야 했다. 왕의 손자인 프리드리히 대왕은 그 사건을 자신의 저서에 이렇게 기록한다. '카에타노라는 이름의 이탈리아 남자가 왕에게 금 제작의 비밀을 알고 있다고 다짐했다. 하지만 많은 금을 소비하고도 만들지는 못했다. 왕은 자신의 경솔함을 그에게 복수했고 카에타노는 처형당했다.'

카에타노가 베를린으로 가기 몇 년 전, 바로 그곳에서 아주 유명한 한 사내가 약제사 도제 과정을 마쳤다. 그의 이름은 요한 프리드리히 뵈트거Johann Friedrich Böttger였다. 당시 그는 약제사를 도와 도가니, 절구, 시험관에 말린 파리, 절인 지렁이, 개기름을 넣고 빻는 단순한 일을 하고 있었다. 하지만 남들 몰래 현자의 돌을 제작하겠다는 희망으로 연금술에 관심을 가졌다. 그에게 연금술을 가르쳐준 이는 라스카리스라는 이름의 수상한 그리스 수도사로, 그가 뵈트거에게 오리지널 현자의 돌조각을 조금 넘겨주었다는 소문도 있었다.

1701년 뵈트거는 붉은 팅크를 이용하여 금속 변성에 성공했고, 순식간에 베를린과 프로이센을 통틀어 유명인이 되었다. 철학자 라이프니츠까지도 그에 대해 기록을 남겼을 정도다. 안 그래도 돈이 없어 죽을 지경이던 프로이센의 왕이 그 사건에 극도의 관심을 보였고, 이에 놀란 뵈트거는 작센으로 도망쳤다. 프리드리히 대왕이 체포 명령을 내릴지도 모른다는 두려움 때문이었는데 사실 그럴 만도 했다. 그런데 돈에 굶주린 또 한 명의 제후가 그를 노리고 있었으니 바로 작센의 선제후 아우구스트 2세다. 두 사람은 뵈트거에 대한 권리를 두고 다툼을 벌이기도 했다. 압박감에 시달리던 뵈트거는 작센의 선제후에게 막대한 양의 금을 약속했지만 제작

드레스덴에 있는 뵈트거 기념비

하지 못했고 도주를 꾀했으나 결국 체포돼 마이센의 알프레히츠
부르크에 감금당했다. 선제후는 금을 원했지만 뵈트거가 만든 것
은 '하얀 금', 도자기였다. 그는 1709년 3월 말 그 도자기를 세상
에 선보였다. 뵈트거가 완전히 석방된 것은 1714년이었고 그 이후
에도 그는 계속 현자의 돌을 찾으라는 선제후의 요구에 시달렸다.
지금도 드레스덴 국립 도자기 박물관에는 뵈트거가 납으로 만들
었다는 170그램 무게의 순금 덩어리가 전시되어 있다.

  그사이 과학은 계속 발전하였고 사람들은 금 제작의 가능성을
더 이상 신뢰하지 않게 되었다. 이와 관련된 실험도 날로 줄었고,
사기꾼은 물론 사기에 넘어가는 사람들의 숫자도 점차 줄어들었
다. 하지만 19세기 말에 와서 다시 한 번 연금술이 유행처럼 번졌

다. 아직 모든 사람들이 원자 학자들의 이론을 믿지는 않았던 시대에 새로운 과학적 인식이 오히려 연금술사들에게 자기 확신을 과학적으로 입증하고 싶은 마음을 일으켰던 것이다. 1900년경 미국에서는 박사학위를 받았다는 영국 태생의 한 남자가 금을 제작할 수 있다고 주장해 신문에 대서특필되었다. 주인공은 스티븐 헨리 에멘스로, 휠체어를 타는 장애인이었고 펜실베이니아에 금속 회사를 운영하는 사장이었다. 그는 인정받은 야금학 전문가로 《아겐타우라나 *Argentaurana*》라는 책을 출판하여 은을 금으로 만드는 방법을 선전했다. 에멘스는 '다방면에 관심이 많고 학위를 받았는지 의심스러우며 상당할 정도의 편집증과 과대망상증의 징후를 보이며 (……) 비전통적이고 모호하고 인습을 타파하는, 과학적이면서도 사이비과학적인 기업가'로 평가받았다. 이 말은 곧 현대 연금술에 대한 정의처럼 들린다. 에멘스는 멕시코 은화를 갖고 금을 만들었다고 주장했는데, 그의 말을 믿고 미국 재무부 산하 주화전문 조폐국까지도 그 금을 상당량 구입했다. 하지만 그것이 어떤 품질의 금이었는지는 아직까지 아무도 모른다.

그로부터 몇십 년 후에는 대서양 건너편에서 재미난 독일 슈바벤 출신의 한 남자가 수많은 팔랑귀들을 속여 넘겼다. 사기를 당한 사람들 중에는 1차 대전의 영웅이자 1920년대 나치의 창시자 중 한 사람이었던 에리히 루덴도르프도 포함되었다. 그 남자의 이름은 프란츠 타우젠트로, 전형적인 사기꾼이었고 화학 이론을 정면으로 반박하면서 금 제작이 가능하다고 주장했다. 신문들은 그의 '아첨 떠는 언어'에 의혹을 표했지만 그는 모든 금속은 유기물이며 따라서 제대로 다루기만 한다면 계속 발전할 수 있다고 우겼다. 1925년 타우젠트는 자기가 금을 제작할 수 있다고 소문을 퍼트렸다. 수 세기 전 제후들이 부족한 금을 찾다가 사기꾼들의 거짓에 넘어갔듯 이제는 독일 우파 정치가들과 학계 대표들이 타우젠트의 그물에 걸려들었다. 더구나 루덴도르프 같은 유명인이 투자를 했다니 다들 앞을 다투어 그에게 돈을 갖다 바쳤다. 모두들 투자금을 날렸지만 루덴도르프 혼자만 돈을 많이 벌었고 그 돈의 일부를 나치 기관지에 밀어 넣었다. 타우젠트 역시 여러 채의 성을 속속 사들였다고 한다. 물론 속은 투자자들이 법정으로 몰려가는 바람에 결국 그는 4년에 가까운 징역형을 받았다.

언론이 이 사건을 대대적으로 보도했는데도 전혀 느낀 바가 없었는지 30년대에 또 한 명의 나치 고위간부가 금 사기꾼에게 말려든다. '친위대 대장' 하인리히 히믈러는 자칭 금 제작자 하인츠 쿠르쉴트겐의 꾐에 넘어가 에드워드 3세나 아우구스트 2세 같은 어리석은 짓을 저지르고 만다. 쿠르쉴트겐을 베를린 게슈타포 본부에 특별 수감자로 들여놓고 그의 능력을 입증하게끔 그곳 창고를 내주었던 것이다. 당연히 결과는 헛수고였다. 친위대의 비호 아래 다하우 수용소에서 금을 제작하려 했던 현대 연금술사 카를 말쿠스의 실험 역시 허사로 돌아갔다. 이번에도 의뢰인은 히믈러였다.

독일에서만 목격된 이 황금 열풍은 무엇보다 1차 대전의 패배로 독일이 겪어야 했던 자금 압박 탓이었다. 패전의 대가로 독일이 지불해야 했던 막대한 보상금은 신생 바이마르 공화국의 어깨를 짓누른 무거운 짐이었다. 사기꾼들은 이런 분위기를 이용해 나라의 돈 걱정을 해결해주겠다는 허황된 약속을 남발하였다. 그와는 별개로 나치 수뇌부가 이렇게 쉽게 사기에 넘어갔다는 사실은 그들의 정신적 수준과 채워지지 않는 탐욕을 말해주는 증거다. 물론 당시 전 세계적으로 진짜 학자들까지 금 제작 실험에 나서는 분위기였으니 사기꾼들이 일을 벌이기는 훨씬 수월했을 것이다.

핵물리학과 핵화학이 발전하면서 인위적으로 금을 제작할 수 있다는 사실은 실제로 입증되었다. 1980년 학자들은 세계 최초로 인공적으로 금을 만드는 데 성공했다. 미국 캘리포니아 소재의 로렌스 버클리 연구소에서 입자가속기를 이용해 납과 비슷한 중금속 비스무트를 금으로 변신시킨 것이다. 하지만 공이 너무 많이 들고 가격도 비싸서 상상할 수 없는 수준으로 금값을 올리기 전에는 제작비를 충당할 수가 없었다. 1980년 캘리포니아에서 들어간 금의 제작비는 무려 1만 달러였지만, 그 돈을 들여 얻어낸 금은 10억분의 1센트도 되지 않았다. 밑져도 너무 밑지는 장사가 아닌가!

Cathédrale Saint-Pierre

Chapter 2

불완전 교향곡
– 보베 생 피에르 대성당

중세 유럽을 분위기 있고 인상적으로 구현한 것 중에 고딕식 대성당만 한 것은 없다. 성당들은 당당히 하늘을 향해 고개를 뻗은 채 정교하면서도 웅장하게 한 시대의 위용과 창작력을 과시한다. 남들보다 더 높이 오르고 싶은 의지를 뽐내면서도 또 한편으로는 무중력의 인상을 풍기고 싶었던 것이다. 성당의 내부는 빛이 가득해야 하기에 수많은 다채로운 유리로 천상의 빛을 불러들이려 했다. 하지만 그러자니 안정성을 해치지 않으면서도 최대한 많은 벽을 뚫어 유리창을 넣어야 했고 창의 면적을 최대화해야 했다. 당연히 쉽지 않은 작업이었다. 건축 현장에선 하중을 견기지 못한 건물 일부가 쉴 새 없이 무너져 내렸다.

원래 '고딕'이라는 개념은 후세대 르네상스의 비평가들이 상당히 경멸적인 의미로 사용한 용어였다. 그리고 지금까지도 오래전에 지나간 것, 시대에 맞지 않는 것, 전권을 휘두른 교회의 음험한 지배, 무지한 백성들의 비참한 생활 등 봉건 시대의 부정적인 측면을 총칭하는 개념으로 쓰인다. 르네상스 시대를 대표하는 이탈리아 미술사가 조르조 바사리는 찬란한 고대와 비교되는 중세 예술을 혐오한 나머지 이 야만의 북방 예술을 비난하며 최초로 고딕이라는 낙인을 찍었다. 그가 살던 시대는 중세를 낙후성의 집합체라고 생각했다.

물론 그동안 '고딕'이라는 개념이 오로지 부정적인 의미로만 사용된 것은 아니지만 13, 14, 15세기에 지은 고딕식 대성당들은 원래의 부정적 낙인에 어울리게도 주로 음울한 느낌을 자아낸다. 수세기를 지나면서 겉은 당연히 더러워졌고, 내부 공간과 납유리들도 그을음과 때로 뒤덮였기 때문이다. 풍성하던 조각상들은 사라진 지 오래고, 각종 장식품들도 도난당했으며, 색은 바랬고, 거기에 전혀 어울리지 않는 현대적 물건들까지 마구잡이로 갖다 붙여놓았다. 특히 지금은 그 당시 성당을 도시의 중심지로 만들었던 중요한 요인이 빠져 있다. 중세 도시의 일상에서 성당은 정말로 다양한 용도로 사용되던 분주하고 번잡한 장소였다. 미사를 드리거나 조용히 기도를 올리는 장소였음은 물론이고 금전 거래나 성행위 거래 같은 지극히 세속적인 활동도 활발하게 벌어진 곳이었다. 더구나 세속화된 우리는 중세 사람들에게 종교가 어떤 의미였는지를 완벽하게 이해할 수 없다. 수많은 돌이 성당을 만들듯 그 성당을 구성하는 신도 공동체와 닮은 모습이었다. 또 백성들은 대부분 판잣집에서 살면서도 신을 섬기는 성당은 막대한 비용을 들여 지었다.

대성당과 마찬가지로 그 시대 또한 우리에게 상당히 낯선 것이다. '중세'라는 개념부터가, 다채롭던 수천 년의 시간을 고대에서 르네상스로 넘어가는 실패한 과도기 정도로 뭉뚱그려 축약시킨다. 르네상스 이후 중세를 따라다녔던 온갖 꼬리표들은 지금까지도 여전히 부정적인 이미지를 만들어내고 있다. 최근 들어 중세 소설들이 한창 인기를 끌지만 그렇다고 달라진 것은 별로 없다. 그 소설들 역시 기존의 중세 이미지에서 크게 벗어나지 못한 상투적 표현이나 관념을 이용하기 때문이다. 중세 역시 다른 시대들과 마찬가지로 빛과 그림자가 있기에 그 공과를 세분하여 관찰할 필요가 있다. 따지고 보면 지금 서양의 뿌리는 상당 부분 그 시대에 가 닿아 있기 때문이기도 하다.

한 시대의 등대
——

500년에서 1500년까지의 유럽을 긍정적으로 보건 부정적으로 보건, 그 시대의 등대는 고딕식 대성당이었다. 그중 몇 채는 전 세계적으로도 유명하다. 오늘날의 건축가들이 하늘을 찌르는 마천루를 최대의 도전과제로 생각하듯, 또 19세기의 건축가들이 공장과 역사를 능력 과시용 작품으로 보았듯 중세에는 대성당이 그러하였다. 한때 수도원 성당이었던 파리의 생 드니Saint-Denis 성당이나 파리의 노트르담 성당, 아미앵, 샤르트르, 랭스의 대성당들은 고딕 건축 스타일의 요람인 프랑스를 대표하는 수많은 대성당 중 일부에 불과하다. 흔히 1140년 7월 14일을 고딕 시대의 탄생일로 부른다. 프랑스 국왕들의 무덤이자 가문의 수도원으로 엄청난 부와 명예를 누렸던 생 드니 베네딕트 수도원이 로마네스크 양식의 수도원 성당에 새 제단을 짓기 시작한 날이다. 일을 추진한 당사자는 수도원장 쉬제Suger로, 획기적인 사업을 벌였을 뿐 아니라 그 소문을 사방으로 열심히 퍼트렸고, 나아가 새 제단의 창문 하나에 자신의 모습을 새겨 넣기도 했다.

　수도원장 쉬제는 이념적 기반과 현실적 기반을 동시에 갖춘 인물이었다. 현실적 기반은 프랑스 왕실의 왕권 강화였다. 얼마 전만 해도 왕실은 작은 직속령 밖에서는 힘을 쓰지 못했다. 유럽 대륙에 영토를 가진 영국 왕이건, 플랑드르나 상파뉴의 백작이건, 앙주의 공작이건, 모두들 왕을 견제하는 적이었기에 지금 우리가 프랑스라 부르는 그 모든 영토가 왕의 권한에 있지 못했다. 하지만 12세기부터 프랑스 왕들은 한 걸음 한 걸음 권력을 넓혀 나갔다. 그렇게 왕들이 프랑스 전역을 자기 것이라 주장한 이념적 근거가 바로 생 드니 수도원이었다. 그곳은 파리의 순교자 디오니시오스(생 드니)뿐 아니라 칼 대제의 아버지가 모셔져 있는 곳이었다. 프랑스 왕들은 권력의 근거를 그 중세 최초의 황제에게서 찾았다. 그 권력이 현실화될수록 왕들은 더욱 수도원에 애정을 쏟았고, 당연히 쉬제는 더 많은 비용을 성당에 쏟아 부을 수 있었던 것이다.

　로마네스크 양식의 성당과 고딕 양식의 성당을 나란히 놓고 비교하면 건축이나 미술사에 대한 지식이 전혀 없는 사람도 어느 쪽이 더 현대적인지 쉽게 판단할 수 있을 것이다. 훨씬 예스러운 느낌의 로마네스크 성당과 달리 고딕 성당들은 야망을 굳이 숨기지 않고 하늘을 향해 나아가며, 건축학적으로도 고민의 흔적이 역력하다. 우선 고딕식 건축술은 구舊와 신新을 결합하는 방식으로 새 길을 열었다. 즉 옛것에 대한 인정을 현대적 장엄함으로 보완하였다.

쉬제의 생 드니 성당 개축 계획은 고딕 양식의 돌파구였다. 뒤를 이어 다른 성당들 역시 건축과 개축을 할 때 너도나도 이 새로운 스타일을 받아들였다. 고딕 양식의 가장 대표적인 특징들로는 리브볼트(교차하는 볼트의 능선을 리브에 의해 보강한 볼트—옮긴이), 버트리스(벽체를 강화하기 위해 그 벽체에 직각으로 돌출시켜 만든 짧은 벽체. 공벽控壁이라고도 함—옮긴이), 첨두아치(기둥과 기둥 사이의 간격보다 크고 기둥의 길이보다도 긴 원호를 서로 교차시켜 아치를 형성하는 방식—옮긴이), 트레이서리(불꽃 모양의 창살 장식—옮긴이) 등이 꼽힌다. 새롭게 창조된 건축방식은 아니었지만 그것들이 결합되면서 한 시대를 대표하는 양식의 인식표가 되었던 것이다.

이내 수도원뿐 아니라 도시들까지 성당 건축에 팔을 걷어붙이고 나섰다. 당시는 도시가 융성하면서 자의식을 키워가던 시기였고, 덕분에 주교와 시민들이 건축에 필요한 자금을 쉽게 융통할 수 있었다. 도시의 크기가 커지고 돈이 쌓이면서 자긍심도 따라 커졌고, 당연히 가진 것을 밖으로 과시하고 싶은 마음도 커졌을 것이다. 물론 당시는 지금보다 더 허영심을 죄악시하고 배척했다.

하지만 주님께 찬란한 성당을 지어드리겠다는데 누가 감히 이의를 제기하겠는가? 이웃 도시들의 적잖이 비기독교적인 시기심 역시 자기들도 그 못지않게 멋진 성당을 짓는다면 다 해결될 문제였다. 결국 성당 건축과 더불어 시기심의 이유가 사라질 테고, 그와 동시에 새 성당으로 신을 더욱 찬양할 수 있을 테니 그야말로 일석이조였다.

웅장하게 치솟은 고딕 성당이 늘어날수록 그런 성당을 짓지 못한 도시들이 느끼는 압박감도 커졌다. 그 이전에도 이후에도 도시끼리의 경쟁이 그보다 더 심한 때는 없었다. 덕분에 성당 건축 전문가들에겐 계속해서 새로운 일거리가 쏟아졌다. 프랑스에서는 쉬제의 생 드니 개축 이후 300년 동안 100개의 대성당이 지어졌고, 거기에 다른 대형 성당 500여 개가 더 추가되었다. 문제는 모든 성당이 최고가 되려 했다는 데 있었다. 가장 높은 탑은 더 높은 탑에게, 가장 화려한 유리창 장식은 더 화려한 장식에게, 가장 긴 본당의 길이는 더 긴 길이에, 가장 높은 교회 천장은 더 높은 천장에게 최고의 자리를 물려주어야 했기에 경건을 가장한 거만함은 날로 도를 더했고 건축비는 점점 치솟았으며 건축술은 날로 복잡해졌다.

파리에서 아미앵 방향 북쪽 90킬로미터 지점에 있는 피카르디주의 조용한 소도시 보베^{Beauvais}는 당시만 해도 프랑스 제일의 부자 도시 중 하나였다. 11세기 직조업이 발달하면서 찾아온 변화였다. 또 보베는 같은 이름의 주교구 소재지였기에 종교적으로도 정치적으로도 매우 중요한 도시였다. 특히 노르망디가 영국인들에게서 프랑스 북부를 재탈환하고, 1214년 프랑스군이 영국-황제군을 보베에서 무찌른 이후 프랑스 북부는 세력을 넓혀가던 왕권의 덕을 많이 보았다.

왕권의 강화는 평화를 낳아 도시와 주교구의 경제에는 큰 보탬이 되었지만 도시의 자치를 위협했다. 왕실의 중앙집권화 노력이 보베의 독립 욕구와 충돌했던 것이다. 보베의 주교들은 도시의 지배자이자 귀족 신분인 후작 주교였고, 13세기 초반부터는 페르 데 프랑스Pair de France의 배타적 지위도 누렸다. 페르 데 프랑스는 12명의 후작들로 구성되며, 그중 6명이 왕의 직접 봉신인 주교들이었다. 주교구와 도시들은 자치권을 소중히 생각했다. 자체 도량형과 자체적인 화폐 주조권, 독자적 판결권에 큰 자부심을 느꼈다. 따라서 새 성당은 주교구가 왕의 권력 확장을 두 손 놓고 좌시하지는 않을 것이며 독립을 수호하겠다는 의지를 알리는 가시적 신호이자 조치로 해석되었다. 더욱이 이웃한 주교 도시들이 오래전에 고딕식 대성당을 지어 위용을 뽐내던 참이었다. 나아가 성당 건축은 주교의 세속적 권력을 강화하려는 목적도 강했다. 상황은 좋았다. 주교의 경제는 호황이었고 평화 시기라 군사비용도 눈에 띄게 감소했다. 다만 문제는 성당이 하루아침에 뚝딱 지을 수 있는 건물이 아니라는 데 있었다. 수십 년이 걸리는 데다 많은 사람의 이해관계가 걸린 탓에 상황 변화에 특히 취약한 프로젝트였던 것이다.

요즘엔 보베에 가도 주교 도시의 옛 모습은 찾아보기 힘들다.

2차 대전 중 독일군의 공급으로 옛 건물들이 거의 다 파괴되었기 때문이다. 그러니까 피카르디 주의 이 소도시 대부분은 전쟁이 끝나고 다시 지은 것이다. 하지만 고딕식 대성당이 몸뚱이만 남은 것은 전쟁 때문이 아니라 정치적 발전을 막아보려는 도시와 주교들의 야망 때문이었다. 도시의 몰락은 이미 중세 때부터 시작되었다. 그것도 성당의 신축에 막 착수한 시점부터였다. 하염없이 늘어지던 성당 건축 계획처럼 도시의 주권과 주교의 권력도 서서히 무너져 내렸기에 건축 계획과 그것의 실패는 몰락의 표현이자 상징이요, 사라져간 보베의 독립을 애도한 진혼곡으로 해석할 수 있겠다.

동쪽에서 생 피에르 성당에 접근하면 그 엄청난 크기는 물론이고 촘촘하게 심은 거미 다리처럼 제단을 에워싼 뒤엉킨 외부 버트리스에 깊은 감동을 받게 된다. 하지만 성당의 남쪽 면을 따라 조금 더 걸어가면 혼란스럽다는 첫 인상은 이내 자취를 감춘다. 제단에 이어 적잖이 인상적인 트란셉트(교차랑交差廊, 횡단랑橫斷廊이라고도 함. 그리스도교 성당에서 주축主軸에 직각으로 교차하고 내진과 신랑부 사이에 두는 공간―옮긴이)가 나타나지만 갑자기 거기서 건물이 뚝 끝나버리기 때문이다. 계획의 절반만 완성되어 신랑(배라는 의미의 라틴어 '나비스navis'에서 유래한 건축 용어. 초기 기독교의 바실리카식 교회당의 내부 중앙 부분으로 측랑이 양쪽에 붙어 있는데, 열주에 의해 구분된다. 정면, 현관 복도에서 내진에 이르는 중앙의 긴 부분으로 사람들이 모이는 장소로 사용된다―옮긴이)이 없기 때문에 성당은 절단된 듯한 인상을 풍긴다. 도심을 향해 있는 남쪽 면의 과도하게 인상적인 정문 앞에

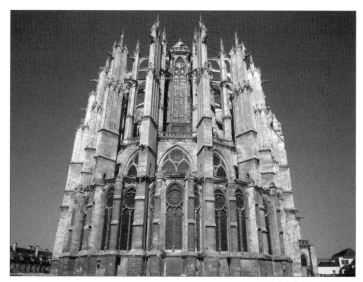

동쪽에서 바라본 보베 대성당

서서 원래 신랑이 있었어야 할 자리를 쳐다보면 훨씬 작고 낡은 로마네스크식 옛 바실리카의 궁색한 흔적이 눈에 들어온다. 그 바실리카는 10세기 후반에 지어진 것으로 Basse-Œuvre, 즉 낮은 건물이라 불린다. 고딕 성당의 높은 건물 Haute-Œuvre와 비교하기 위한 표현이다. 보베의 경우도 다른 도시들과 마찬가지로 교회 한쪽에서는 신축을 하고 다른 쪽에서는 계속 옛 건물을 사용했다. 적어도 수십 년이 걸리는 건축 기간을 생각한다면 그리 이상할 것도 없는 일이다.

안으로 들어가면 감탄과 연민이 뒤섞인 감정이 가슴을 적신다. 제단과 천장을 처음 보면 그 엄청난 규모에 할 말을 잃는다. 보베 성당은 가장 높은 고딕식 둥근 천장을 가졌다. 빛이 환히 비쳐들고 무중력의 느낌을 주는 제단 위로 무려 48미터나 되는 곳에 천장이 있다. 하지만 벽과 기둥을 받치는 목재 구조물들은 보기에도 안 좋을 뿐 아니라 걸어 다니는 데에도 영 거치적거리고 군데군데 부조화인 부분들과 오래전에 파손된 부분들이 구경꾼의 마음을 어지럽힌다. 게다가 제단 벽감을 뒤에 숨기고 있는 제단 회랑의 아치 기둥들이 추가의 버팀 기둥들 탓에 절반으로 나눠지기 때문에 크로싱(신랑과 트란셉트 사이의 방형 공간—옮긴이)으로 가는 길이 너무 좁아져버렸다. 제단과 트란셉트가 만나는 크로싱의 기둥들도 모양이 통일되지 못했다. 크로싱의 둥근 천장은 누가 보아도 즉흥적으로 만든 작품으로 정말 단순한 목조 구조물이다. 특히 크로싱이 신랑으로 넘어가는 지점에는 거대한 벽이 떡하니 자리를 잡고 있고 거기에 흉물스러운 현대식 오르간이 놓여 있다. 신랑은 동강만 덩그러니 남아 있다. 그 이상은 지어지지 못했다. 성당은 무엇 때문에 완공되지 못했을까? 왜 보베의 주교들은 이 독립과 권력의 기념물을 완성하지 못했을까?

결정의 결과들

1217년 혹은 1218년 보베는 또다시 새 주교를 선출했다. 밀론 드 낭튀유는 영향력 있는 귀족 가문의 셋째 아들로, 영지를 물려받은 두 형과 달리 성직자의 길을 걸었다. 그는 분명 당당하고 야망이 넘치는 남자였을 것이다. 주교직에 취임하면서 그는 '신과 성서의 가호로 보베 교회의 권리와 특권과 자유 및 전래되어 온 바람직한 풍습을 지키겠노라' 맹세하였다. 그의 맹세엔 심각한 배경이 있었는데, 전임자가 성당 참사회의 벌을 받고 자리에서 쫓겨났던 것이다. 도시를 왕의 탐욕으로부터 지키지 못했다는 이유에서였다. 왕은 권력 강화를 목적으로 중앙집권화 정책 차원에서 보베의 전통적 특권을 앗아갔다. 도시의 자치와 명성에 매우 중요한 권한, 바로 화폐권이었다.

주교는 약속 때문에 독립을 갈망하는 성당 참사회와 왕 사이에서 둘의 눈치를 보는 신세였다. 둘 다 그에게 없어서는 안 될 존재였기 때문이다. 루이 8세와는 개인적으로 원만한 관계를 유지했지만 의견이 갈리는 도시의 시민들, 그리고 신생 종교 공동체로서 기존 교단에 문제를 일으키고 있던 탁발 수도회도 무시할 수 없었다. 어쨌든 당시 보베의 권력구도는 복잡하면서도 위태로웠다.

일단 밀론은 시대의 분위기에 편승하여 십자군에 참전했다. 자신의 업무는 큰누나의 시아버지인 동쪽 이웃 수아송의 주교에게 맡겼다. 예루살렘의 재탈환을 핑계로 출정했지만 이집트에서 오도 가도 못하고 붙들려 있던 다미에타 십자군으로, 밀론 역시 그곳에서 포로가 되고 말았다. 역사가들은 밀론의 십자군 종군에 그리 후한 점수를 주지 않았지만 개인적으로 그는 엄청난 석방금을 주고 풀려난 후 이집트에서 집으로 돌아오던 중에 로마에 들러 교황 호노리오 3세에게 직접 서품을 받는 영광을 누렸다.

다음 십자군 — 이번에는 남프랑스의 카타리파를 제거하기 위한 십자군이었다 — 이 시작되기 전인 1225년 보베의 옛 성당 제단이 화재로 소실되었다. 평소처럼 그냥 다시 지으면 될 일이었지만 주교 밀론은 잽싸게 그 기회를 잡았다. 그의 권유로 소집된 성당 참사회에서 밀론은 새 성당 건축 계획안을 통과시켰다. 현대적 스타일의 새 성당을 건축한 다른 주교 도시들, 특히 1220년부터 건축 작업에 들어간 근처의 아미앵과 샤르트르, 부르주 같은 것들이 주교의 마음을 움직이는 데 큰 역할을 했을 것이다. 그러므로 밀론의 새 성당은 여러 가지 관점에서 야심작이었다. 주교구의 독립을 앗아가려는 왕실, 경쟁 관계에 있는 다른 주교 동지들, 그리고 도시의 시민들에게 후작 주교의 권력을 과시해야 했던 것이다. 물론 주교 개인의 욕구와 야심도 없지 않았겠지만 그에 관해서는 알 길이 없다.

엄청난 사업 규모는 당연히 막대한 자금을 요구했다. 주교는 10년 동안 자기 수입의 10분의 1을 내놓겠다고 공언했다. 참사회 회원들도 비슷한 약속을 했고, 주교구 전체가 자금 마련에 동원되었다. 하지만 밀론은 재정적으로 너무 무리를 한 것 같다. 역사가들의 기록을 보면 부채 액수가 막대했고, 이탈리아의 두 백작을 통해 교황에게도 도움을 청해 몇 년 후 지원을 받았다고 되어있다.

성당 참사회가 결정을 내렸기 때문에 공사 시작에는 걸림돌이 없었다. 협약이 맺어지고 필요한 전문 인력과 기술자들과도 계약이 체결되었으며 야금 공장까지 마련되었다. 하지만 자금을 댄 주교도, 참사회 회원들도, 시민들도, 신자들도 살아생전 성당이 완공되는 것을 볼 수 있으리라 기대하지는 않았다.

짧은 기간 안에 완공된 고딕 성당들도 없지는 않다. 대표적인 것이 파리의 생트 샤펠Sainte-Chapelle 성당, 아미앵과 랭스의 성당이다. 하지만 보통 고딕식 성당은 완공되기까지 여러 세대가 걸렸다. 50년 이하는 아주 드물었다. 그렇지만 신의 위용, 보베 교구의 부와 독립을 세계만방에 알릴 대성당이 지어지는 데 자신도 일정 정도 기여를 했고, 그 대가로 내세에서 복을 받으리라는 확신이 보베 시민들의 마음을 움직였을 것이다. 실제 거대한 건축 현장과 치솟아 오르는 기둥을 바라보면서 흐뭇한 마음을 감추지 못했을 것이다. 비록 지금은 다 쓰러져가는 낡은 예배당에서 미사를 올리지만 언젠가 온 세상이 부러워할 성당이 이 도시를 장식할 것이다. 물론 재정이 확보되고 건축을 가로막을 사건이 생기지 않는다는 조건 하에서였다. 참사회의 결정이 떨어진 지 80년 후까지, 아마도 영원히, 보베 생 피에르 대성당이 완공되지 못할 것이라고는 아무도 상상하지 못했을 것이다.

성당 건축 작업은 1225년부터 바로 시작되었다. 아쉽게도 건축가에 대해서는 알려진 바가 없고, 설계도도 남아 있지 않다. 아마 처음부터 설계도 같은 건 아예 없었을 확률이 높다. 1250년 이전에 지어진 고딕식 성당의 설계도는 한 장도 남아 있는 것이 없다. 그러니 후세대는 원래 건축가의 의중을 추측하며 건축에 임할 수밖에 없었다. 더구나 보베의 경우 그 의중은 너무나 야심찼다. 본당의 신랑이 5개에다 트란셉트의 신랑도 3개였고 거기에 높이 치솟은 탑까지 계획되어 있었다. 당시의 성당들이 이루지 못한 위업이었다. 막대한 자금은 물론, 짜임새 있고 총명한 건축 관리가 필수적인 작업이었다.

먼저 트란셉트와 제단 회랑 사이 부분부터 지었다. 그러니까 트란셉트의 동쪽 부분과 제단의 서쪽 부분으로, 바로 이곳이 로마네스크 양식의 옛 성당에서 화재가 났던 지점이다. 나머지 신랑의 양쪽과 제단은 멀쩡했다. 사람들은 화재의 잔재를 허물고 새로 지었다. 옛 제단 양쪽에서 동시에 작업이 시작되었다. 아마 도심 쪽으로 향한 남쪽 부분 팀이 더 열심히 일한 것 같은데, 전체적인 조망을 견지하며 그런 노동 분업의 문제점을 해결할 능력 있는 책임자는 없었던 것 같다. 이곳이 통일적으로 조화를 이루지 못하는 바람에 두고두고 건물의 취약점이 되고 말았으니 말이다. 아쉽게도 밀론에게는 더 이상의 시간이 없었다. 건축을 결정하고 불과 7년 후 그는 보베의 주교 자리를 잃고 만다.

그사이 루이 8세가 세상을 떠나고 12살짜리 아들이 프랑스 국왕의 자리에 올랐다. 훗날 성왕 루이로 불린 루이 19세였다. 당분간 스페인 출신의 어머니 카스티야의 블랑슈가 섭정을 맡았다. 그런데 밀론이 그녀와 사이가 나빠지면서 왕실이 주교와 시민들의 갈등에 개입하게 되었다. 화가 난 밀론은 주교가 왕에게 복종의 의무가 있는지 과감한 의문을 제기했다. 주교는 오로지 교황에게만 복종하면 된다는 주장이었다. 이 문제는 중세를 관통했던 뜨거운 감자다. 특히 황제가 주교 및 교황과 거듭 갈등을 일으켰던 신성로마제국의 프랑스에서 더 그러했다. 흔히 왕과 교황의 권력을 세속적인 칼과 정신적인 칼에 비교했다. 황제의 비호를 받지 않아도 될 만큼 권력이 막강해질 때마다 교회는 지상에서 신을 대변하는 칼이 세속의 칼보다 더 위대하다고 주장했다.

하지만 밀론 주교의 대담함은 도가 지나쳤다. 프랑스 왕은 이미 교회보다 막강한 권력을 쥐고 있었고 그 사실을 굳이 숨기려 하지 않았다. 게다가 밀론은 섭정 중인 블랑슈의 권력을 시샘하여 그녀가 교황의 사절과 그렇고 그런 사이이며 임신을 했다고 쑥덕거리는 사람들에게 동조하였다. 좋은 관계였던 선왕이 세상을 떠나면서 자신도 권력을 잃었다는 사실을 받아들이기 힘들었을 것이다. 어쩌면 그 아들에게도 똑같은 영향력을 행사할 수 있으리라 은근히 기대하고 있었을지도 모른다.

섭정 모후에 대한 주교의 공격은 보베 시의 내분으로 이어졌다. 주교가 요즘으로 치면 중산층이라 부를 만한 사람들을 위해 돈 많은 부자들을 홀대한다는 비난이 곁들여지고 시장 자리를 두고 갈등이 벌어지면서 내분은 극으로 치달았다. 왕실은 주교가 자리를 비운 틈을 이용해 자기들이 내세운 후보를 주교 자리에 앉혔다. 곧 유혈 전쟁이 일어났고 젊은 왕은 주교의 권리였던 판결권을 뺏어 자신이 행사했다. 나아가 왕은 밀론을 퇴위시키고 재산을 몰수한다. 원칙을 뒤흔든 사태가 발생했다. 전통적으로 내려온 교회의 권한이 제약당한 것이다. 밀론이 가만있을 리 없었고, 거기에 주교 동지들과 교황까지 동조하고 나섰다. 여러 차례의 공회의가 이 사건을 다루었지만 왕은 요지부동이었고 결국 자기 뜻을 관철시키고 말았다. 교황의 영향력도 별 도움이 되지 못했다. 황제와 싸우느라 교황도 프랑스 왕에게 의존할 수밖에 없는 처지였다. 결국 루이 왕은 프랑스 교회의 통일전선을 허물어뜨리는 데 성공했다. 밀론과 주교의 권리는 그 제물이 되었고 퇴위당한 주교는 1234년 자신의 자리를 되찾기 위해 로마로 가던 중 사망하고 말았다.

권력 상실로 인한 건축 중단

사소한 언쟁 차원이 아니었다. 이 일로 밀론은 직장을 잃었을 뿐 아니라 보베 성당의 공사까지 중단되고 말았으니 말이다. 야금공장은 서서히 해체되었을 것이고 노동자들은 다른 일자리를 알아보았을 것이다. 거의 20년 동안 성당 건축은 별 진전을 보이지 못했다. 밀론의 다음 후계자는 왕과의 세력 다툼만으로도 할 일이 너무 많았다. 그에 이어 로베르Robert de Cressonsacq가 주교 자리에 오르면서 비로소 다시 공사가 재개되었다. 그는 1237년에 선출되었고 그사이 주교구는 왕실과 평화를 회복했다. 물론 이런 양보는 옛 권력의 포기를 의미했고 왕은 주교구에 막강한 영향력을 행사할 수 있게 되었다. 심지어 자신의 이익을 위해서라면 시민과 주교를 반목시키는 짓도 서슴지 않았다.

아무리 중세였다 해도 종교보다는 현실 정치가 더 힘이 셌을 것이다. 그러니 왕실의 권력 요구에 응할 수밖에 없었다. 어쨌든 이렇게 양보한 덕에 자금이 돌았고 교회 신축을 재개할 수 있었다.

그러나 왕과의 알력을 겪은 이후인 데다, 또 과거에 비해 주교구의 수입이 형편없었으므로 로베르 주교가 융통할 수 있는 자금에는 한계가 있었다. 그래도 주교구의 자존심이 심하게 훼손된 상황에서 사람들은 다시 시작된 성당 건축을 권력 상실에 대한 보상으로 생각했을 것이다. 또 당시의 시대정신을 감안하면 신이 보시기에 좋지 않은 무질서의 실태래는 반드시 다시 붙들어 매야 할 필요가 있었다. 토마스 아퀴나스가 불완전한 것도 아름다울 수 있다는 주장을 펼치기까지는 아직 족히 10년은 남아 있던 때였으니 말이다. 그것이 아니더라도 계속 공사 중인 대성당이라니, 주교 도시의 체면이 말이 아니었다. 하지만 로베르는 성당 건축에 오래 전념하지 못했다. 1248년 왕과 함께 십자군에 참전했다가 같은 해 사이프러스에서 목숨을 잃고 말았다.

어느덧 생 드니의 쉬제 수도원장이 성당 건축을 결정한 지 백년이 지났다. 새로운 건축 양식이 유행하자 모두들 현대적 요소를 보충하는 선에 머무르지 않고 아예 옛것을 허물고 새 건물을 짓는 방향으로 선회하였다. 샤르트르의 경우처럼 짓기 전에 먼저 성당이 무너지거나 파괴된 경우도 있었다. 1194년 샤르트르 성당에 화재가 발생하자 사람들은 그것이야말로 더 크고 더 아름답고 더 당당한 새 성당을 지으라는 하늘의 계시라고 생각했다. 실제 1260년에 완공된 샤르트르 성당은 규모와 웅장함의 기준을 바꾸어놓았다. 엄청난 비용 때문에 아무나 따라할 수 있는 규모가 아니었던 것이다. 랭스 대성당 역시 화재로 소실되었지만 프랑스 왕의 대관식을 거행하는 성당이었기에 무리 없이 필요한 자금을 확보했다.

부유한 주교 도시 아미앵 역시 1218년 화재가 발생한 후 지금까지도 중세 프랑스의 최고 성당으로 꼽히는 대성당을 신축하였다. 길이가 145미터, 높이가 42.3미터에 크로싱 위로 112.7미터의 탑이 서 있다. 면적은 파리 노트르담 성당의 두 배다. 이 모든 것이 가능했던 것은 합리화 조치 덕분이었다. 돌을 하나씩 다듬지 않고 규격을 통일했고, 다른 부품에도 본을 만들었다. 그 결과 비용이 절감되었다. 비용 절감의 원인에는 일 년 내내 작업할 수 있게 된 덕분도 있다.

　로베르의 뒤를 이어 1249년 기욤 드 그레Guillaume de Grez가 주교직에 올랐고, 그는 열정적으로 성당 건축을 추진한다. 아미앵과 샤르트르, 부르주, 랭스에서 하늘을 향해 성당이 뻗어갈수록 주교구의 위신도 상처를 입었다. 아마도 그는 주교 동지들이 몰래 자기를 비웃는다고 생각했을 것이다. 하지만 열성이 지나쳐 시민들에게 더 높은 세금을 물렸고, 그 결과 1260년대 다시 한 번 시와 주교구 사이에 긴장이 발생했다. 기욤은 파리 대학의 박사였다. 그의 재임 기간에 지어진 부분에서 파리의 영향인 듯한 양식적 변화가 느껴지는 것은 아마 그 때문일 것이다. 파리의 노트르담과 비슷하게 고딕 전성기 레요낭 양식으로 지어, 환한 빛이 비쳐 들어오는 제단의 기품은 그 시대 종교 사상가들의 위대한 지적 업적과도 비교할 만한 것이었다.

　어쨌든 보베 생 피에르 성당의 제단은 13세기 파리의 정신적·영적 번영을 반영한 건축물이다. 기욤 주교는 거기에서 한 걸음 더 나아가 처음 계획보다 5미터 더 높이를 올리기로 결정했다. 애당초 밀론이 트란셉트 위로 탑을 세우려 했지만 그사이 그 계획이 무산된 데 대한 나름의 보상이었던 것 같다. 물론 그보다는 이웃 도시 아미앵을 능가하고 싶은 경쟁심이 더 많이 작용했을 것이다. 1267년 세상을 뜨기 전 기욤은 재산의 상당 부분을 성당 건축에 기부하기로 결심했고 실제로 그는 최초로 그 성당에 시신이 안치된 사람이다. 하지만 1272년 만성절에 거행된 새 제단의 완공식은 후계자의 몫이었다. 그때까지도 성당이 완공된 것은 아니었지만 어쨌든 앞으로 미사를 올릴 수 있을 정도의 규모와 위용은 갖추게 되었다. 48미터가 넘는 제단의 높이는 아미앵은 물론 다른 고딕식 성당의 높이를 능가했다. 내부도 훌륭했지만 외부 장식은 월등했다. 규모는 말할 것도 없었다. 건축이 속개된다면 보베는 세상의 모든 예배당을 압도할 멋진 성당을 갖게 될 터였다.

11월 밤의 재앙
———

하지만 그렇게 되지 않았다. 보베에서 일어난 그 사건 때문이었다. 제단 완공식을 가진 지 12년 후인 1284년 11월 29일 밤 8시 제단 천장이 무너지면서 몇 개의 외부 기둥이 부서지고 큰 창이 깨졌다. 그 시각 그 지역엔 이렇다 할 자연 이변이 없었다. 폭풍도 지진도 기록으로 남아 있지 않다. 그날의 사건 역시 당시에 작성된 기록이 전혀 남아 있지 않다. 하지만 무너지는 제단의 굉음이 거리의 사람들을 혼비백산하게 만들었을 것이다. 해는 한참 전에 졌지만 성당 위로 피어오르는 먼지 구름을 확연히 눈으로 볼 수 있었을 것이다. 그날 밤 보베 시민들은 잠을 이루지 못했을 것이다. 또 무슨 일이 터질지 모른다는 두려움 때문에 잠을 잘 수 없었을 것이고 사건의 원인에 대해 이런저런 억측을 늘어놓거나 무서움에 덜덜 떨며 기도를 올리느라 밤을 꼬박 새웠을 것이다.

과연 무엇 때문에 그 거대한 건물은 무너져 내린 것일까? 당시 사람들은 당대 최고의 성당을 짓고자 했던 만용에 대한 신의 벌이라고 생각했을지 모른다. 하늘에 너무 가까이 다가가려 했던 바벨탑을 허물어뜨린 신의 벌처럼 말이다. 결과적으로 재건축을 방해했던 그칠 줄 모르던 온갖 갈등은 어쩌면 바벨탑을 무너뜨린 바빌로니아의 언어 혼란과 유사한 것이 아니었을까?

중세 사람들에게는 그런 설명 모델이 통했을 테지만 지금 우리에게는 너무 순진한 발상으로 보인다. 우리 식대로 설명해보자면 최고의 성당이라는 목표만 생각한 채 건축가들이 자기 능력을 과대평가했기 때문이다. 물론 돌을 촘촘하게 차곡차곡 쌓으면 하늘까지라도 쌓아올릴 수 있다. 실제 보베 생 피에르의 높이를 무난히 능가한 탑들이 고딕 시대에 지어졌다. 더 높이 올라가기 위해, 더 큰 공간을 확보하기 위해, 고딕 건축가들은 내부에는 리브볼트를, 외부에는 플라잉 버트리스를 사용하여 하중을 최대한 분산시켰다. 그러니 고딕 시대의 건축가들도 그 부분에서는 이미 많은 경험을 쌓은 터였다. 따라서 보베의 계획은 애당초 불가능했던,

무모한 것이라고는 할 수 없다. 어느 부분을 날림으로 했기에 그런 재앙이 일어났단 말인가?

그 질문에 답하기 위해 수 세기 동안 다양한 주장이 나왔다. 개중에는 확인된 답도 있고 그렇지 않은 것도 있다. 높이의 한계를 무시했다는 주장과 더불어 기초가 튼튼하지 못해 침하되는 바람에 건물의 안전성에 문제가 발생했다는 가설도 제기되었다. 사용된 모르타르에 물이 너무 많이 들어갔다는 의혹도 제기되었고 건물 내부 아치들의 경간이 너무 넓었다는 주장도 제기되었다. 실제 제단의 둥근 천장은 프랑스 고딕 성당들 중에서 경간이 가장 넓었고 따라서 제단을 재건할 때 추가 기둥들을 박아 넣었다. 외부에서도 튼튼한 플라잉 버트리스로 보강하였다. 하지만 바람의 부하와 결합된 제단 외부벽과 천장의 압력은 버티지 못했다. 아마 첫 균열 지점은 제단 회랑의 둥근 천장이었을 것 같다. 다른 천장보다 넓지만 외부에서 지지해주는 플라잉 버트리스가 없었고 버팀 기둥도 없었던 곳이었다. 1284년 그곳의 버트리스 시스템이 무너지면서 따라서 윗 제단이 서서히 무너져 내린 것이다.

이 다양한 설명 모델은 다들 결정적인 취약점이 있다. 우선, 우리는 무너지기 전의 정확한 건물 상태를 모른다. 따라서 증거를 입증하기가 힘들다. 무너진 제단의 사진도 없고 스케치도 없다. 새로 지은 제단을 통해 진단을 내릴 수밖에 없다. 아마 다양한 요인이 결합돼 그런 재앙이 일어났을 것이다. 한꺼번에 짓지 않고 세 번에 나누어 건물에 손을 댄 것도 구조적 결함의 원인이었다. 남쪽 전면과 북쪽 전면이 완벽하게 맞지 않아 제단과 중랑이 만나는 지점에서 문제가 발생했다. 또 고딕 양식이 발전하면서 더 섬세한 건축이 요구되었고, 그로 인해 건물의 높이가 올라가면서 안전상의 문제가 생겼던 것 같다. 더구나 제단 외부의 위쪽 버트리스가 너무 야심만만했다. 아미앵 성당을 능가하기 위해 너무 애를 썼다. 어쨌든 계획했던 제단이 높이를 초과하자 건물의 여러 취약점이 결합되면서 마침내 한계점을 초과하게 된 것이다.

보베 생 피에르 성당의 건축사에 대해 가장 잘 아는 전문가 스티븐 머레이Stephen Murray는 1284년 사고의 건축기술적 원인과 관련해 다음과 같은 설명을 덧붙였다. '거만한 주교가 왕의 어머니와 교황 사절의 관계를 의심하는 바람에 보베의 재단이 무너졌다고 주장한다 해도 완전히 엇길로 빠진 말은 아니다.' 물론 과장이 심하기는 하지만 이 말은 건축적 요인과 더불어, 건축적 요인에 영향을 미친 추가 요인을 밝혀준다. 보베 성당의 붕괴는 지나친 야심도 문제였지만 건축사에 혼란을 준 외부 상황을 고려하지 않고서는 설명이 안 된다. 주교들이 사방팔방으로 싸움을 하는 통에 재건축이 계속 연기되었고 그로 인해 책임자가 바뀌고 설계가 변경되는 바람에 건물의 안전성에 무리가 온 것이다.

고난의 재건축

재앙은 참혹한 결과를 낳았고, 상처를 회복하기까지에는 다시 많은 돈과 시간이 필요했다. 40년이 지나도록 완공되지 못한 데다 손상까지 입은 성당에선 미사가 열리지 못했고 제단 수리 작업도 진척이 더뎠다. 제단을 수리하는 데 걸린 시간이 제단을 만들 때보다 오히려 더 오래 걸렸다. 까다로운 작업인 데다 추가 사고를 방지하려는 차원에서 신중을 기하기도 했지만 더 큰 문제는 자금이었다. 파리로 흘러 들어가는 돈이 더 늘기도 했고 선임자에게 물려받은 프로젝트다 보니 주교들이 썩 내켜 하지 않았다. 더구나 14세기의 주교들은 동시에 여러 곳의 주교구를 맡았다.

주교들과 보베 시의 갈등 역시 공사 연기의 한 원인이었다. 붕괴 사고가 일어나기 전부터 한 주교가 성당 참사회와 자격 문제를 두고 갈등을 일으켰다. 거기에다 밀가루를 빻고 빵을 구울 때 주교의 제분소와 제빵소를 이용하라는 성당 측의 요구에 시민들이 저항했다. 불만을 품은 시민들은 1305년 제분소와 제빵소를 부수고 주교의 궁으로 달려갔다. 경비병은 학살당했고 궁은 약탈당했지만 주교는 무사히 도주했다. 화가 난 주교는 도시에 금지제재를 내렸다. 미사와 종교 행사를 거부하였고, 나아가 구호의 길을 봉쇄해 시민들의 배를 곯리려고 했다. 하는 수 없이 왕이 나서서 시장과 주교의 대리인을 일시 구금했다 다시 평화가 찾아오자 먼저 주교의 궁과 다른 교회 건물을 수리했다. 이때 시민 폭동의 재발을 대비했다는 사실은 입구에 서 있는 두 개의 큰 요새 탑의 존재에서 느낄 수 있다. 그런 혼란스러운 상황과 어수선한 분위기에서 어떻게 성당의 재건축이 논의되었겠는가.

이런 분란을 겪고 난 후 주교가 된 장 드 마리니^{Jean de Marigny}는 보베 시민들과 아주 사이가 좋았다. 하지만 이번에는 백년전쟁이 발발하여 주교구를 뒤흔들었다. 영국 국왕의 유럽 내륙 영토가 위협적일 정도로 커지면서 프랑스 황실에 대한 요구 사항이 크게 늘어나자 결국 영국과 프랑스 사이에 전쟁이 터졌고, 이 전쟁은 족히 100년의 세월을 끌다가 프랑스 발루아 왕가의 승리로 막을 내렸다. 하지만 그날이 올 때까지 파괴와 약탈, 방화와 경제적 몰락이라는 유혈이 난무하는 고단한 길이 기다리고 있었다. 보베는 직격탄을 맞았다. 안 그래도 빈약한 재정이 군사적 목적에 투자되었다. 도시를 적군에게 내주지 않기 위해 군인, 무기, 방어 조치에 많은 돈을 퍼부었다. 1346년 영국군이 보베를 위협했지만 성벽 바깥의 근교 마을과 수도원이 모조리 불타는 상황에서도 막강한 방어시설 덕분에 도시를 지킬 수 있었다. 주교 장은 프랑스 왕 편에서 참전했고 여러 가지 국가 및 교회의 직책을 맡았다. 그러니 자주 자리를 비웠고 장기간 출타 중인 때도 많았다. 그럼에도 그는 35년이라는 오랜 기간 동안 주교 자리를 지켰고 덕분에 성당 재건 작업도 어느 정도 진전을 보았다. 적어도 무너진 제단은 그의 재임 기간 동안 수리를 마쳤다.

백년전쟁이 장기화된 이유는 무엇보다 양쪽이 번갈아 가면서 전세를 잡았기 때문이다. 각 지역의 영주들은 각기 한쪽 편을 들었고, 번갈아 우세를 점한 쪽에 가서 붙는 경우도 적지 않았다. 보베 주교구 역시 마찬가지였다. 15세기 초 피에르 코숑이라는 이름의 유명한 남자가 영국왕 헨리 5세와 부르고뉴 공작의 아들 필리프의 편을 들었고, 그 대가로 두 사람은 그를 보베의 주교로 임명했다. 코숑은 1431년 종교재판을 열어 오를레앙의 성처녀 잔 다르크에게 사형을 언도한 사람이다. 하지만 결국 승리는 발루아 왕가에게 돌아갔고 1453년 영국은 칼레를 제외한 모든 대륙의 영토를 잃고 말았다. 하지만 보베 시에는 아직 평화가 찾아오지 않았다. 전쟁이 끝나자마자 프랑스 왕이 부르고뉴 공작과 싸우기 시작한 것이다. 1472년 부르고뉴의 군대가 보베를 포위하고 주교 궁을 파괴했지만 보베 시는 끝까지 견뎌 포위군을 물리쳤다.

마침내 보베에 평화가 돌아왔다. 따라서 1480년대 중반 다시 미완성 성당의 공사 재개를 두고 고민이 시작되었다. 벌써 신랑이 지어졌어야 할 서쪽 면이 아직 기둥과 나무 벽으로 겨우 제단을 가리고 있었다. 하지만 1488년 다시 주교가 사망하자 후계자 문제를 두고 참사회와 외부 세력, 특히 카를 8세가 다툼을 벌였고, 이로 인한 알력이 거의 10년 동안 계속되는 바람에 성당 공사는 다시 밀려났다.

1500년경 마침내 공사가 재개되었다. 이번에야말로 300여 년을 미룬 프로젝트를 완성하고야 말겠다고 다들 힘을 모았다. 동시에 파괴된 주교 궁을 화려한 모습으로 복구하였다. 이 2차 대규모 건축은 50년 동안 이어졌다. 이를 주도적인 건축가의 이름은 우리도 알고 있다. 프랑스 후기 고딕의 위대한 건축가 마르탱 샹비주Martin Chambiges다. 그는 파리 출신으로 임무를 맡아 보베에 왔을 때 이미 마흔이 넘은 나이였고 그전에 상스 성당의 트랜셉트 건축에 참여했다. 처음엔 진단만 해달라는 요청을 받았지만 진단 과정에서 능력을 입증한 덕에 건축 공사 임무까지 맡게 되었다. 아마 샹비주가 능력 있는 건축 기술자였을 뿐 아니라 뛰어난 예술가였던 것이 중요한 이유였던 듯하다. 250년이나 된 성당 공사를 속개하면서 건축술이나 양식 면에서 과거의 건물과 접점을 찾는다는 것이 쉬운 일은 아니었다. 후기 고딕 양식의 마지막 단계는 '플랑부아양 flamboyant'이다. '불꽃 모양의'라는 뜻으로 날름거리는 불길처럼 길게 뻗은 트레이서리의 형태 때문에 붙여진 이름이다. 샹비주는 보베 성당 공사에 참여하는 동안에도 트로와와 상리스 성당의 공사에도 동시에 관여했다. 그 바람에 각 성당들이 이 건축의 대가를 서로 자기 도시에 붙잡아두려고 다툼을 벌였다.

처음 보베 성당의 건축을 발기한 사람은 도시의 후작 주교였지만 이제 중단된 공사의 완성을 촉구한 쪽은 성당 참사회였다. 건물은 보기 좋은 모습이 아니었다. 50미터까지 치솟은 높이에 비해 수평 단면도 상의 면적은 터무니없이 작아서 누가 봐도 부속 건물이 지어지지 않았다는 사실을 알 수 있었다. 제단은 다른 성당들에 비해 월등히 컸고 신자들이 들어갈 자리도 넉넉했지만 제단과 트란셉트밖에 없는 탓에 아무리 화려해도 마지막 악장을 요구하는 미완성 교향곡처럼 불완전하다는 인상을 피할 수 없었다. 더구나 아미앵이 교구의 성당을 완성했다는 사실이 보베의 참사회와 시민들에겐 눈엣가시였다. 아미앵은 너무 가까운 도시라 많은 사람들이 직접 경쟁 교구의 성당을 보고 와서 수치심을 토로했다. 보베의 성당 천장이 아미앵보다 몇 미터 더 높다는 사실만으로는 해소되지 않는 수치심이었다.

하지만 성당 참사회와 달리 주교들에게는 참여의 수단도 의지도 없었다. 설사 참여를 하더라도 참사회의 요청에 따른 마지못한 수락이었다. 1511년에는 참사회가 비용 문제 때문에 자기 주교를 상대로 소송을 하기도 했다. 경제적 어려움은 계속되었지만 그럴 때마다 새로운 자금처가 나타났다. 1518년에는 교황이 면죄부를 허용했고 1522년에는 왕이 도시의 편을 들어 자신이 돈을 부담하고 미장이들을 추가로 파견하기도 했다.

새로운 최상급

공사는 트란셉트의 남쪽 부분에서 시작했다. 인상적인 정문이 1509년에 완공되었다. 출입문 위에 장식된 거대한 장미 창문은 보베의 구 시가지를 당당하게 굽어보았다. 그 다음으로 시의 성벽을 향하여 북쪽 정문을 지었고 트란셉트의 북쪽 부분 공사를 시작했다. 공사를 위해 로마네스크 양식의 옛 성당 일부를 추가로 허물었다. 1517년 트란셉트의 북쪽 정문이 완공되었지만 이듬해 보베에 무시무시한 페스트가 도는 바람에 건축 명장 마르탱 샹비주가그 병에 전염되고 말았다. 다행히 건축가는 페스트를 이겨내고 1532년 한여름에야 세상을 떠났고 사람들은 그를 아직 미완성인 트란셉트에 안치했다. 양쪽 정문이 완공되자 본격적으로 트란셉트 공사에 들어갔다. 1530년에 제작된 양탄자를 보면 트란셉트의 기둥들이 서 있고 그 가운데에 건축 크레인이 우뚝 솟아 있다. 양쪽 트란셉트의 천장에는 지금도 완공 날짜가 새겨져 있다. 북쪽 부분은 1537년, 남쪽 부분은 1550년이다. 신랑이 지어졌더라면 건물의 규모가 두 배 더 커졌겠지만 천장의 첫 부분만 짓다가 말았다.

그 밖에도 종탑이 부족했다. 종은 남쪽 정문의 오른쪽에 위치한 비어 있는 탑에 계속 보관했다. 그 사실만으로도 보베 주교구로서는 상처일 텐데 거기에 최상급의 문제가 더해졌다. 왜 천장 높이가 최고인 성당에 최고의 탑이 없단 말인가? 이 물음은 프랑스의 다른 주교구들을 향한 건축학적 선언을 넘어, 하늘을 향해 솟구친 성 베드로 성당을 신축한 로마를 향한 신호였다. 더구나 종교개혁이라는 혼란의 시대에 가톨릭 성당의 당당한 탑은 자기 확신의 힘찬 외침이자 증거일 터였다. 다른 곳에선 성당이 부서지고 있지만 여기서는 높다란 성당이 위용을 뽐내고 있다! 그런 의미를 전달하는 메시지였다. 게다가 보베 역시 많은 주교 도시들과 같은 문제를 안고 있었다. 저지대에 위치하고 있기 때문에 멀리서도 주교 도시를 알아볼 수 있으려면 높은 천장 위에 탑이 있어야 했던 것이다.

1534년 트란셉트가 완공을 앞두고 있었다. 주교 샤를 드 빌리에Charles de Villiers가 종탑 공사에 필요한 자금을 기부했다. 하지만 곧바로 공사가 시작되지 않은 것은 그가 다음 해 세상을 떠났기 때문이다. 16세기 초부터 주교는 선출되지 않고 왕이 임명했으므로 주교가 자기 주교구에 살지 않는 일이 허다했다. 어쨌든 탑의 건축 계획은 1540년대에도 계속되었다. 탑의 재료를 목재로 할지 석재로 할 것인지를 두고 이견이 발생하면서 다시 몇 년이 흘렀고 마침내 석재로 결정이 났다. 1560년대 초 모델이 제작되고 공사에 착수했다. 그런데 공사의 진척 속도가 워낙 빨랐던 덕에 1560년대 말이 되자 이미 종탑이 완성되었다. 이제 성당은 크로싱 위로 높이가 90미터에 육박하는 웅장한 탑을 갖게 되었다. 탑의 꼭대기에 올라가면 지상에서부터 높이가 135미터에 이르렀고, 날씨가 좋은 날에는 90킬로미터 떨어진 파리의 성당 꼭대기가 보인다고들 했다. 크로싱 탑의 높이가 채 113미터도 안 되는 아미앵은 당연히 훤히 보였을 것이다. 역사가들은 사람들이 어찌나 탑에 올라가고 싶어 했는지 성당 참사회에서 결국 출입을 원천 봉쇄했다고 전하고 있다.

두 번째 붕괴

이런 조치는 성당이 전망대로 전락하는 꼴을 보고 싶지 않은 참사회의 결정이었을 것이다. 특히 평민들은 절대로 탑에 올라갈 수 없었다. 그럼에도 역사가들은 구경꾼들을 봉쇄 조치의 원인이라 주장하지 않는다. 탑의 안전성에 대한 우려는 일찍부터 시작되었다. 예방 차원에서 탑 꼭대기의 무거운 철 십자가를 떼어냈고 안전검사도 받았다. 검사 결과는 좋지 못했다. 십자가가 아니어도 크로싱이 탑 때문에 너무 과도한 하중을 받고 있었던 것이다. 크로싱의 버팀 기둥들이 기운 각도가 제각각이었다. 신랑을 짓지 않았기에 제단 동쪽에는 버팀목이 있었지만 서쪽에는 그런 장치가 없었기 때문이다.

외부 전문가들은 즉각적인 대응조치를 제안했다. 하지만 공사가 시작된 지 2주도 지나지 않아 탑이 무너져 내렸다. 1573년 봄 예수 승천일 아침 7시, 우려하던 재앙이 닥쳤다. 갑자기 크로싱의 서쪽 기둥이 무너졌고 남동쪽의 기둥마저 무너지면서 남은 네 번째 기둥에 탑의 전체 하중이 실렸다. 결국 그 기둥이 항복하자 탑은 와르르 무너져 내렸다. 다행히 대규모 축제 행렬이 성당을 떠난 후라 부상자는 단 두 명뿐이었다. 하지만 성당은 또 한 번 심각하게 훼손되었고, 예상 복구비는 어마어마한 액수였다. 복구비용을 대기 위해 작은 오르간과 성당의 값진 물건들을 매각했고 주교의 파리 관저까지 팔아치웠다. 왕은 건축 목재를 기증했고 보베의 주교와 여러 시민들이 돈을 내놓았다. 덕분에 성당은 불과 몇 년 후 탑이 붕괴되기 이전의 상태로 돌아갔지만 탑은 완전히 포기하고 말았다. 지금까지도 크로싱의 목재 천장을 보면 400년도 더 넘은 과거의 불행과 그 결과를 확인할 수 있다.

신랑은 결국 완성되지 못했다. 신랑이 완공되었더라면 성당의 길이가 두 배로 길어졌을 테고, 높은 천장과도 비율이 맞아떨어졌을 것이다. 임시로 세운 성당의 서쪽 벽(트란셉트와 신랑을 연결해야 하는 부분)에 문제가 생기자 1605년 다시 벽을 지었고, 그 벽은 지금까지도 남아 있다. 그러는 사이 고딕 양식의 인기는 시들해지고 르네상스의 시대가 도래했다. 중세적인 모든 것을 구닥다리로 취급하며 고딕식 성당을 '어두운 과도기'의 건축 잔재로 취급하던 시절이었다. 건축물도 다 때가 있는 법이다. 보베 성당은 야심찬 건축 계획이 완성되기도 전에 그때를 훌쩍 넘겨버린 안타까운 사례다.

El Artificio Del Agua

Chapter 3

중력을 극복한 기적의 장치

– 톨레도의 양수 시설

인류가 도시를 건설한 이후, 대부분 도시를 구성할 장소를 선택하는 데는 두 가지 기준이 쓰였다. 전략적인 위치가 좋은가, 그리고 물이 가까이 있는가. 스페인 중부의 도시 톨레도는 이 두 가지 조건을 모두 충족시킨 축복의 도시다. 높은 곳 바위 위에 위치해 있어 방어하기가 좋다. 그래서 몇백 년의 역사에서 딱 두 번 적군에게 점령당했다. 또한 도시 발치에 이베리아 반도에서 가장 긴 강인 타호Tajo 강(포르투갈 어로 테주 강, 타구스 강이라고도 부른다)이 흐르고 있다. 동 스페인의 시에라 데 알바라신에 있는 수원지에서 리스본의 대서양 하구까지, 강의 전 구간을 약 5분의 2 지난 지점에서 타호 강이 급하게 꺾어진다. 바로 그곳, 그러니까 삼면이 강에게 둘러싸인 곳에 산타 마리아 성당과 알카사르 요새를 자랑하는 도시가 우뚝 솟아 있다. 이런 유리한 조건 덕분에 타호 강은 무역로로 이용되었고, 이곳에서 만나는 다른 무역로들처럼 톨레도 시에 경제적 융성을 안겨주었다. 나아가 톨레도는 이베리아 반도의 정중앙에 위치하고 있다.

따라서 톨레도는 출세의 모든 조건을 갖춘 도시였다. 이곳에 마을이 생긴 지는 아주 오래전이었지만 켈트 이베리아 혼혈족들과 로마인들의 시대를 거치면서 관심을 받기 시작했고 마침내 6세기경에는 서고트 왕국의 수도가 되었다. 아리안족인 서고트의 왕 레카르도가 589년 공의회에서 가톨릭으로 개종을 선언한 이후 도시는 이베리아 가톨릭교회의 중심지로도 이름을 떨쳤다. 721년 이슬람이 도시를 정복하면서 톨레도는 잠시 수공업과 무역의 중심지로 다시 부흥한다. 톨레도에서 만든 칼은 유럽 전역에서 인기를 누렸고, 아랍인의 지원을 받은 도시의 유대 상인들 덕분에 전 세계로 판매되었다. 또 학문과 번역의 중심지, 이슬람인과 유대인과 기독교인들 사이에 문화를 전달하는 중개인으로서도 명성이 자자했다. 11세기 말 톨레도는 스페인 국토회복운동 Reconquista(8세기 초 이베리아 반도 대부분을 점령한 이슬람교도에게서 영토를 되찾기 위해 중세 스페인과 포르투갈의 그리스도교 국가들이 벌인 일련의 전투—옮긴이)의 와중에 재정복되었고, 이제는 카스티야 왕국의 수도가 되어 스페인 땅의 심장으로 되살아났다. 경제적으로나 문화적으로도 비약적인 발전은 계속되었다. 톨레도의 번역학교는 지금까지도 고대, 아랍, 히브리, 라틴의 언어와 문화를 중개하는 문화중심지로 유명하다.

산상 도시에 물 대기

이렇듯 톨레도의 전략적 위치는 나무랄 데가 없었다. 하지만 성과 산상 도시들이 다들 그러했듯이 물 공급 차원에서 보면 어려움이 많았다. 톨레도에는 높은 곳에 위치한 수원이 없었다. 또 도시가 높은 산 바위 위에 지어진 탓에 지하수 개발이 힘들었다. 빗물을 모아 쓸 수도 있었지만 가뭄이 오래 계속되는 경우를 생각하면 안심할 수 없는 방안이었다. 식수와 생활용수, 방화수는 굳이 적군에게 포위된 상황이 아니더라도 도시가 유지되기 위한 필수 조건이다.

로마 시대 톨레도는 도시에서 남쪽으로 채 40킬로미터도 떨어져 있지 않은 인공 저수호에서 편안히 넉넉한 물을 얻어 쓸 수 있었다. 로마인들이 2세기 초에 타호 강의 지류인 구아자라즈^{Guajaraz} 강을 막아 댐을 건설했기 때문이다. 아마도 그 댐은 도시에 물을 공급하기 위한 최초의 시설이었을 것이다. 알칸타릴라라고 불렸던 이 댐은 저수지 쪽은 시멘트벽이고, 바깥쪽은 토담이었다. 그런데 언젠가 저수지의 물이 바닥나거나 상당 부분 고갈돼 흙담이 시멘트벽에 가하는 압력이 너무 높아지면서 그만 댐이 터지고 말았다. 그전까지는 댐의 물이 개방 수로를 거쳐 톨레도로 흘러들었고 도심 아래쪽 저수지를 채웠는데 댐이 터지면서 배수 시설도 차츰 사라졌고 메마른 저수지는 '헤라클레스의 동굴'이라는 통속적인 이름으로 불리며 온갖 전설의 수원지로 변해버렸다.

댐에서 물을 공급받을 수 없게 되자 물은 쉽게 구하기 힘든 귀한 자원이 되어버렸다. 타호 강변에서 위쪽 도심까지 힘들게 물을 짊어지고 와야 했기 때문이다(위 도시의 맨 꼭대기는 고도 100미터에 육박했다). 그 일은 물장수와 노새의 몫이었고, 때문에 물은 (물장수에게만 돈벌이가 되는) 비싼 일용품이었다. 건기가 되면 마실 물은 물론이고 도시 주민의 정원에 뿌릴 물도 골칫거리였다. 카스티야의 수도가 되면서 안 그래도 많던 인구는 날로 증가하고 있었다. 유명한 톨레도의 칼을 제작하는 대장간과 직조공장들 역시 강변에 위치해 있지 않은 이상 심각한 물 부족에 시달렸다.

1526년 처음으로 물 부족 문제를 개선하기 위한 시도가 있었다. 아마 왕의 채근이 있었을 것이다. 맨 먼저 독일의 기술자가 임무를 맡았다. 하지만 그는 컨셉시옹 프란치스카^{Concepción Francisca}수도원의 사가가 기록한 대로 실패하고 말았다. '그 시설은 커다란 피스톤으로 움직였다. 물이 격심하게 출렁이면서 무시무시한 힘으로 금속관으로 들어가는 통에 모든 도관이 터져버렸다.' 여기서 말한 장치는 피스톤 펌프로, 15세기에 등장했지만 아마 그전부터 사용되었을 것이다. 피스톤 펌프는 16세기가 되면서 널리 이용되었는데, 예를 들어 광산 갱도의 물을 빼내는 데도 사용되었다. 또 실제로 독일 기술자들은 그 장치의 전문가들로 유명했다. 그렇지만 수도원 사가가 기록했던 그 장치는 너무 크기가 커서 원래의 제 기능을 다하지 못했다. 아마 그 기술자는 당시 가정에서 빗물통에 사용하던 소형 장치를 대규모 공사에 맞추어 크기를 키우면서 압력의 영향을 과소평가했던 듯하다. 추가로 불려온 두 명의 플랑드르 전문가들 역시 문제를 해결하지 못했다. 당시의 피스톤 기술 수준으로는 도저히 해결할 수 없는 문제였던 것이다.

16세기 중반 톨레도에는 기존의 정원들에 큰 정원이 하나 더해지면서 물 부족 현상이 더 심각해졌다. 로마 유적지에 새로 지은 알카사르 요새의 정원 시설이 바로 그 문제아였다. 스페인 국왕 카를 5세는 합스부르크 왕가 최초로 스페인의 왕좌에 오른 인물이다. 그는 건축사 알론소 데 코바루비아스에게 새 건물을 지으라고 명령했다. 카를은 쉬지 않고 여행을 했던 왕으로 유명하다. 영지의 대부분이 스페인에 있지 않은 데다 신성로마제국의 황제로서 늘 영토 곳곳을 시찰 다녔기 때문에 스페인에는 이렇다 할 만한 관저가 없었다. 그래서 1537년부터 세비야, 톨레도, 마드리드에 관저를 짓게 했다. 그리고 스페인의 얼마 안 되는 체재 기간 동안 톨레도에서 여러 차례 기거했고 스페인의 신분제 의회 코르테스(에스파냐·포르투갈의 의회議會. 옛 '궁정宮廷'을 뜻하는 말로 12~13세기에 이베리아 반도 소국가小國家의 귀족·고위성직자·도시대표들로 구성된 신분제 의회가 되었다—옮긴이)를 열기도 했다. 왕의 관저에 멋진 정원 시설이 빠질 수 없었다. 그리고 당시의 정원엔 물이 빠질 수 없는 예술적인 요인이었다.

이 시기 이탈리아에서 시작된 화려한 르네상스의 정원 건축은 거의 전 유럽으로 보급되었다. 과거 이슬람에게 정복당해 이슬람인들의 뛰어난 정원 기술을 배운 바 있는 스페인으로서는 화려한 정원이 전혀 새로운 양식이 아니었다. 하지만 오스트리아, 부르고뉴, 이탈리아, 네덜란드 등 친척들과 다른 군주들의 정원 시설은 스페인 왕의 경쟁심을 자극했다. 현대식으로 표현하면 시대정신에 맞는 궁정과 정원의 조성 및 유지가 군주들에겐 자기 홍보의 일환이었던 것이다. 다들 제일 아름다운 정원을 갖춘 가장 화려한 궁을 갖고 싶었기에 군주들은 열심히 서로를 곁눈질했다.

이렇듯 궁의 정원에 예술적 요인으로 사용되면서 물의 수요도 늘어났다. 100년 후 유명한 프랑스 정원 건축가 자크 보이소Jacques Boyceau는 '물은 정원의 영혼'이라고 말했다. 나무와 꽃, 수조에만 물이 필요한 것이 아니었다. 샘, 동굴, 작은 폭포, 분수쇼 등에도 많은 물이 소요되었다. 한마디로 르네상스의 정원은 여흥과 축제의 장소로서 진정한 테마 파크였고, 사람들의 기분을 돋우기 위해, 극적인 표현을 위해, 몸과 영혼의 원기를 회복하기 위해 물을 많이 사용했다.

그러나 톨레도처럼 높은 고도에 자리 잡은 도시에선 결코 쉬운 일이 아니었다. 로마 시대의 편안한 물 공급 방법을 아는 사람이라면 누구든 그 방법을 따라 하고 싶었을 것이다. 그래서 로마의 교황들은 옛 로마의 시설을 재가동시켜 정원에 물을 댔지만 톨레도에서는 그것이 불가능했다. 그러자면 먼저 댐을 지어야 했다. 프라하나 부다의 왕들은 훨씬 간단했다. 궁이 고지대에 위치해 있었어도 수원이 더 높은 곳에 있어 물을 끌어올 수 있었으니 말이다.

그리하여 톨레도가 다시 물 문제 해결에 팔을 걷어붙이고 나섰다. 이번에는 한 이탈리아인이 임무를 맡았다. 롬바르디아 사람으로 크레오나 근처에 살던 조반니 투리아노$^{Giovanni\ Turriano}$였다(기록에 따라 후아넬로^{Juanelo} 혹은 지아넬로^{Gianello}라고 부르기도 한다—편집자). 하지만 공사를 의뢰한 당사자는 톨레도 시가 아니었다. 아버지에게 왕좌뿐 아니라 톨레도의 알카사르 요새의 건축 공사와 천재적인 기술자 투리아노까지 넘겨받은 카를의 아들 펠리페 2세였다.

왕의 부름을 받은 시계공
——

스페인에서 활동하기 전에 투리아노가 어떻게 살았는지는 알려진 바가 별로 없다. 1500년 이후에 태어난 듯하고 밀라노에서 시계공으로 일했으며 1530년 볼로냐에서 극도로 솜씨가 뛰어난 시계를 만들어 황제의 관심을 받게 되었다. 덕분에 그는 훗날 스페인 왕궁으로 불려왔고 그곳에서 크로노미터(천문·항해에 사용하는 정밀한 경도측정용 시계—편집자)뿐 아니라 다른 장치들을 제작해 큰 이목을 끌었다. 더구나 그는 아주 훌륭한 수학자로, 그레고리력을 도입하기 전에 로마력 개혁에 필요한 제안을 내놓아 두각을 나타냈다. 또 왕의 주문을 받고 수로, 물레방아, 다른 수력 시설들을 설계했다. 당시의 시계공들은 수력 기술에 관심이 많았는데 그도 그중 하나였다. 특히 그는 오래 시간을 들여 획기적인 행성 시계를 설계했는데, 그것을 1551년 인스부르크에서 황제에게 선사해 그대가로 종신 연금을 보장받았다. 이 시계는 움직이는 톱니바퀴가 무려 1800개로, 시간뿐 아니라 행성의 움직임, 황도 12궁도 및 다른 중요한 별들까지 알려주었다.

　기계공들 사이에서 투리아노는 그 분야의 위인으로 꼽혔다. 그는 시계에 열광했던 카를 5세의 여러 기록과 일화에 자주 등장한다. 그가 만든 또 하나의 행성 시계는 시계를 보면 그것의 메커니즘을 파악할 수 있다고 하여 '엘 크리스탈리노'라는 이름을 붙였다. 두 시계 모두 대가의 작품 대부분이 그러하듯 지금은 남아 있지 않다. 그와 동시대를 살았던 역사가 에스테반 데 가라바이는 투리아노에 대해 이렇게 말했다. "그는 위대하고 튼튼하며 말수가 적었고 아는 것이 많았으며 매사 솔직하고 생김새가 약간 험악했으며 연설은 좀 지루하고 스페인어를 잘하지 못했다." 그는 평민 출신임에도 황제의 최측근이었고 매일 아침 왕을 알현했다. 카를이 1555년에 퇴위하고 유스테 수도원으로 들어갈 때도 잊지 않고 그를 데려갔을 정도다. 하지만 이듬해 카를이 세상을 뜨자 투리아노는 새 왕을 섬기게 되었다. 그 역시 기계에 관심이 많았고 자연과 정원을 사랑하였으며 문화와 과학, 기술을 후원했던 왕으로 후대에 기록되었다.

　1565년 펠리페 2세는 투리아노에게 톨레도에 물을 공급할 수 있는 시설을 고안하라는 명령을 내렸다. 아마 투리아노는 오래전에 문제의 해결책을 찾아 이미 기계를 제작하고 있었던 것 같다. 다만 정식 계약을 통해 재정적 문제가 해결되기를 기다리고 있었던 것이다. 계약 조건을 보면 투리아노는 양수 시설을 짓고 유지하는 대가로 8000두카텐(옛 유럽 금화―옮긴이)을 선불로 받고 해마다 1900두카텐을 연금으로 지급받기로 했다. 연금은 투리아노가

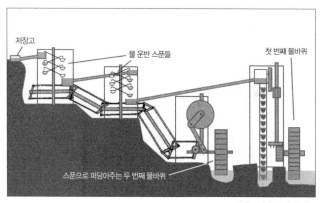

저장고 / 물 운반 스푼들 / 첫 번째 물바퀴

스푼으로 퍼담아주는 두 번째 물바퀴

톨레도 양수 시설 설계도

사망한 후에도 유족들에게 계속 지급되는 조건이었다. 선불금은 왕이 맡기로 하고 연금은 톨레도 시에서 담당하기로 하였다.

투리아노는 이미 1569년에 기계를 완성했다. 지금까지 선보인 장치 중 최대 크기는 아니었지만 톨레도에 물을 공급하려던 지금까지의 시도와는 전혀 다른 시스템이었다. 투리아노는 타호 강에 커다란 톱니바퀴 두 개를 설치했다. 둘 중 하나는 전통적인 방식대로 돌면서 물을 퍼 올렸다. 물을 길으면서 동시에 위로 올려 운반하는 바퀴였다.

이 장치의 혁명적인 부분은 두 번째 바퀴였다. 그것이 수력을 이용해 세 개의 탑을 작동시킨다. 물을 운반하는 것은 복잡하게 배열된 스푼으로, 물을 위로 보내면서 동시에 엇갈리게 배치한 다음 스푼으로 옮겨 담는 구조였다. 물통은 '뉘른베르크 가위'처럼 작동하는 샤프트로 움직였다. 즉 샤프트를 특수하게 배열해 하나

톨레도 양수 시설 스케치

가 다른 샤프트와 꽉 맞물리도록 했다. 그 샤프트에 의해 물통이 일률적으로 물을 산 위로 수송하고, 위로 올라가는 릴레이 경주처럼 자기 위에 있는 통에게 넘겨주는 것이다. 이렇게 하여 물은 산비탈을 따라 수평 방향과 동시에 수직 방향으로 움직이다가 마지막에 알카사르의 성벽에 도착했다.

물은 600미터를 지나 고도 900미터를 올랐다. 하루 수송량은 1200리터로, 일단 물을 산 위로 길어 올린 후 거기서 다시 수관을 통해 해당 지역으로 나르는 식이었다. 실제로 이 장치는 예상보다 더 많은 물을 실어 날랐다. 예상량에 그 절반의 양을 더해 타호 강에서 도시로 올려다주었다.

게다가 소음도 거의 없었고 도중에 물을 많이 흘리지도 않았기 때문에 당시 사람들은 '센세이셔널'하다는 말로 열광적인 반응을 보였다. 이제 물장수의 채찍을 맞아가며 비싼 물을 힘겹게 길어 나르던 불쌍한 노새들이 마음 편히 쉴 수 있게 되었다. 톨레도 시에서 사육하던 노새 중에서 오직 물을 긷는 목적으로 키우던 노새의 수는 무려 300마리에 달했다. 그 노새를 돌보는 비용에 사료비까지 합치면 적지 않은 비용이었다. 그러니 이제 모두가 행복해졌을까?

만일 그랬다면 톨레도의 이 양수 시설은 실패한 프로젝트만을 골라 뽑은 이 책에 실리지 못했을 것이다. 하지만 이번 경우 실패의 원인은 설계의 잘못이나 기술자의 실수 때문이 아니었다. 아무 짝에도 쓸모없는 기계여서도, 너무 커서 실생활에 도움이 안 되는 기계여서도 아니었다. 투리아노는 천재적인 도시 기간시설의 가치를 알아보지 못한 톨레도 시민의 저항에 부딪혀 실패했다. 나아가 톨레도의 상황 변화, 위기에 빠진 도시의 문제, 왕의 과대망상에 비용을 지불하지 않겠다는 도시민의 반발도 실패의 원인으로 작용했다.

조롱과 비난

——

'후아넬로는 플랑드르 놈이라서 술고래다. 물 빼고는 다 마신다. 물은 혐오하고 경멸한다. 최근에는 물을 증오하기까지 한다. 지금은 물을 향한 증오가 너무 치솟은 나머지 물을 괴롭히기 시작했다. 어찌나 시달렸던지 물이 체념하여 산 위로 달려간다. 이게 플랑드르 놈의 기술이란 거다.'

이 팸플릿의 저자는 투리아노와 그가 만든 작품에 분노하는 톨레도 사람들의 심정을 대변한다. 그들에겐 노새의 행복이나 천재적 문제 해결보다 돈과 왕실의 명령이 더 중요하였다. 톨레도 사람들은 전 유럽에서 유명세를 떨치던 기술자가 자기 도시에 와서 위대한 업적을 쌓았다는 사실을 전혀 기뻐하지 않았다. 오히려 그 비싼 장치를 악마라고 생각했고, 그 기간시설의 유익함을 알려고도, 알 수도 없었다. 자신들의 도시가 곳곳에서 찬양받는 기술자의 작품을 소유하였다는 사실이 그들에게는 별 도움이 되지 않던 것이다. 그런 심정은 단순한 반감에 머물지 않고 파괴적 행동으로 나아갔다. 공사 중일 때부터 도시의 관료들이 수단과 방법을 가리지 않고 기술자를 방해했다. 허가받은 자재도 선뜻 내주지 않았고 경비도 지불해주지 않았다. 일꾼들은 태업을 벌였고 사람들은 공사현장에 쓰레기와 배설물을 투척하여 공사를 비웃고 건축자재를 훼손하였다. 퍼 올린 물의 품질을 의심하는 목소리도 나돌았다. 그래도 투리아노는 흔들림 없이 용감하게 할 일을 계속했다. 결과가 나오면 비난의 목소리는 사라질 것이라는 확신이 있었다.

그러나 톨레도 시민들은 멈추지 않았다. 투리아노의 작업을 방해하는 수준에서 그치지 않고 약속한 품삯의 지급까지 거부하였다. 왕은 어차피 현장에 없으니 원치 않는 비싼 의무를 어떻게든 피해보려는 심산이었다. 그들이 계약한 것은 왕의 강요 때문이었다. 어차피 물은 길어 올려봤자 대부분 알카사르에 있는 왕의 정원에 사용될 것이었다. 더구나 이런 기간시설 말고도 톨레도가 풀어야 할 문제는 산더미였다.

그사이 톨레도에 급격한 변화가 닥쳤기 때문이었다. 몇백 년의 영화가 끝이 나고 곳곳에서 몰락의 징후가 역력했다. 왕실의 정책 탓이었다. 카를로스 1세나 펠리페처럼 범유럽적인 왕들은 스페인에서 큰 사랑을 받지 못했다. 왕조끼리의 결혼 정책과 왕위 후계자들의 죽음 탓에 카를로스 1세가 1516년 합스부르크의 왕(카를 5세)이 되었지만 스페인 사람들은 별로 달가워하지 않았다. 그는 스페인어를 전혀 하지 못했고 자기 할아버지가 죽은 후 2년이 지난 후에야 스페인에 나타났으며 그때에도 플랑드르 출신과 특징을 숨기지 않았다. 한때 톨레도 시는 왕에 반대하는 저항운동의 선두에 서기도 했다. 이 코무네로스 반란 Comuneros Movement (유럽 에스파냐에서 일어난 도시 자치조직 코무니다드의 반란. 1516년 카를로스 1세의 스페인 왕 즉위와 1519년 신성로마황제 취임에 따라 에스파냐 각지에서 일어난 대반란 사건이다— 옮긴이)은 부상하는 시민계급이 정치적 영향력 증대를 위해 투쟁한 일종의 시민 혁명으로 해석되고 있다. 그러나 이 운동은 내분으로 인해 실패하고 말았으며 오히려 군주들의 전체주의적 성향을 키우는 결과를 초래했다. 이는 다시 장기적으로는 왕국의 확장과 국가의 과도한 요구를 낳았고, 단기적으로는 도시의 수공업자들과 상인층의 정치적·경제적 발전 가능성을 제약했다.

스페인에서 카를은 영원한 이방인이었다. 그의 부재가 워낙 길었던 탓도 있다. 그의 왕국은 스페인과 스페인의 해외 점령지만이 아니었다. 1519년부터는 신성로마제국과 오스트리아까지 그의 영토가 되었고, 네덜란드, 부르고뉴, 나폴리, 시칠리아, 사르디니아 등이 합류하였다. 카를은 이들 영토의 활동비용을 주로 카스티야의 세금으로 메웠고, 그러다 보니 16세기가 흐르면서 톨레도 시민의 세금 부담이 4배나 증가했다. 물론 카를이 스페인에서 지배 기반을 확보하지는 못했지만 시간이 갈수록 인정을 받았던 것은 사실이다. 스페인 사람들이라 해서 왕국의 번영과 영광, 신세계의 발견에 아무런 감흥을 느끼지 못할 리 없다. 하지만 카스티야는 점점 뒤로 밀려나는 신세였고, 그 속도마저 묵과할 수 없을 정도로 급격했다. 인구 증가와 인구 유입으로 가중되었던 몰락의 징후를 가장 여실히 느낀 사람들은 시민계급이었다. 중산층은 급감하고 프롤레타리아트는 늘어났다. 그런데도 세금의 부담을 짊어지는 쪽은 주로 시민계급이었다.

펠리페 2세 치하에선 상황이 더 나빠졌다. 1516년 펠리페 2세는 톨레도와는 비교조차 할 수 없는 이름 없는 소도시 마드리드를 새 수도로 선정했다. 대부분의 사람들이 달가워하지 않았고 이해하지도 못했다. 선정 이유에 대해서는 펠리페 2세가 어디에서도 밝힌 바가 없기 때문에 지금까지도 의견이 분분하다. 어쨌든 톨레도로서는 고통스러운 치욕이었다. 아직 스페인 교회 수장의 관저가 톨레도에 있기는 했지만 그것만으로는 하락세를 막을 수 없었다. 위신만 무너진 게 아니었다. 왕궁이 빠져나가면서 경제적 손실도 어마어마했다. 펠리페 2세는 아버지와 달리 계속 돌아다니지 않았지만 그가 왕궁에 기거하면서 발생하는 모든 경제적 효과가 이제는 톨레도가 아니라 새 수도 마드리드에게 돌아갔다. 마드리드는 근방의 에스코리알과 더불어 비약적으로 발전하고 있었다. 펠리페의 인기도 큰 도움이 되지 않아서 사람들은 그를 존경하는 국부라기보다는 미심쩍은 독재자나 광적인 일중독자 정도로 취급했다. 사실 백성들이 왕을 직접 볼 기회가 얼마나 되겠는가. 물론 그가 1587년까지 타호 강에 배가 다닐 수 있는 길을 만들어 톨레도에서 리스본까지 뱃길을 열어준 덕분에 강 인근에 자리 잡은 톨레도의 직물공장들은 큰 덕을 보았다. 그렇지만 시 전체의 경제적 난국을 타개하기에는 역부족이었다. 톨레도의 알카사르에서는 증축 공사가 한창이었지만 왕이 기거하는 왕궁이 아닌 이상 특별한 의미가 없었다. 펠리페가 양수 시설의 비용을 톨레도 시민에게 분담시킨 이유도 그 때문이었을 것이다. 하지만 왕이 톨레도에게서 은총과 수도라는 타이틀을 앗아버린 지금, 왕궁 정원의 유지비용을 시민들에게 대라는 요구는 너무 지나친 것이었다.

톨레도 시민들의 불만은 충분히 이해가 된다. 알카사르에서 다 쓰고 남은 물을 시민들에게 나누어주었다는 말도 있지만 사실인지는 확인할 길이 없다. 하긴 궁이 훨씬 위쪽 바위에 자리하고 있는 데다 신분상으로도 왕이 먼저 쓰는 것이 마땅했다. 어쩌면 먹고살 길이 막힐까 두려웠던 물장수들이 저항을 부추겼을 수도 있겠다. 거듭된 태업과 시설에 대한 관심 부족은, 의기양양하던 톨레도 시민들이 급격한 몰락을 지켜보며 느꼈던 속수무책의 심정을 대변한 것일 수도 있다. 심각한 경제적·사회적 문제에도 도와줄 손길 하나 없는 도시에서, 막대한 비용을 써가며 오히려 일자리를 앗아가는 기계장치에 무슨 애정을 느낄 수 있었겠는가?

왕은 계속 투리아노의 편이었다. 결국 솔로몬의 지혜에 비유할 수 있는 해법이 왕의 머리에서 나왔다. 펠리페 2세가 투리아노에게 지급할 돈을 자신이 떠안는 대신 시민들에게 돌아갈 물의 수도 꼭지를 잠가버린 것이다. 그러자 아마도 왕의 재촉을 이기지 못했을 도시는 투리아노에게 자신들이 비용을 부담하겠으니 양수 시설을 하나 더 만들어달라고 의뢰했다. 1581년 이 두 번째 공사도 끝이 났다. 하지만 이번에도 시는 임금을 지불하지 않았다. 왕이 나섰지만 지급기간을 연기시켰을 뿐, 자기 기술자를 도와줄 수 없었다.

1580년대가 되자 톨레도의 경제적·사회적 문제는 더 심각해졌다. 경기침체는 심화되었지만 이미 카스티야의 인구가 급증한 후였다. 인구 밀도가 높다 보니 교외화 현상(인구와 산업 및 각종 기능이 대도시로 집중됨에 따라 발생하는 문제점을 해소시키기 위해 주거지나 공장이 도시 외곽으로 이주, 확산되는 현상을 말한다—옮긴이)이 시작되었고 안 그래도 많은 문제를 안고 있는 톨레도 시는 이 문제를 해결하기 위해 안간힘을 썼다. 빈민구제 비용도 벅찬 시점에서 현대식 물 공급이 다 무슨 소용이었겠는가.

약속한 연금을 지급받았더라면 그사이 연로해진 투리아노는 능력과 업적에 걸맞게 편안한 노후를 보낼 수 있었을 것이다. 하지만 그에게 남은 것은 비참한 가난과 돈 걱정뿐이었다. 그가 왕에게 보낸 편지에는 이런 구절이 있다. '장례식 비용이 없을까 봐 걱정입니다.' 돈이 없어 양수 시설에서도 손을 뗄 수밖에 없게 된 그는 왕에게 재차 이런 편지를 보냈다. '저는 대부분의 인생을 황제에게 바쳤으며 폐하의 명령에 따라 그 장치를 고안하였습니다. 그런 위대한 물건이 폐하가 아닌 다른 이의 손에 있는 것이 부당하게 보였습니다. 그래서 폐하께 제 것을 바치기 위해 왔고 폐하께 그 두 장치를 드릴 수 있었습니다. 폐하께서는 제 나이와 저의 처지를 잘 알고 계실 겁니다. 톨레도 시가 약속을 지키지 않아서 저는 빚을 갚지도 못하고 부모 잃은 세 손녀가 시집갈 때도 지참금을 마련해주지 못했으며 남은 다른 손녀들에게도 지참금을 주지 못할 것이며……'

1585년 6월 13일 톨레도에서 투리아노가 사망하기 전에 쓴 편지였다. 그는 카르멘 수도원의 교회에 안장되었다. 그의 관을 따라갔던 에스테반 데 가리바이의 말대로 '왕이 원하시는 모든 물건을 만들어드렸고 왕께 총명한 이성을 바쳤던 이에게 돌아가야 마땅할 행렬은 없었다.' 그 이듬해 투리아노의 딸 바바라 메데아가 왕에게 보낸 아버지의 유언장을 송부하면서 도움을 청하자 펠리페는 그녀에게 즉시 6000두카텐을 하사했다. 이에 투리아노의 후손들은 왕에게 책임감을 느꼈지만 양수 시설의 유지는 보장하지 못했다. 시는 기술자에게 약속한 의무를 무시했을 뿐 아니라 시설 자체를 계모처럼 구박하였다. 흉작에 따른 기아, 메뚜기 떼의 습격, 페스트 등 고난과 위기가 쉬지 않고 계속되었기 때문이다.

양수 시설은 워낙 복잡하고 까다로워서 유지하는 데에도 전문적인 기술이 필요했다. 따라서 투리아노는 공사가 끝난 후에도 계속 시설을 돌보았고, 죽은 후까지도 약속의 일부를 지켰다. 손자에게 기계를 유지할 수 있는 기술을 전수했던 것이다. 덕분에 투리아노 사후 몇십 년까지 그의 기계는 비싼 물을 계속 산 위로 끌어울렸고, 멀리서 또 가까이서 그 고난도 기계장치를 보기 위해 방문객들이 몰려들었다. 그의 후손들은 호기심 많은 구경꾼들에게 기적의 기술 작품을 보여주고 설명하는 임무도 소홀히 하지 않았다. 하지만 손자마저 세상을 떠나자 후손 중에는 기술을 갖춘 이가 없게 되었다. 투리아노가 세상을 뜬 지 40년 만에 기계는 돌보는 이 없이 방치되었다. 놋쇠 부분은 도난당했고 기계를 보호하던 집은 녹슬었다. 결국 톨레도의 양수 시설은 완전히 작동을 멈추었고 결국 해체되고 말았다. 현재 그곳에서 볼 수 있는 모델은 훗날의 기록에 근거하여 지역 상황에 맞게 재구성한 작품이다. 따라서 투리아노의 기계가 실제 어떤 모양이었는지는 알 길이 없다.

세계 8대 기적

———

톨레도 시민들의 거부와 달리 다른 곳에서는 찬사가 터져 나왔다. 그 장치를 보겠다고 구경꾼들이 떼를 지어 몰려들었다. 기계가 너무나 정교했기에, 다들 신기한 장난감을 본 어린아이처럼 입을 쩍 벌리고 감탄을 금치 못했다. 투리아노의 기계는 중력을 극복했고, 거기서 한 걸음 더 나아가 물의 힘을 이용했기 때문에 많은 이들이 페르페투움 모빌레^{Perpetuum mobile}(무궁동無窮動이라고도 한다. 19세기 이후의 기악곡 또는 그 악장으로서, 처음부터 끝까지 같은 길이와 같은 빠르기의 음표로 진행해 가는 것에 주어졌던 명칭. 선율이 반복돼 영구 운동 같은 느낌을 준다— 옮긴이)에 가장 근접한 작품이라고 평가하였다. 심지어 세계 8대 기적이라고 칭하기도 했다. 당시의 많은 저자들은 '모든 형태의 기계에서' 투리아노가 보여준 '위대한 능력'을 높이 평가하며 그를 '제2의 아르키메데스'라 불렀다. 당시의 저서들에서 그 양수 시설에 대한 수많은 찬사가 발견되는 바, 찬사를 쏟아낸 위대한 스페인 작가들 중에는 유명한 세르반테스도 끼어 있다.

톨레도의 양수 시설은 17세기 중반 이미 작동을 멈추었고 녹이 슬기 시작했지만 예술은 그것을 잊지 않고 기억했다. 마드리드에서 공연된 발레 〈엘 마고〉에서는 댄서들이 그것의 작동원리를 노래로 설명하며 그 노래 내용에 맞추어 멋진 춤을 춘다.

> 물이 힘껏 와서
>
> 바퀴를 돌리면
>
> 스푼과 물통으로 만든
>
> 기계가 돌아간다네.
>
> 한쪽에서 올라가면
>
> 다른 쪽에서 내려와서
>
> 제일 낮은 지점에서
>
> 제일 높은 곳까지,
>
> 까마득한 알카사르에
>
> 물이 도착할 때까지
>
> 한쪽에서 흘러온 것을
>
> 다른 쪽에서 넘겨받는다네.

Chapter 4

새 시대의 선언

– 프랑스 혁명력

✳   프랑스 혁명이 일어난 1789년은 세계사에서 가장 많이 거론되는 해 중 하나일 것이다. 200년 후 바르샤바 조약기구의 가입국들에서 혁명이 일어나거나 2011년 아랍 국가들에서 저항운동이 번지기까지, 그 이후의 모든 혁명은 항상 프랑스 혁명에 견주어 판단되었고 그것과 비교당했으니, 프랑스 혁명은 실로 혁명 그 자체였다. 군주제와 봉건지배의 앙시앙 레짐 Ancien Régime이 무너진 그해는 획기적인 시대 전환점이었다. 많은 역사가들이 그해를 초기 근대의 종말이자 진정한 근대—지금 우리가 살고 있는 시대—의 시작으로 보고 있다. 프랑스 혁명의 10년이 낳은 변혁과 그 결과들—군주제와 봉건제의 종말, 공화정의 시작, 개인의 자유와 자결권, 정당 구성, 새로운 형태의 정치 공개 토론, 보편적 인권의 천명, 헌법, 판단의 척도가 되는 이성—은 지금까지도 우리의 삶에 중요한 역할을 하고 있다.

역사가 만들어지다

―

1789년 이후의 사건들이 새 역사를 썼고 새 시대를 열었다는 데에
는 프랑스 혁명을 겪은 당사자들도 의심의 여지가 없었다. 실로
시대의 전환은 그들의 요구였다. 구질서는 무너지고 정당성을 잃
었다. 계몽주의는 인간의 머리를 일깨우고 지평을 확대시키는 근
본사상으로 이성을 추앙하였다. 민중은 제 목소리를 찾았고 제 힘
을 발견했다. 혁명의 주역들은 가장 낮은 것을 가장 높은 곳으로
올리면서 근본적인 변혁을 이루어야 한다는 사실을 알고 있었다.
혁명은 새로운 시대를 열었고, 이제 그들은 인류의 역사를 혁명
전과 혁명 이후로 나누었다. 마치 로마 교회가 예수의 탄생을 기
점으로 새로운 세기를 선포했듯이 말이다.

혁명에 거리를 두거나 거부감을 느꼈던 사람들마저 그것이 세
상을 뒤흔든 유례없는 사건이라는 데에는 모두 뜻을 같이했다. 열
광했든 비난했든, 이곳에서 결정적인 일이, 세상을 변화시킨 사건
이 일어났다는 데에는 이의가 없었다. 실제 많은 것들이 1789년과
더불어 현대가 시작되었다는 사실을 가리키고 있다.

현재 우리가 쓰는 달력은 그레고리력이다. 교황 그레고리우스
13세가 1582년에 그때까지 사용해오던 율리우스력을 당시의 최
신 과학 수준에 맞춰 수정하여 공포한 태양력이다. 종교개혁에 따
른 교회의 분열로 신교국가들이 일시적으로 그레고리력의 채택을
거부했지만, 과학적으로 타당하다는 생각에 결국 교황의 개혁안

을 수용하기에 이른다. 문제가 전혀 없는 것은 아니지만 그레고리력이 매우 실용적이라는 것은 현재까지도 우리가 그 달력에 맞춰 일상을 꾸려가고 있다는 사실에서도 잘 알 수 있다. 물론 우리는 너무 그 달력에 익숙해 있기 때문에 그것의 가치를 인식하지도 못하고 존중하지도 않는다. 망가지거나 배터리가 떨어지는 다른 일상의 동무들과 달리, 달력은 변함없이 항상 만족할 만한 서비스를 제공하기 때문인지도 모르겠다.

달력은 망가지지 않는다. 시간이란 것이 무상하게 흘러가버리기는 하지만, 어쨌든 우리 견해로는, 항상 측정이 가능하듯 달력도 언제나 푹 믿고 찾아볼 수 있다. 그러나 실제로 시간을 측정하자면 시간을 의미 있게 분할할 필요가 있으며, 그 분할이 태양년이나 태양일과 같은 자연 여건에 상응해야 할뿐더러 일반적으로 인정을 받아야 한다. 시간 계산은 우리 생각과 달리 순수한 일상의 도구가 아니라 권력의 도구다. 그 역사는 시간과의 관계를 담당했던 선사시대의 샤먼에게까지 거슬러 올라간다. 시간과 그 측정의 우주적 (그리고 불가해한) 성격은 신앙의 권위를 정치적 지배권과 밀접하게 연관시킨다. 이는 기독교 유럽은 물론 아시아와 구 미 대륙에도 해당된다. 개인의 일상을 상징적으로도, 실질적으로도 결정하는 달력을 지배자들이 늘 감시했던 것도 다 그런 이유 때문이다.

그렇게 본다면 세계가 거의 예외 없이 서양의 기독교 달력을 사용한다는 것이 참 놀랍다. 기독교가 전 세계로 전파된 것도 아니고 심지어 아예 발도 못 붙인 땅도 있는 현실에서 말이다. 어쨌든 기독교의 시간 계산법은 21세기까지도 기독교가 큰 역할을 하지 않는 지역에까지 보편적인 달력으로의 독점적 지위를 누리고 있다. 그 사실에는 서구의 승전행렬이 반영된다. 기독교의 달력은 미국이 만든 탄산음료 코카콜라가 20세기에 누려온 지위를 이미 수백 년 전에 쟁취했던 것이다.

그러나 예수라는 남자를 전혀 모르는 지역에서도 그가 태어난 해에 맞춰 연도를 세고, 로마의 교황 이름을 딴 달력에 맞춰 일주일과 한 달을 나누고 있다는 사실은 코믹한 현실이다. 그레고리력이 율리우스 카이사르가 세계제국의 요청에 발맞춰 이집트와 바빌로니아의 역법을 기반으로 만든 로마력의 수정판이라는 사실은 큰 의미가 없다. 사실 서구 세계조차 이 달력의 기독교적 성격을 크게 의식하지 못한다. 게다가 요일의 이름이나 로마 황제의 이름을 딴 달의 이름 등 각종 비기독교적인 요소도 담겨 있다. 어쨌든 서양력의 보급은 전 세계적으로 다른 시간 계산법의 전통을 민족 전통이나 순수 의식용 달력으로 전락시키고 말았다. 그레고리력은 여러 면에서 세계화된 역법이자 세계의 표준력이 되었고 그것은 의심의 여지가 없다. 하지만 기독교계 세계력이라는 특징 자체는 더 이상 서방에서 진정한 우위를 점하고 있지는 않다.

기독교 역법의 부담
────

1789년에서 1799년까지의 10년은 왕권과 신분 제도의 폐지뿐 아니라 유럽에서 지난 수 세기 동안 정치권력과 결탁해 부패해온 종교와 교회의 영향력을 줄이는 데 힘썼던 시간이다. 18세기를 좌우했던 계몽주의의 프로젝트가 프랑스 혁명은 아니었지만, 계몽주의는 변화의 이론적 근거를 제공했다. 자연과학은 18세기에 이르러 비약적 발전을 이룩함과 동시에 대중화되었다. 그것의 객관적 접근 방식은 명확한 이성과 수학적 질서로 문제에 접근하는 계기가 되었다.

상당 기간의 선전을 통해 마침내 실행에 옮겨진 프로젝트는 미터법이었다. 지금까지 통용되는 이 미터법은 프랑스 혁명이 정치 바깥 세상에 미친 지속적 영향력을 입증하는 최고의 증거가 될 수 있을 것이다. 혁명 전까지만 해도 단위와 무게는 지역에 따라 제각각에 주먹구구식이었다. 그러니 미터법은 자본주의의 탄산음료 옆 자리에 그레고리력과 함께 놓을 법한 획기적 사건이었다. 프랑스 역시 다른 곳과 마찬가지로 다양한 단위가 사용되었고, 그로 인해 잦은 분쟁이 발생했다. 그러니 완전히 새로운 달력보다는 도량형을 통일하자는 목소리가 단연 더 높았을 것이다.

그럼에도 프랑스 공화정이 새 시대의 찬란한 몸짓으로 구시대와 단절된 새로운 시간 계산법을 공포했다면 그것은 지극히 타당할뿐더러 막강한 상징을 지닌 결정이었을 것이다. 파리 콩코드 광장에서의 루이 16세 참수가 수 세기에 이른 군주제의 종말을 세상에 알렸듯, 새 역법의 도입은 구시대와의 끈을 자르는 결정적 순간이 될 것이었다. 그리고 이로써 과거와의 결별이 일상생활 구석구석에서까지 구체화될 수 있을 것이었다. '무슈'나 '마담' 대신 사용된 '시민'이나 '당신' 같은 호칭처럼, 혹은 도량형의 통일처럼, 교회와 관계없는 축제의 재정비처럼.

오랜 세월 사용된 달력을 바꾸겠다는 주장은 엄청난 의미를 가진 선언이었다. 수 세기 전 교회가 이교도의 황제, 그것도 기독교를 무자비하게 박해했던 남자의 통치기간에 맞추어 햇수를 세고 싶어 하지 않았던 것처럼, 이제 프랑스 공화주의자들은 예수의 탄생을 새 시대, 즉 프랑스 공화정과 분리시키고자 했다. 그 말은 혁명의 휴지기가 예수의 탄생보다 더 중요하다는 자신감 넘치는 발언이었다.

1789년 7월 14일 파리 시민들이 바스티유 감옥을 습격한 이후 사람들은 그해를 '자유의 해'라 부르기 시작했다. 그리고 그 이듬해는 두 번째 자유의 해, 그 다음은 세 번째 자유의 해라 불렀다. 따라서 새해를 7월 14일부터 시작해야 할지, 하던 대로 1월 1일부터 시작해야 할지를 두고 논란이 벌어졌다. 새 시대의 인식이 이미 기존 달력과 충돌한 것이다. 1월 1일은 기독교의 날짜가 아니라 로마력의 시작이다. 그날 관직이 새로 임명되기 때문이다. 그럼에도 한 해의 시작을 두고 토론이 벌어졌고 더불어 근본적인 역법 변화의 길이 시작되었다.

1792년 8월 10일 튈르리 궁 습격 사건을 또 한 번의 역사적 전환점으로 보는 시각도 있었기에 이 해를 '평등의 해'로 삼자는 의견도 나왔다. 따라서 기념할 만한 혁명적 사건 중에서 새 시대의 출발점으로 삼을 가장 바람직한 하루를 선택하는 과정이 필요했다. 바스티유 감옥 습격이 이런 목적에 맞지 않느냐를 두고 논란이 벌어졌다. 어쨌든 7월 14일은 프랑스 혁명 역사상 가장 유명한 날이고, 또 프랑스 국경일이기도 하다. 하지만 그날은 아직 군주제가 유지되는 시점이었으니 자유를 거론할 수 없으므로 1792년 9월 22일이 더 적절하다는 의견도 있었다. 9월 22일은 불행한 루이가 폐위되고 프랑스인들이 처음으로 국왕이 없는 백성이 된 날이었다.

1792년이 저물기 시작하자 교육위원회에 해결책을 찾으라는 임무가 주어졌다. 기존의 역법을 혁명의 역법과 조화시키기 위한 목적이었다. 자유의 첫해는 공화국 탄생의 날에서 시작하되 평소대로 12월 31일에서 끝을 내는 방법이 첫 번째 안이었다. 그러니까 첫해는 3달 만에 끝나고 앞으로는 기존의 달력대로 계산해 1793년 1월 1일을 두 번째 자유의 해의 시작일로 삼자는 것이었다. 이미 그레고리력으로 바꿀 때, 불어난 여분의 며칠을 해결하고 달력의 해를 천문학의 태양년과 일치시키기 위해 며칠을 삭제한 적이 있었다. 그 이유는 중요한 부활절 날짜를 음력에 기초해 복잡하게 계산했기 때문이다. 이 '잃어버린' 며칠을 두고 곳곳에서 탄식이 터져 나왔다. 아마 이자를 못 받은 채권자의 탄식이 제일 컸을 것이다.

하지만 혁명의 프랑스는 보다 근본적인 변화를 택했다. 편지나 서류에 적힌 날짜에 국한되지 않고 일상에 영향을 미치는 변화를 원했기 때문이다. 혁명이 앙시앙 레짐의 정치적 권력을 무너뜨렸듯, 이제 새 달력은 일상에 미친 구질서의 영향력을 무너뜨려야 했다. 교육위원회는 9달 동안 과학 아카데미와 협력하며 혁명력을 만들었다. 이 과정에서 국가 최고의 천문학자들과 나눈 토론의 내용은 아쉽게도 별로 남아 있지 않다. 물론 근본적인 변화를 경고하는 목소리도 있었다. 혁명 초기 단계에 신랄한 저서들로 두각을 나타낸 시에예스 신부가 대표적이다. 때가 아직 역법을 개혁할 만큼 무르익지는 않았다며 그는 이렇게 주장했다.

'우리의 관습과 이웃 민족들의 관습 및 앞선 수 세기와의 다각적인 관계는 우리가 그것을 전복할 수 있기에는 그 무게가 너무 무겁다.'

자잘한 개혁 대신 크게 한 방

혁명력의 제작과 관련해 한 남자의 이름이 크게 다가온다. 샤를-질베르 롬Charles-Gilbert Romme이 바로 그 주인공이다. 그가 언제부터 혁명력 문제에 골몰했는지는 아무도 모른다. 더구나 그는 변호사이자 도서관 사서, 초기 사회주의자였던 실뱅 마레샬Sylvain Maréchal이 1778년에 만든 초안을 많이 참고했다. 마레샬은 계몽주의 정신에 투철하여 교단에 저항했고 롬처럼 이집트력을 많이 참조했다. 그의 《성실한 사람들의 달력》은 '무신론적이고 독선적이며 신성모독'이라는 비판을 받았고 덕분에 그는 몇 달 동안 감옥신세를 지기도 했다. 물론 그의 초안 역시 기독교에 등을 돌렸다는 점에서는 많은 선구자들이 있었다.

자연과학자 롬은 오르베뉴 주 출신이고 파리에서 대학을 다녔으며 1779년 스트로가노프 백작의 가정교사가 되어 러시아로 간 다음 혁명이 일어나기 몇 해 전 제자와 함께 파리로 돌아왔다. 두 사람은 함께 스위스와 프랑스를 여행하였다. 1791년부터 롬은 정치에 뛰어들었고 지롱드파로 시작했다가 나중에 보다 급진적인 산악당에 합류한다. 그는 혁명력의 소관 부서인 교육위원회 위원이었다.

롬은 1793년에 제안서를 제출해 대략 승인을 받았다. 롬은 그 제안서에서 도량형의 개혁을 지적하며 자신의 제안을 이런 합리화 및 규격화와 연관시켰다. 시대가 새로운 척도를 필요로 한다. 구시대는 '잔혹함과 거짓, 간계와 노예 제도의 시대'였으며 '모든 고통의 원천'이었다. 따라서 낡은 시간 계산법과도 작별을 고해야 한다. '경박함과 미신적인 관습을 통해' 수백 년 동안 전달되어 온 '실수'로부터 역법을 정화해야 한다. 구체적으로 말해 십진법의 매혹적인 명확함을 시간 계산에도 적용해야 한다는 것이다. 롬은 공화력 제정 특별위원회를 향해 이렇게 열변을 토했다.

"혁명은 프랑스인의 영혼을 강하게 만들었습니다. 혁명은 하루하루를 혁명의 덕목에 맞춰 새롭게 만듭니다. 시간은 역사의 새 장을 열었습니다. 평등처럼 웅장하고 혁명처럼 소박한 이 시국에 혁명은 힘이 넘치는 새 석필로 혁신된 프랑스의 역사를 기록할 것입니다."

이집트의 파라오건 마야의 왕이건 중국의 황제건 로마의 황제

건, 유익한 달력을 제작하려면 천체의 움직임을 무시할 수 없다. 혁명의 프랑스 역시 마찬가지였다. 태양년은 1일로 나누어 딱 떨어지지 않는다. 4분의 1일 정도가 남는다. 나아가 365일은 1달로 나누어 정확히 떨어지지 않는다. 천체의 운동은 십진법을 우롱한다. 1년을 12달로 나누는 전통적인 분할법은 음력의 월상月相에 기원을 두고 있어서 그 숫자가 태양년의 1일로는 나눌 수가 없다. 모든 태양력은 어떻게든 이 문제를 해결해야 했고 롬은 이집트나 마야의 방식과 비슷한 방식을 선택했다. 즉 1년을 360일로 잡고 이것을 12달로 똑같이 나눈 다음 남는 날을 마지막 달에 갖다 붙였다. 안 그래도 20진법 때문에 엇길로 빠져버린 마야의 달력은 롬의 관심 밖이었다. 대신 그는 이집트인들을 계몽된 고대 민족이라고 칭송하면서 1년을 12달로 나누고 1달은 30일로 나눈 다음 남는 5일을 마지막 달에 갖다 붙인 그들의 분할 방식을 채택했다. 태양력의 남는 시간은 하루가 될 때까지 모았다가 4년에 한 번씩 하루를 더 추가했다. 이 기간은 그리스-고대 모델에 따라 '올림픽'이라 부르자고 제안했다.

또 그는 1년의 첫날을 9월 22일로 하자고 제안하였다. 그날은 군주제가 폐지된 날, 즉 프랑스 민중이 자유와 평등을 얻은 날이자 낮과 밤의 길이가 같은 날이기도 하다. 너무나 상징적이게도, 자연의 평등이 역사적 평등과 일치하는 날을 무시하기 어렵다는 것이다. 자연과 이성은 결국 계몽주의 사상의 규범적 범주였다. 게다가 그날은 태양이 천칭좌로 들어가는 날로, 다시금 평등의 상징이다. 자연의 이런 변덕을 혁명에 대한 초자연적 동의로 해석한 그의 열광은 거의 찬가처럼 들린다. 그것은 종교를 등지면서 생긴 빈자리를 메우기 위한 의도였다. 또한 모든 역법이 자연을 시간 계산법의 기초로 삼지만 혁명력은 결코 순수 자연에만 기대지 않았다는 사실을 살짝 잊게 만들려는 뜻도 있었다. 일, 월, 해라는 자연의 시간 단위 사이엔 동시성이 부족하기 때문에 어떤 달력도 그런 순수 자연적 기초를 이용할 수는 없는데 말이다.

게다가 자연 시간의 순환적 성격과 인간 시간의 선형적 성격 사이에는 일정 정도의 긴장이 있게 마련이다. 인간의 시간은 과거에서 미래로, 한 시대에서 다음 세대로 이어지는 선형적 성격을 띤다. 혁명력이 십진법의 적용에 철저하지 못했다는 비판은 정당하지 않다. 어머니 자연의 법칙은 혁명이라도 어쩔 수 없는 것이다. 그런 비판은 그레고리력에 얼마나 무정부주의적인 측면이 많은지를 간과한다. 무엇보다 1월 1일에 한 해가 시작되는 것부터가 그렇다. 물론 롬의 개혁도 불충분하기는 마찬가지다. 그레고리력과 비교할 때 뒤로 후퇴한 측면이 없지 않기 때문이다. 하지만 처음엔 전문가들 사이에서만 논쟁이 벌어졌고, 특히 천문학자들이 열정적으로 참여하였다.

이데올로기적이고 시詩적인 역법
———

18세기에는 각 날에 성인의 이름을 붙이는 경우가 많았다. 롬은 바로 이런 기독교적 흔적을 지우려 했으며, 각 달의 이름 역시 미신과 관습의 집합소라고 보았다. 실제로 각 달의 이름에는 로마 시대의 이상한 잔재가 많이 남아 있다. 로마 신들의 이름(March = 로마 전쟁의 신 Mars), 로마 지배자들(August = 로마 황제 Augustus), 로마 관습(February = 로마의 속죄 행사 Februa)을 따른 경우가 많고, 또 로마력에서 그 달이 차지하던 순번을 표시한 경우도 있다 (September는 라틴어로 septem이 7이라는 뜻이다). 이제 새 시대를 맞이하여 롬은 달의 이름에는 혁명의 역사를 새기고 날의 이름에는 혁명의 상징을 심어주기로 한다. 목표는 정치 교육이었다.

처음 한동안은 우리가 숫자로 날짜를 표기하듯 그냥 숫자를 사용하기도 했다. 하지만 프랑스어의 숫자는 워낙 길이가 엄청나기 때문에 표기를 하다 보면 무한정 길어졌다. 그 문제를 해결하기 위해 또 한 남자가 등장했고 그날 이후 그의 이름은 프랑스 혁명력의 달과 날의 이름과 떼려야 뗄 수 없는 사이가 된다. 시인이자 배우인 필리페 프랑수아 나제르 파브르Philippe-François-Nazaire Fabre가 바로 그 주인공이다. 그는 익숙한 그레고리력의 구체성과 친밀성을 무미건조한 숫자로 대체해서는 안 된다는 생각에서 종교와 전통 대신 자연을 지향하는 시적인 이름들을 만들었다. 그럼으로써 혁명의 합리적 방향에 자연과의 연관성을 추가했고 역법과 자연의 조화를 강조했으며 역법에 기품을 선사했다.

12달은 각 계절과 자연현상에 맞는 이름을 얻었다. 그리고 세 달을 한 계절로 묶어 같은 어미를 붙였다. 가을에 해당하는 방데미에르Vendémiaire, 브뤼메르Brumaire, 프리메르Frimaire는 각각 포도, 안개, 서리의 의미이며 겨울에 해당하는 니보즈Nivôse, 플뤼비오즈

Pluviôse, 방토즈Ventôse는 눈, 비, 바람이며, 봄인 제르미날Germinal, 플로레알Floréal, 프레리알Prairial은 싹, 꽃, 봄의 초지를, 마지막으로 여름인 메시도르Messidor, 테르미도르Thermidor, 프뤽티도르Fructidor는 수확, 더위, 여름의 열매를 의미했다. 그는 시간이 보편적이므로 혁명의 이상처럼 프랑스에서 전 세계로 전파되어야 한다고 주장했다. 하지만 아쉽게도 이런 한 발 앞선 요구는 프랑스와 프랑스의 점령지역에서밖에 수용되지 못했다. 달 이름의 아름다움이 완벽하게 다른 언어로 전달될 수 없는 데다 식물 성장의 계절이 지역마다 다르고, 또 날에 붙인 식물의 이름이 다른 기후대에서는 자라지 않는 식물이었기 때문이다.

파브르는 날의 이름을 지을 때 롬의 원칙에 따랐지만 십진법에 충실하여 한 달을 열흘씩 묶었고, 각 열흘을 1순일décade이라 불렀다. 그 1순일의 첫날은 제1요일Primidi, 둘째 날은 제2요일Duodi, 셋째 날은 제3요일Tridi이며 이런 식으로 이어져서 아홉 번째 날은 제9요일Nonidi, 마지막 열 번째 날은 제10요일Decadi이다. 거기서 한 걸음 더 나아가 매일매일에 이름을 붙였다. 수호성인 대신 식물이나 열매, 나무, 가축, 농기구 등의 이름을 사용했다. 정치적인 이름을 쓰자는 롬의 제안은 연말(이제는 가을이 시작되자마자 연말이 된다)에 추가되는 5일(윤년의 경우 6일)에만 적용했다. 그 나머지 5일은 상퀼로티덴Sansculottiden이라 부르고 국경일로 정하자고 제안하였다(그 5일의 이름은 다음과 같다. 1일: 덕德의 축제일Fete de la vertu, 2일: 재능의 축제일Fete du genie, 3일: 근로의 축제일Fete du travail, 4일: 여론의 축제일Fete de l'opinion, 5일: 보답의 축제일Fete des recompenses, 6일: 혁명의 날Jour de la revolution : 윤년에만 있다— 옮긴이).

그레고리력의 기독교적 영향을 고려할 때 혁명력의 반기독교적 성향은 당연한 결과였다. 구질서의 권력을 몸으로 구현한 쪽은 왕실보다는 차라리 교회였다. 따라서 혁명력을 반기독교화의 수단으로 이용해 종교적 메시지를 혁명의 메시지로 대체할 수 있다면 개혁의 교육적 효과는 더욱 찬란히 빛날 것이었다. 하지만 달력을 이용한 혁명 교육의 성과는 그것이 일상의 도구로 얼마나 관철될 수 있는지, 과연 그레고리력을 이길 수 있을지에 달려 있었다. 그랬기에 파브르는 혁명력을 오지 마을까지 널리 보급하라고 지시했던 것이다.

그레고리력이 7일을 한 주로 보는 유일한 역법이거나 첫 번째 역법은 아니다. 이런 분할법은 아마도 바빌로니아력까지 거슬러 올라갈 듯하며, 이를 유대, 그리스, 이집트 달력도 답습했다. 기독교와 유대교는 구약에 쓰인 대로 7일을 한 주로 묶는 방법이 신이 주신 것(물론 그전부터 그랬다는 의미는 아니다)이라고 보았다. 성경에 따르면 신은 6일 만에 세상을 창조했고 7일째 되는 날 휴식했기 때문에 7일 1주 역법은 물론이고 일요일 휴일도 너무나 당연한 것이었다. 7일 1주 역법은 한 달을 약 30일로 나누는 분할법이나 눈에 보이는 월상을 4분의 1로 나누는 분할법에 기초를 두고 있다. 더구나 7은 고개를 들면 눈으로 볼 수 있는 7개의 별을 통해 하늘에 쓰여 있는 숫자다. 태양, 달, 수성, 금성, 화성, 목성, 토성. 한국에서부터 알바니아를 거쳐 프랑스에 이르기까지 많은 민족의 요일 명칭은 바로 그 7개의 별을 바탕으로 하고 있다. 한 달은 정확하게 4주로 나누어지지 않으므로 어떤 요일로든 시작될 수 있고, 한 주가 두 달에 걸쳐 있을 수도 있다. 그런 무질서가 롬의 기하학적 정신에 흡족하지 않았다. 신이 주신 것으로 이해하는 7일 1주 역법이 혁명의 계몽적 성격과 반종교적 정서에 역행하듯이 말이다. 실제 그 역법은 지금도 모든 회계사들에게 불필요한 문제를 야기하고 있다.

롬은 십진법의 실천과 10일 1주 역법의 도입을 선전했다. 36.5 순일 혹은 73 '반½ 순일'로 태양년과 어지간히 맞아떨어지는 역법이었다. 하지만 역법에 십진법을 도입하는 것만으로는 만족하지 못했다. 롬은 1일의 분할법까지 바꾸고 싶어 했다. 하루를 2회의 12시간으로, 1시간은 다시 60분으로 나누는 대신 하루를 10시간으로, 1시간은 각 100분으로 나누려 했다. 하지만 시계 제조업자들이 시계를 고칠 시간이 필요했기에 이 방법은 일단 연기하기로 했다. 우리 역시 이 부분의 개혁은 그냥 넘어가도 될 것 같다. 초기 단계에서 이미 실패한 개혁이기 때문이다. 요즘 십진법 숫자판이 붙은 크로노미터는 전문가들 사이에서도 찾기 힘든 희귀품이다.

어쨌든 파리에는 공식적인 십진법 시계가 곳곳에 설치되었다. 당연히 국민의회는 그 시계를 두고 논쟁을 벌였다. 남프랑스 마르세유에서는 시청이 십진법 시계의 의무적 사용을 호적사무소나 법원에 강요했다는 사실이 입증되고 있다. 혁명 정부의 과도한 규제는 여기서 끝나지 않았다.

몽펠리에 출신 자코뱅파 장 알렉산드르 카르니는 신생아들에게 역법과 십진법 시간에 따른 이름을 의무적으로 지어주자고 제안하였다. 요즘엔 이름이 부모 개인의 선택이지만 당시만 해도 아이들에게 수호성인의 이름을 붙이는 것이 관습이었는데, 그런 관습을 폐지하고자 했던 것이다. 그의 제안에 따르면 생일이 1800년 7월 25일, 즉 혁명력 8년 테르미도르 달 6일에 태어난 아이는 혁명력에서 이 날을 지칭하는 식물인 쇠뜨기(프랑스어로 프렐르Prêle)를 붙여서 이름을 지어야 한다. 아이의 성별과 태어난 (십진법) 시간에 따라 오후에 태어난 여자아이는 마프렐르, 메프렐르, 미프렐르, 모프렐르, 무프렐르 중 하나로, 오전에 태어난 사내아이는 가프렐르, 게프렐르, 기프렐르, 고프렐르, 구프렐르 중 하나로 지어야 한다는 것이다. 하지만 다른 날의 경우에는 퓌베프(사내아이) 혹은 조코콘(여자아이) 같은 이상한 이름의 조합이 나온다. 따라서 그런 식의 독재적인 이름 강요는 과도한 규제를 넘어 혁명적 관료주의로 해석되었다.

혁명력의 보급

———

혁명력은 1793년 10월 5일에 공식적으로 사용되었고 1792년 9월 22일, 즉 1년 방데미에르 1일까지 소급 적용되었다. 완전히 도입돼 장기적으로 사용되었다면 혁명력은 전체적인 역법의 개혁을 이루었을 것이다. 이 역법이 도입되기 이틀 전, 혁명군의 라인 강

진격의 서곡이 된 발미 전투의 포격을 구경꾼으로서 지켜본 요한 볼프강 폰 괴테는 장교 몇 사람에게 유명한 명언을 날렸다. 역법의 시작과도 상당히 어울리는 연설이었다.

"오늘 이곳에서 세계사의 새 시대가 열린 겁니다. 그리고 여러분은 내가 그 현장에 있었노라고 말할 수 있을 겁니다."

관료들은 혁명력 사용을 권장하기 위해 막대한 에너지를 쏟아부었다. 일상의 도구를 그렇게 근본적으로 개혁하기 위해서는 어쩔 수 없는 과정이었고 혁명력이 사용된 전 기간 동안 내내 그러하였다. 아마도 혁명의 개혁 조치 중, 그 실천에 가장 많은 에너지를 소모했던 대상일 것이다. 하지만 들인 에너지에 비해 결과는 그리 대단하지 못했다. 혁명력의 타당성은 높았지만 옛 역법의 사용을 금지하지도 못했고 새 역법을 완벽하게 실천하지도 못했다. 물론 행정관청은 즉각 의무적으로 새 역법을 사용했고 각종 홍보 조치를 통해 역법 사용을 적극 장려했다. 부서의 해당 관료들에게 지침이 내려지고, 달력과 연감을 인쇄하고, 연설을 하고 새 역법을 홍보하는 작품을 후원했다.

한 연감은 표지에 다양한 상징을 실어 혁명력을 광고하기도 했는데 그중에서 혁명력의 상징은 모노프테로스^{Monopteros}(고대 로마 원형신전의 한 형식─옮긴이)였다. 영광스러운 고대에 대한 비유지만 무엇보다 교회와의 결별을 의미하며 그 둥근 형태가 시간의 순환적 성격을 상징했다. 12개의 기둥은 12달을 의미하며, 각 기둥마다 달린 세 개의 금속판은 3개의 순일을 의미하고 금속판에는 각 날들의 이름이 적혀 있다. 자유는 새 역법의 지킴이로써 둥근 사

모노프테로스 : 독일 뷜리츠 공원의 비너스 사원

원 위에 떠 있고, 손에 인격화된 이성을 들고 구시대의 대표자들, 황제와 왕, 교황과 성인들을 좇고 있다. 어머니 자연은 평범한 시골 사람들에게 그들의 것인 사원을 가리키고 있다. 그전부터도 달력의 그림들이 시간과 역법을 비유적으로 담아낸 경우가 많았지만 이제 새 달력의 그림은 새 시대에 부응하는 특성들을 담고 있었다.

민중들의 관심을 끌기 위해 몇몇 도시는 축제를 열기도 했다. 예를 들어 북프랑스의 아라스는 가장행렬을 열었는데 12그룹이 12달의 이름표를 붙이고 시가행진을 했다. 그리고 조금 더 이해를 돕기 위해 첫 달의 그룹인 방데미에르는 작은 꼬마들이었고 뒤로 갈수록 그룹 구성원의 나이가 늘어났다. 연말의 상퀼로티덴은 80살 노인 5명이 맡았다. 그 뒤로는 윤년에 추가되는 6번째 날을 상징하기 위해 사람들이 의자에 앉은 100살 노인을 들었고 다시 그 뒤로 젊은 신년을 상징하는 어린아이들이 행렬의 뒤를 뛰어다녔다. 역법을 상징적이고 구체적으로 가르치려는 그런 축제와 달력화들은 당시 일반 백성들이 글을 읽을 줄을 몰랐다는 사실을 고려할 때 중요한 홍보 수단이었다. 언론은 역법 개혁에 대한 보도에만 국한할 뿐 과도한 홍보나 열광적인 찬동은 보이지 않았다.

혁명의 요구는 민중의 정치적·사회적 실존에 새 기초를 마련해줄 자유와 평등을 넘어 혁명의 덕목에 맞는 도덕적·지적 민중교육으로까지 뻗어나갔고, 역법 역시 모든 면에서 이 덕목을 지향했다. 새 인간 교육 역시 이데올로기의 영향을 벗어날 수 없는 바, 첫째는 이데올로기가 혁명의 필수 프로그램이기 때문이며, 둘째는 반동과 안팎의 전쟁, 노선 투쟁과 테러로 인한 혁명의 급진화가 이데올로기의 과격화에 기여했기 때문이다. 따라서 혁명력도 중세적이고 미신적이며 비자연적이고 비과학적인 그레고리력의 정반대 역법으로 선전되었다. 나아가 합리성을 자연과 결합시킨 역법이라고 선전함으로써 혁명력 역시 반종교적 측면에서는 그레고리력 못지않게 이데올로기적이라는 사실을 은근슬쩍 은폐했다. 그레고리력이 그 본질상 로마-고대에 기원을 두고 있고 교황 그레고리우스가 로마력을 최신 과학 수준에 맞춰 수정했다는 사실, 그리고 그레고리력이 어떤 상황에서도 뛰어난 기능을 발휘한다는 사실 또한 간과했다.

1주 10일의 단점

순일décade을 도입하여 제10요일Decadi을 기존의 일요일 대신 휴일로 정하는 과정은 특히 어려움이 심했다. 바뀐 시간 체제에 적응하기 힘든 어려움 역시 반발을 불러왔다. 시간의 경우, 특히 습관의 힘이 무섭다. 또 훗날 시간 생물학자들이 입증했듯이, 7일 1주

주기는 인간의 자연적이고 생물학적인 리듬에 근거를 두고 있다. 모든 달은 30일이고, 10일로 한 주를 나누었기에 한 달의 첫날이 항상 한 순일의 첫날인 제1요일이기도 하다는 합리성도 큰 효과를 발휘할 수 없었다. 이 역법이 폐지되지 않았더라면 아마 달력에 기초한 많은 계산이 지금보다 훨씬 간단해졌을 것이다.

하지만 아무리 합리적이라 해도 일요일은, 적어도 두 가지 이유에서 정서적인 문제가 있었다. 우선 10일을 1주로 하고 제10요일을 휴일로 지정한다면 연중 휴일이 눈에 뛰게 줄어든다. 고용주는 좋아할지 몰라도 노동을 해야 하는 백성들은 좋을 리 없었다. 게다가 엄격한 적용은 일요일 휴일을 계속 따르고 싶어 하는 사람들에게 문제를 일으켰다. 아무리 반종교적 정책을 펼친다 해도 종교의 자유는 막을 수 없었는데, 나중에는 제10요일이 정식 휴일로 지정되었음에도 양쪽의 휴일이 계속 통용되었다.

그래서 일단 휴일의 선택을 각 개인에게 위임하자는 안이 나왔지만, 반종교적 역법을 교회에 반대하는 교육 수단으로 사용하고 싶었던 반기독교화의 옹호자들이 반대하고 나섰다. 종교의 자유는 허락하되 휴일은 제10요일로 정해야 한다고 말이다. 하지만 결정은 지연되었다. 다양한 견해와 토론의 필요성이 제기되었고 국내외 정치 상황의 부침과 더불어 달력보다 더 시급한 현안들이 밀어닥쳤다. 국내 정치와 사회, 경제의 혹독한 역풍으로 공화국의 미래가 걱정되는 시점이었지만 교육위원회와 국민의회는 거듭 달력 문제와 국민 교육의 도구로써 그것의 유용성을 거론하였다. 공화제에 대한 국민의 호감이 커져야 공화국에 미래가 있을 것이라는 점에는 이의가 있을 수 없었고 그에 따른 교육적 조치가 필요했던 것이다. 하지만 제10요일을 의무적으로 일반 휴일로 지정할 것인가의 문제에 대해서는 의견 일치를 보지 못했다. 교회와 종교에 대한 입장 차이에 따라 그 문제에 대한 의견도 달라졌다. 어쨌든 바스티유 습격 사건이 있은 지 몇 년이 지나자 완벽한 비기독교화의 목표는 망상으로 드러났다. 대다수의 국민들이 자유를 획득했지만 그 자유를 교회에 등을 돌리는 데 사용하지 않았던 것이다.

종교계뿐 아니라 노동자 계층의 반발도 적지 않았다. 혁명력은 여전히 지켜지지 않았고 국가위원회는 신중한 수정에서부터 완전한 폐기에 이르기까지 다양한 변화의 요구에 시달렸다. 심지어 국민의 반발로 미루어볼 때 혁명력이 공화정의 숨통을 조일 일격이 될 것이라고 생각하는 사람들도 없지 않았다.

혁명력 5년 프뤽티도르 18일 쿠데타가 일어났다. 다시 공포정치가 시작되었고, 다시 공화국의 안전을 보장할 조치가 필요해졌다. 이번에도 교육의 도구로써 혁명력의 가치에 주목했고, '군주제, 귀족정치, 교회의 지배가 남긴 마지막 흔적까지 잊게 만드는 데' 혁명력이 가장 적합한 도구 중 하나이므로 3가지 법안으로 혁명력을 널리 보급하자는 주장이 제기되었다. 순일이 자연의 이치에도 맞는 휴일이지만, 이참에 법으로 지정하여 의무 휴일로 삼자는 취지였다. 제10요일을 지키지 않으면 처벌을 내릴 것이며, 일요일을 휴일로 쉬는 것은 개인적으로만 허용된다고 말이다. 관공

서와 시장의 개장 시간과 관련된 지침도 정해졌고, 그 직후에는 결혼식은 의무적으로 제10요일에 올려야 한다는 규정까지 마련되었다.

하지만 제10요일은 종교적 목적의 휴일로 지정되지 못했고, 제10요일만 휴일로 허용된다는 법안도 마찬가지였다. 기존의 관습대로 일요일을 쉬지 못하도록 하는 것도, 일요일에 작업장 문을 닫는 행위도 금지하지 못했다.

혁명력의 종말

혁명력 8년, 다시 한 번 역법과 관련된 국가적 조치가 거론되었지만 실천에 옮겨지지는 못했다. 브뤼메르 18일 나폴레옹 보나파르트가 쿠데타로 독재정부를 무너뜨리고 집정관의 시대를 열었기때문이다. 우선 국경일의 숫자가 줄어들었다. 제10요일은 휴일로 인정받았지만 국가와 사생활을 엄격히 분리하여 휴일의 결정권이 개인에게 돌아갔다. 그리고 역법의 이름을 혁명력 대신 십진법력이라고 불렀다. 물론 역법이 공화제와 프랑스의 작품이란 것을 모르는 사람은 없었다.

이처럼 혁명력은 도입될 때와 달리 갑자기 폐지되지 않고 서서히 몇 년에 걸쳐 조금씩 효력을 잃어갔다. 근본적으로는 국가가 정한 달력과 개인들이 자유롭게 쓰는 달력의 극명한 차이가 점차적인 효력 상실의 출발점이었다. 혁명력 9년에 프랑스가 교황과 협약을 맺었다. 당연히 교황에게는 혁명력이 눈엣가시였을 테지만 그럼에도 혁명력은 폐지되지 않았고 다만 특히 제10요일과 관련해 영향력이 매우 약화되었다. 이제 제10요일의 특별한 지위는 법적으로만 보장되었을 뿐 현실적으로는 일요일에게 휴일의 자리를 빼앗기고 말았다.

그로부터 다시 3년이 흐른 혁명력 13년(1804년), 나폴레옹은 자기 머리에 황제의 왕관을 씌웠다. 혁명력은 무사히 살아남았지만 그날 이후 '프랑스력'으로 불리게 된다. 그리고 다시 채 2년도 흐르지 않아 혁명력은 완전히 폐지되었다. 혁명력 15년 니보즈 11일, 즉 1806년 1월 1일이었다. 십진법에 따른 월의 분할이 유익하지 않았다거나 새 역법 시스템이 완벽하게 실행되지 않았기 때문이 아니다. 가장 중요한 이유는 새로운 역법이 혁명의 자식이라는 사실을 나폴레옹이 받아들일 수 없었기 때문이다. 공화정을 폐지한 지금, 공화정 도입을 새 역법의 시작이자 출발점으로 삼은 혁명력을 유지할 수가 없었던 것이다. 혁명력이 매우 합리적이라는 점도 별 도움이 되지 못했다. 사실 혁명력을 더 일찍 폐지하지 않았던 이유 중 하나도 바로 그런 합리성이었다. 혁명시대의 긍정적이고 혁신적인 면모를 보존하지 않고 그냥 역법의 수레바퀴를 거꾸로 되돌린다는 인상을 일깨울 수 있었기 때문이다. 혁명력은 단순한 혁명의 상징 이상이었다. 그것은 이미 오래전에 현대성과 진보의 상징이 되어버렸고 그 가치들은 오래 보존해야만 했다. 이에 국가는 그레고리력으로의 회귀가 조금이라도 덜 퇴행적으로 보이게끔 새로운 유럽력을 계획했다. 안 그래도 프랑스만의 독자적인 역법이 유럽 내에서 프랑스의 고립을 초래했다는 의견이 분분하던 차였다.

프랑스 혁명력이 안고 있던 모순도 실패의 한 원인이었다. 역법의 개혁은 너무나 급진적이었지만 그 시행은 철저하지 못했다. 그로 인해 그레고리력을 고집하던 세력들이 자기주장을 버리지 않고 호시탐탐 기회를 노렸다. 특히 제10요일의 도입을 두고 가중된 혼란은 혁명력의 마지막 숨통을 끊어놓았다. 그럼에도 프랑스 혁명의 낳은 이 자식은 13년이 넘는 시간 동안 목숨을 부지했고 심지어 나폴레옹이 집권한 후에도 얼마간 효력을 잃지 않았다. 하지만 결국 나폴레옹의 등장과 군주제의 재도입으로 인해 혁명력도 생명력을 다하였다.

일상에 깊이 침투할 시간이 넉넉했더라면 프랑스 혁명력에게도 기회가 있었을지 모른다. 그러나 프랑스만의 역법은 중국이나 유대 역법, 이슬람 역법이 그러했듯 결국 패배의 길을 걷고 만다. 현대는 세계화의 과정을 가속화했고 국경을 넘어서는 규정을 요구했다. 비록 서양에 국한되었지만 이미 그레고리력에게 일종의 보편적 역법의 기능이 주어졌고, 서양의 도식대로 세계화가 진행되면서 그레고리력이 전 세계에서 인정받게 되었다.

그 이후에도 기존의 역법을 버리고 새로운 역법을 도입하려는 노력이 없지 않았다. 하지만 소련의 역법 개혁은 프랑스 혁명력보다 수명이 더 짧았다. 1929년 소련은 1917년 10월 혁명에서 시작하는 새로운 연도 계산법과 현대화를 추진하기 위한 새로운 '붉은’ 달력을 도입하려 했다. 목표는 비생산적인 주말의 폐지였다. 5일의 집단 휴일을 제외하고 절대 기계를 멈추지 않기 위해 노동자들을 5개 색깔에 해당하는 5개 집단으로 나눈 다음 교대로 4일을 일하고 5일째 되는 날 쉬게 하였다. 이런 조치를 통해 종교 활동을 막고, 전통적인 가족의 생활까지 사회주의의 집단적 사고에 걸맞게 변화시키겠다는 것이었다. 그러나 교대로 돌아가면서 쉬는 식의 휴일제는 이미 1913년에 폐지되었고 1940년에는 붉은 달력마저 조용히 매장되고 말았다.

이데올로기와 관련 없이 전 세계인이 사용할 수 있는 달력을 만들겠다는 세계 달력 프로젝트 역시 큰 반향을 얻지는 못했다. 그 역법은 91일인 1분기를 30일의 2달과 31일의 1달로 나누고 남는 하루를 전 세계적 축제일인 ‘월드 데이’로 정해 태양년에 맞추었다.

그 이후의 달력 개혁들 역시 실패로 끝이 났다. 프랑스의 혁명적 성과를 되살리려는 노력도 두 번이나 있었다. 1871년 파리 코뮌 기간 동안, 그리고 독일과 프랑스의 화해 드림팀인 프랑스 대통령 드골과 독일연방 수상 아데나워가 ‘유럽 달력’을 만들려고 했던 1960년대가 바로 그것이다.

하지만 세계 역사상 가장 급진적인 시도는 뭐니 뭐니 해도 프랑스 혁명력이다. 더구나 혁명력의 근본적 개혁은 무려 13년 동안이나 유지되었다.

Chapter 5

세계 공용어의 꿈

– 루드비히 자멘호프의 에스페란토

✢　　세상은 완벽하지 않다. 그리고 그 세상엔 우리 삶을
　　　고달프게 만드는 것이 수없이 많다. '바벨의 언어' 역
시 우리의 고통에 기여하는 바가 크다. 전 세계에서 사용되는 언
어는 수천 가지가 넘고 그로 인해 국경과 문화적 차이를 넘어선
소통과 이해가 쉽지 않다. 특히 요즘처럼 인터넷이라는 글로벌 마
을의 시대이자 많은 사람들이 외국 여행을 마음대로 다닐 수 있는
세계화의 시대에, 모국어의 좁은 사용 지역과 언어 습득의 한계는
정말 성가시기 그지없는 골칫거리다. '바벨의 언어'라는 말이 오
랜 세월을 살아남아 여전히 자주 쓰이는 것만 보아도 인류가 그동
안 언어 때문에 얼마나 많은 문제를 겪었는지를 충분히 알 수 있
다. 언젠가 까마득한 선사시대에는 모든 인간이 같은 언어로 말했
고 서로를 잘 이해했을 것이라는 상상 역시 그런 어려움에서 출발
했을 것이다. 대부분의 언어학자들은 그런 원형의 세계어가 있었

다고 가정하지만, 납득할 만한 주장을 하기에는 너무 오래전의 일이기에 그냥 가정에 그칠 뿐이다. 따라서 인류 역사에서 탄생한 모든 언어가 그 원언어에 기인한다는 추측은 입증할 수도 반박할 수도 없는 추론에 불과하다.

어쨌든 《창세기》 11장의 바벨탑 이야기는 인간들 사이에 통일된 언어가 없다는 사실을 정확히 보여주는 알레고리이다. '온 세상이 같은 말을 하고 같은 낱말들을 쓰고 있었다.' 하지만 오만함 때문에 인간은 하늘까지 닿는 탑을 세우기로 하는데, 가진 것에 만족하지 않는 그런 인간이 신이 보시기에는 안 좋았다. '그러자 주께서 내려오셔서 사람들이 세운 성읍과 탑을 보고 말씀하셨다. 보라, 저들은 한 겨레이고 모두 같은 말을 쓰고 있다. 이것은 그들이 하려는 일의 시작일 뿐, 이제 그들이 하고자 하는 것이 무엇이든 못할 일이 없을 것이다.' 따라서 신은 탑을 쌓는 사람들이 서로의 말을 알아듣지 못하게 만들어 탑의 완공을 방해했다. 갑자기 사람들은 서로 다른 말을 쓰게 되었고 서로의 말을 알아들을 수가 없었다.

야만인과 벙어리

무역과 경제 부문에서 언어의 경계를 넘어서려는 노력은 늘 있어왔지만 서로에 대한 몰이해는 인류의 영원한 숙제였다. 그리스 사람들은 외국 말을 하는 사람들을 야만인이라 불렀다. 야만인의 원래 의미는 말더듬이다. 이민족이 쓰는 언어가 그리스어가 아니었기 때문이다. 독일의 슬라브 이웃국들과 헝가리 사람들은 외국인을 다양한 언어 버전으로 벙어리라고 불렀다. 그들이 듣기에 외국인들의 말은 말이 아니었기 때문이다. 물론 그럼에도 사람들은 계속 접촉했고 관계를 쌓았다. 일종의 세계화의 전 단계라 부를 수준이었다.

19세기 중반부터 교통수단이 늘어나고 전화나 전보 같은 새로운 통신 수단이 생긴 데다 세계 시간 같은 체계화 작업을 통해 거리가 줄어들면서 세계화가 가속화되었다. 경제관계가 밀접해지고 국제 정치의 의미가 커지면서 국가간 협정과 협약의 필요성도 증가했다. 과학 역시 날로 국제화되었다. 공통의 언어가 있다면 이 모든 일이 얼마나 간단하겠는가? 다중 의미 단어나 예외 규칙이 수두룩한 복잡한 문법, 불규칙적인 구문론, 어려운 발음 등 기존 언어의 약점을 완벽하게 보완한 언어, 중립적인 데다 단순한 구조의 명확한 언어가 있다면 얼마나 좋겠는가. 하지만 아무리 문화적·정치적·세계관적으로 중립적인 언어가 있다 해도 전 세계 모든 사람이 동의하고 널리 사용하지 않는다면 제 임무를 다할 수 없을 것이다.

그동안 이런 언어의 다양성을 극복하려는 노력은 끊임없이 있어왔다. 그러나 합리적이고 사용하기 쉽고 문화와 정치, 종교에서 자유로운 세계 달력이 사람들의 외면을 받아왔듯 공용어의 시도도 모두 실패하고 말았다. 꼭 필요한 일상의 도구들은 워낙 반대에 대한 저항이 큰 법인 데다, 전 지구에 의무적으로 새 언어를 도입한다는 것은 세계적 역법 개혁보다 훨씬 파장이 큰 일이기 때문이다.

70년대에 작가 아서 케스틀러Arthur Koestler는 이렇게 말했다. "전 지구인에게 소식을 전할 수 있는 위성은 있으면서, 서로를 이해할 수 있는 세계적 언어는 없다. 용감한 에스페란토 추종자 몇 사람을 빼면 아무도, 유네스코도 그 어떤 국제기구도 모두가 이해하는 언어를 후원하는 것이 민족간 소통의 가장 간단한 방법이라는 생각을 하지 못한다는 것은 이상한 일이다."

모든 사람이 학교에서 단 하나의 외국어만 배우면 된다고 가정해보라. 카디스(스페인 남서부의 항구 도시. 안달루시아의 자치 지방 8곳 가운데 하나인 카디스 주의 주도─옮긴이)에서 프로비데니야(러시아 추코트 자치구에 있는 도시. 시베리아 북동단, 추코트 반도의 남단에 있다─옮긴이)까지, 레이캬비크(아이슬란드 수도─옮긴이)에서 멜버른까지, 케이프타운에서 앵커리지까지, 라로셸(프랑스 서부 푸아투샤랑트 주 샤랑트마리팀 데파르트망Département의 수도. 비스케만灣에 면한 항구도시로 대서양 횡단항로의 발착지점이다─옮긴이)에서 상하이까지, 모두가 똑같은 언어를 배운다면 말이다. 글로벌 미디어 인터넷은 잠재력을 온전히 발휘할 수 있을 것이다. 이상적으로 들리지만 장점이 엄청날 것이다. 하지만 세계인의 동반성장을 위해 개인의 이해관계나 허영심을 극복할, 진정으로 힘 있는 초국가적 기구와 그에 기반한 세계적 합의가 없다면 그런 프로젝트는 결코 실현될 수 없을 것이다.

1734년에 등장한 카르포포로필루스^{Carpophorophilus}라는 이름의 뜻밖의 선구자를 시작으로 이미 19세기부터 수많은 인공 언어가 개발되었다. 대부분은 유럽어의 기원인 라틴어를 기초로 삼았다. 당연히 서구인들이 훨씬 배우기 쉬웠고, 따라서 이 언어들은 유럽 중심주의를 극복하기 힘들다는 단점들이 있다. 1897년에는 독일 바덴 주 출신의 가톨릭 신부 요한 마틴 슐라이어가 볼라퓌크^{Volapük}라는 인공 언어를 개발했다. 아마도 바덴 주가 프랑스와 가깝기 때문에 어릴 적부터 공동 언어의 필요성을 남들보다 더 절감했을 것이다. 슐라이어의 볼라퓌크는 실제로 사용된 최초의 인공 언어다. 가장 널리 사용되는 언어인 영어를 기초로 했지만 중국인들의 언어습득과 발음을 돕기 위해 알파벳 R을 사용하지 않았다. 하지만 볼라퓌크 운동의 내부 분열로 이 언어의 생명은 그리 길게 가지 못했다. 초기엔 많은 나라에서 열광적인 환영을 받았지만 여러 가지 개정안이 나오면서 언어가 변했다. 기호학자 움베르토 에코는《완전한 언어를 찾아서》에서 이렇게 썼다. '이것이 모든 인공 언어 프로젝트의 비극이다. 그들의 복음을 들어주는 이가 없으면 순수함을 보존하지만 그들의 메시지가 보급되면 모여든 변절자들의 손에 넘어가고, 더 좋은 것은 좋은 것의 적이기에 바벨화된다.'

다른 인공 언어들도 가세했다. 프랑스 언어학자 루이 쿠튀라와 수학자 레오폴드 로는 1903년 약 38개의 '국제' 언어를 바탕으로 인공 언어를 개발하였다. 그동안 개발된 인공 언어는 1000개가 넘고 유럽의 참여가 특히 높았기 때문에 라틴어를 기초로 삼은 경우가 많았다. 하지만 대부분은 태아 단계를 넘어서지 못했다. 완벽한 언어의 꼴을 갖춘 경우에도 '논리적인' 언어나 '완벽한' 언어를 만들겠다는 목표뿐, 사용이 불가능한 경우도 많았다. 따라서 소수 엘리트들의 놀이로 그쳤을 뿐 모든 사회계층의 호응을 얻기 위한 광범위한 보급에는 별 관심이 없었다. 딱 하나, 실제로 언어의 기능을 발휘하며 사용된, 인공 언어에서 살아 있는 언어로 도약한 언어가 있었다.

희망의 의사
———

19세기 말 인공 언어 시장에 군계일학으로 등장한 한 신제품이 있었다. 개발자는 폴란드 바르샤바 출신의 유대인 안과 의사이자 언어학자인 루드비히 라자루스 자멘호프Ludwig Lazarus Zamenhof였다. 1859년에 태어난 그는 유대인 동화정책과 유대인 계몽운동 하스칼라를 지지했던 무신론자 아버지와 신앙심이 깊고 이디시어(중부 및 동부유럽 출신 유대인이 사용하는 언어로 헤브라이 문자를 사용한다—옮긴이)를 썼던 어머니 사이에서 태어났다. 그의 가족은 원래 남독일 출신이었지만 19세기 초 동유럽에 정착하였다. 형제자매가 10명이나 되는 대가족이었기에 집안에선 어려서부터 다양한 언어가 사용되었다. 자멘호프는 폴란드어와 러시아어, 독일어, 이디시어, 헤브라이어, 프랑스어를 배웠고 훗날에는 그리스어와 라틴어, 영어에 리투아니아어, 스페인어까지 할 줄 알았다. 언어뿐 아니라 문화적 배경도 실로 풍족했다. 자멘호프는 비아위스토크에서 태어났다. 원래 폴란드 땅이었지만 제3차 폴란드 분할 이후 러시아 땅이 되었다. 주로 유대인들이 많이 거주하여 시민의 3분의 2가 유대인이었고, 폴란드인, 우크라이나인, 러시아인, 백러시아인, 독일인이 섞여 살았다. 유대인은 다수였지만 적대와 박해의 대상이었다. 그는 모스크바와 바르샤바에서 의학을 공부해 안과 의사가 되었지만 주로 가난한 환자들을 진료했기 때문에 벌이가 좋지는 않았다. 신 언어의 개발이라는 시간과 노력이 많이 드는 작업은 공장 사장이던 장인의 재정적 지원에 힘입은 바가 크다.

1887년 자멘호프는 《국제 언어. 서문과 완전한 교과서》를 가명으로 출간했다. 희망하는 의사라는 뜻의 그의 가명 '닥터 에스페란토dro esperanto'는 곧 그가 개발한 신 언어의 이름이 되었다. 자멘호프는 당시 유대인들이 팔레스타인으로 돌아갈 수 있기를 희망했지만, 에스페란토를 전 세계에 흩어진 유대인들을 규합하는 언어로 생각하지는 않았다. 그가 원한 것은 여러 민족을 단합시키는 국제 언어였다. 서구 유대인으로서 자신을 유대민족의 아들이라 생각했지만 헤브라이어를 팔레스타인의 언어로 채택하는 데에는 반대했다. 그렇게 되면 또 다른 국수주의를 지원하는 꼴이 될 뿐이었다. 1880년대 초, 그는 일찍부터 시오니즘과 연을 맺었다. 그러니까 1897년 시오니즘 세계 기구가 공식적으로 창설되기 훨씬 전이었다. 하지만 그의 관심은 이내 실망으로 끝나버렸고 그는 유대 국가는 바람직하지 않다는 확신에 도달한다. 시오니즘에 반대한 그의 주요 논리는 당시의 많은 사람들의 의견과 다르지 않았다. 공동의 종교가 공동의 민족감정은 아니며, 전 세계 유대인이 모이기에 팔레스타인은 너무 작은 장소이고 헤브라이어는 죽은 언어라는 것이었다. 당시는 아직 20세기 초였다. 헤브라이어는 아무도 쓰지 않는 죽은 언어였다.

자멘호프가 바란 것은 '호마라니스모'(인류론을 뜻하는 에스페란토), 즉 세계의 형제화였다. 1906년에 발표된 선언문의 1조는 이러하다. '나는 인간이며 전 인류를 한 가족으로 생각한다. 인류를 서로 적대하는 다른 민족과 인종·종교 공동체로 나누는 것은 조만간 사라져야 할 최고의 악이라 생각하며, 그렇게 되기 위해 나는 있는 힘껏 지원을 아끼지 않을 것이다.' 자멘호프는 민족주의의 초기 비판가였다. 모든 형태의 민족주의와 민족 및 종교의 정치적 악용은 전 인류에게 불행을 가져다줄 것이라 믿었기 때문이다. 모든 종교를 동등하게 대우하고 인류가 공동의 언어를 공유한다면 그 어떤 민족적 증오도 발판을 잃게 될 것이라고, 그는 확신하였다.

하지만 자멘호프의 유대 정체성과 그가 개발한 언어는 별개의 것이 아니다. 1905년 그는 에스페란토의 프랑스 추종자들에게 자신은 '게토 출신 유대인'으로 세계의 분열을 누구보다 여실히 체험했다고 말했다. 신에게 죽은 언어로 기도를 올리고(당시만 해도 아직 헤브라이어는 부활되기 전이었다) 자신을 배격한 민족의 언어를 배우며 세상에 흩어진 동포들과 서로 이야기를 나눌 수 없는 유대인의 경험 말이다. 그러나 한 프랑스 신문에 기고한 글에서는 어린 시절 학교 친구들이 늘 싸웠는데 싸움의 대부분은 부족한 언어

이해가 원인이었다고 쓴 바 있다. 에스페란토를 널리 보급하기 위해서라도 새 언어에 유대 이미지 대신 진정으로 국제적인 이미지를 부여할 필요가 있었던 것이다.

예외 없는 문법

에스페란토의 알파벳은 라틴어 28개로 a, b, c[ts], ĉ[tʃ], d, e, f, g[g], ĝ[ʤ], h, ĥ[x], i, j[j], ĵ[ʒ], k, l, m, n, o, p, r, s, ŝ[ʃ], t, u, ŭ[w], v, z이다. 1자모 1음의 원칙을 따르는데, 이중모음이 없어서 나란히 붙은 모음은 따로따로 발음한다. 그렇지만 특히 초기에 발음을 두고 많은 논쟁이 벌어졌다. 모국어가 무엇이냐에 따라 모음의 발음이 달라졌기 때문이다. 여기에 기존 언어에는 없는 문제가 발생했다. 기존의 언어는 모두 글로 쓰기 전에 먼저 입으로 말해진 언어들이다. 반면 에스페란토는 말로 쓰이기 전에 글자 형태로 만들어진 유일한 언어다. 따라서 사용 과정을 거치면서 이런저런 수정 절차를 거쳐야 했다. 물론 모든 단어가 끝에서 두 번째 음절의 모음 자모에 강세가 주어진다는 원칙은 처음부터 변함이 없었다. 자멘호프가 폴란드 출신인 연유다.

전체적으로 언어는 명확하고 배우기 쉬웠다. 자멘호프는 적은 노력으로 교육 수준에 관계없이 모든 계층이 배울 수 있는 언어를 원했다. 그래서 문법이 간단했다. 예를 들어 정관사 (la)는 있지만 부정관사는 없다. 단수에도 복수에도 같은 관사를 쓴다. 명사는 성이 없고 항상 –o로 끝난다. 여성의 형태는 어미 o 앞에 in을 집어넣는다. 그래서 수컷 개가 hundo라면 암컷 개는 hundino이다. 복수는 끝에 j를 붙여서 만든다. 개들은 hundoj, 암컷 개들은 hundinoj이다. 격은 주격과 목적격밖에 없다. 그 밖에는 전치사와 접두사를 통해 구분한다. 또 외우기 힘든 단어들을 대신하기 위해 접두사와 접미사를 많이 사용했다. 그럼에도 단어들이 매우 풍성하고 문장의 구성 시스템도 단순 명쾌하다. 모든 명사는 예외 없이 어미 o를 떼고 a를 붙이면 형용사가 된다. 온기 varmo는 따뜻한 varma로, 냉기 frosto는 차가운 frosta로 변한다. 그리고 다시 끝에 e를 붙이면 부사가 된다. 동사의 원형은 항상 i로 끝난다. 그리고 인칭과 수에 관계없이 시제에 따라 규칙적으로 변한다. 현재는 –as를 붙여 만든다. 그래서 예를 들면 나는 부르짖는다: mi kriegas, 그가 말한다: li parolas, 너희들이 배운다 vi lernas이다. 과거는 i, 미래는 o, 가정법은 u를 붙여서 만든다. 예를 들어 '배우다'라는 동사 lerni라면 각각 –lernis, –lernos, –lernus가 된다. 명령은 s를 빼고 u를 붙여 lernu가 된다. 모든 문법이 이처럼 단순 명확하며, 또 기존 언어와 달리 절대 예외가 없다.

자멘호프가 발표한 첫 에스페란토 책에는 16개의 아주 명확한 규칙과 번역 텍스트 외에 904개의 기본 단어로 이루어진 단어집이 들어 있었다. 자멘호프는 이 단어집을 만들기 위해 여러 (유럽) 언어의 사전을 참조해 어원이 같은 단어를 골라냈다. 장미, 담배 같은 많은 단어들이 대부분의 나라에서 비슷했다. 나머지 어휘는 기존 언어들의 현황에 따라 최대한 공정하고 균형 있게 선별했

최초의 에스페란토어 교본

다. 가장 많이 차용한 언어가 로망스어이고, 다음으로 게르만어, 그리고 슬라브어다. 따라서 1905년에 나온 에스페란토 기본 단어 장을 보면 독일어를 모국어로 쓰는 사람은 단어의 거의 3분의 2를, 로망스어를 쓰는 사람은 심지어 80퍼센트까지 이해할 수 있고, 슬라브어를 쓰는 사람 역시 거의 3분의 1 정도는 금방 무슨 말인지 알 수 있다.

일반인이 배우기에 에스페란토어가 얼마나 쉬운 언어인지는 1905년 제1차 에스페란토 세계대회의 설명서 한 구절만 보아도 금방 알 수 있다.

Esperantisto estas nomata ĉiu persono, kiu scias kaj uzas la lingvon Esperanto, tute egale por kiaj celoj li ĝin uzas. Apartenado al ia aktiva Societo esperantista por ĉiu esperantisto estas rekomendinda, sed ne deviga.

에스페란토 사용자란 목적에 관계없이 에스페란토를 이해하고 사용하는 모든 사람을 일컫는다. 모든 에스페란토 사용자에게 적극적인 에스페란토 협회 소속을 권장하지만 의무는 아니다.

순수 인공 언어는 살아 있지 않다. 그래서 변하지 않는다. 하지만 인공 언어 에스페란토는 수십 년을 거치면서 꾸준히 사용되고 지속적으로 발전하였다. 1894년 자멘호프는 협회의 요구에 따라 직접 기본 문법과 어휘를 처음으로 개정했다. 1905년에는 Fundamento de Esperanto를 '불가침의' 기반으로 정해 앞으로의 언어 발전에 튼튼한 발판을 마련했다. 그 발판 위에서 에스페란토는 스스로를 창조자가 아닌 발기인으로 생각했던 창시자의 취지에 맞게 꾸준한 발전을 거듭하였다. 예를 들어 초기의 난항을 겪은 후 발음을 통일시켰고 1000개가 안 되던 기본 단어의 어휘는 약 5배로 늘어났다. 또 실제 사용하면서 단어집에 있던 많은 단어들이 추방되고 같은 뜻은 새 단어가 들어왔다. 예를 들어 우표를 의미하던 signo de poŝto 대신 poŝtmarko가 채택되었고 긴 단어는 축약하여 길이를 줄였으며(beletristiko→beletro), 발음의 단순화를 꾀하였다(teĥniko 대신 tekniko). 물론 시대의 변화에도 무심할 수 없었다. 그래서 인터넷interreto, 휴대전화poŝtelefono, 세계화tutmondiĝa 같은 단어들이 추가되었다.

문어文語로서의 자격 테스트도 무사히 마쳤다. 1차 세계대회에서 이미 처음으로 에스페란토 연극이 공연되었다. 3년 후 드레스덴에서는 에스페란토로 괴테의 《타우리스 섬의 이피게니아》가 초

연되었으며 1926년에는 첫 에스페란토 성경이 나왔다. 창작의 전통도 일찍부터 시작돼 이제 에스페란토는 번역은 물론 문학 창작의 언어로서도 큰 의미를 지닌다. 시문학이나 유머에 필요한 뉘앙스가 부족하다는 비판에도 여러 차례 반증을 내놓은 바 있다.

자멘호프의 신조어에 가장 먼저 호응을 보낸 곳은 슬라브어권 나라들이었다. 첫 책도 러시아어로 쓰였다. 하지만 얼마 안 가 전 유럽에서 인기를 끌었고, 폴란드어, 프랑스어, 독일어, 영어, 헤브라이어, 이디시어 판이 잇달아 선을 보였다. 첫 책이 나오고 불과 2년 만에 자멘호프는 자랑스럽게 에스페란토 사용자 주소록을 공개했다. 1000개에 이르는 주소 중 다수는 러시아 왕국이었다. 러시아 작가 레오 톨스토이 역시 직접 배우지는 않았지만 에스페란토에 찬동의 뜻을 표했다. 덕분에 전 세계가 에스페란토 운동을 주목하게 되었지만, 그러한 관심은 오히려 러시아 당국의 의심과 방해를 불러오는 계기가 되기도 했다. 그래서 초기 에스페란토 사용자의 다수가 러시아 왕국에 살았음에도 에스페란토 잡지는 러시아에서 출간되지 못했다. 다행히 뉘른베르크에서 예전의 볼라퓌크 클럽이 도움의 손길을 내민 덕에 1889년 처음으로 에스페란토 월간지가 세상에 나왔다. 제목은 《라 에스페란티스토 *La Esperantisto*》였다. 러시아 당국이 싫어하는 톨스토이의 기고문이 실리자 러시아 검열국은 잡지의 수입을 잠시 금지시키기도 했다.

로망스어권 유럽에서는 '마르키스 루이 드 보프롱'이라는 멋진 이름으로 정말 대단한 경력을 쌓았던 가정교사 루이 슈브로Louis

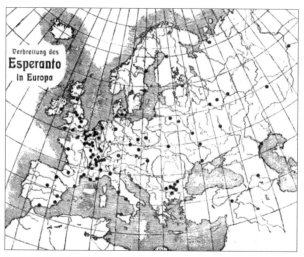

1905년 유럽의 에스페란토 사용자 분포도

Chevreaux가 에스페란토를 보급시킨 일등 공신이다. 그는 프랑스 최초의 에스페란토 사용자 중 한 사람이었으며 유능한 조직가에 홍보맨으로 특히 프랑스 인텔리겐치아들에게 열심히 에스페란토를 홍보했다. 1905년 이미 북프랑스 불로뉴 쉬르 메르에서 1차 에스페란토 세계대회가 개최되었다. 세계 각국에서 참석한 700여 명의 대표들이 한자리에 모여, 더듬거리기는 했지만 에스페란토로 의사소통을 시도했다. 그리고 이어 1908년 국제에스페란토협회가 창설되어 거의 모든 유럽국과 일본, 미국까지 가입하였다. 1차 대전이 발발할 때까지 자멘호프는 세계대회가 열릴 때마다 참석했고 그러느라 워싱턴까지 날아가기도 했다. 전쟁 중에는 유럽연합에 찬성하는 변론을 포함, 전후 평화 시대의 구상을 담은 비망록을 출간했지만 안타깝게도 그는 종전을 지켜보지 못하고

1917년 봄 바르샤바에서 심근경색을 일으켜 56세의 나이로 세상을 뜨고 만다.

그의 목표는 에스페란토를 더 나은 세상의 촉매로 만드는 것이었다. 공동의 언어가 모든 차이를 극복하고 갈등을 해소하는 세상 말이다. 명백히 밝혔듯 그가 원한 것은 각 민족의 언어를 대체할 세계 언어^{lingvo tutmonda}가 아니라 국제 언어^{lingvo internacia}였다. 요즘 흔히 주장하는 것처럼 언어를 통한 세계 혁명이 아니었던 것이다. 또한 정적이고 '완벽한' 언어가 아니라 살아 있는, 실천할 수 있는 언어를 원했다. 그래서 의도적으로 문법을 최소화하였다.

열광과 비난

———

다른 인공 언어와 달리 에스페란토의 역사는 창시자가 사망한 후에도 계속된다. 전 유럽을 강타한 전쟁의 경험이 언어를 통한 민족 간 소통이라는 에스페란토의 이념에 관심을 갖는 계기가 된 듯하다. 언어는 그 자체로는 비정치적이지만 언어를 사용하는 사람의 문화적·지리적 지형으로 인해 정치적 잠재력을 갖게 마련이고, 그것이 오용되는 경우가 적지 않다. 전 세계적으로 소수민족은 어디서나 언어 차별과 억압을 통해 정체성을 위협당한다. 독일제국에 살았던 폴란드인, 러시아의 지배를 받았던 19세기의 리투아니아인들에서부터 과테말라와 멕시코의 마야인, 세르비아의 코소보-알바니아인, 나아가 중국의 티베트인, 독일의 조르베 족까지 소수민족의 억압 역사는 길고도 길다. 하지만 에스페란토 같은 국제 인공어는 그런 민족적·문화국수주의적 억압과 무관하지 않느냐고 생각할 수 있다. 현실은 정반대였다.

에스페란토에 대한 박해는 러시아의 지배를 받던 폴란드에서 시작되었다. 애당초 러시아 당국은 이 언어를 달가워하지 않았다. 그런데 1881년 무정부주의자들이 차르 알렉산더 2세를 암살하자 지식인들, 특히 유대 지식인들의 입지가 매우 좁아졌고 유대인의 작품인 에스페란토의 앞길에도 어둠의 그림자가 짙어졌다. 1904년 검열이 잠시 느슨해졌을 때조차 에스페란토 사용자들의 상황은 그리 나아지지 않았다. 그들은 여전히 정교분리주의자 취급을 받았고 그들의 언어는 불쾌한 외국 이념을 전달하는 위험한 수단으로 의심받았다.

아무리 초기 반응이 열광적이었다 해도 그런 척박한 땅에서는 번성할 수 없었다. 서유럽의 상황도 다르지 않았다. 열정으로 똘똘 뭉친 프랑스 선전가들은 궁여지책으로 에스페란토의 (경제, 과학, 교통, 관광 등 언어의 국경을 넘어선 소통이 필요한 모든 분야에서의) 순수 실용적 이용 가치를 강조하는 데 역점을 두었다. 이들의 전략이 자멘호프의 이상주의적 정신에는 맞지 않았지만 어쨌든 언어의 이미지에는 유익하게 작용했다.

하지만 독일의 경우엔 출발부터가 힘겨웠다. 다른 국가들보다 상당히 늦은 1906년에야 겨우 처음으로 독일 에스페란토 협회가 창설되었다. 다른 유럽국들보다 특히 독일에서 역풍이 거셌던 이유는 민족을 최우선으로 떠받들며 일체의 국제주의에 의심의 눈길을 보냈기 때문이다. 1차 대전 이전의 독일제국처럼 중립성을 전혀 존중하지 않는 곳에서 에스페란토가 표방한 중립성이 긍정적인 평가를 받을 리 만무했다. 더구나 이미 당시부터 에스페란토는 '유대인이 만든 세계 언어'였다.

물론 당시 독일을 제외한 유럽 국가들에서도 에스페란토 운동 내부에서 정치 그룹이 형성되는 등 정치의 영향력이 거세지기 시작했지만 공격적으로 변해가는 민족주의 속에서도 국제에스페란토협회의 가입자 수는 급증했다. 아마도 국수주의적 분위기에 대한 반감의 표현이었을 것이다. 그럼에도 1차 대전의 원인이 된 민족주의는 국제 언어의 앞길에 어두운 그림자를 던졌다.

1차 대전이 끝나고 창설된 국제연맹은 에스페란토의 든든한 파트너였다. 실제로 제네바에서 열린 국제연맹 1차 본회의에서는 에스페란토와 관련된 결의안이 제출되었다. 그 결의안에는 이런 구절이 들어 있다. '……그렇게 된다면 온 세상 어린이들이 지금부터 최소 두 개의 언어, 즉 자신의 모국어와 국제적이면서도 배우기 쉬운 소통 수단을 익히게 될 것입니다.' 학교에서 에스페란토를 가르치자는 이 제안은 결국 무산되고 말았지만 적어도 이념적으로는 국제연합의 전신이 자멘호프의 인공 언어를 적극 지원했다는 사실을 입증한다.

국제연맹의 지원은 강대국과 약소국, 많이 사용되는 언어와 그렇지 못한 언어 사용자들의 분열과 질투로 아무런 성과를 내지 못했다. 무엇보다 영어 탓에 자국의 언어가 밀리고 있다고 생각한 프랑스가 에스페란토의 보급에 반대했고 브라질이 이런 프랑스를 지지했다. 에스페란토의 앞길을 가로막은 회원국들의 맹목적 이기주의는 결국 국제연맹의 숨통까지 끊어놓았다. 국제연맹에서 합의를 끌어냈더라면 에스페란토는 국제 언어로서 전 세계에서 비약적으로 발전했을 것이다. 에스페란토 역시 든든한 파트너가 되어 국제연맹을 적극 지원할 수 있었을 것이다. 하지만 국제연맹은 잠재력을 발휘하지 못했고 결국 어느 모로 보나 이빨 빠진 호랑이로 전락하고 말았다.

이어진 이데올로기 전쟁은 상황을 더 악화시켰다. 1920년대 초에는 에스페란토 운동 자체가 시민계급과 노동자, 두 진영으로 분리되었다. 여기에 에스페란토가 불법 학설이나 활동 수단으로 오용되고 있다는 평계로 각종 방해공작과 억압정책이 곁들여졌다.

독일 최초의 공화국인 바이마르 공화국 시절에도 에스페란토는 뜨거운 논쟁의 분위기 속에서 좌파, 유대, 국제주의 등의 비난을 받았으며 심지어 독일어에 반대한다는 억울한 누명까지 썼다. 그럼에도 몇몇 학교는 에스페란토 수업을 개설했고, 사용자 수가 증가했다. 나치 시대가 되자 거부감은 박해로 이어져 강도를 높였다. 아돌프 히틀러는 1922년 뮌헨에서 이렇게 선언한다. "마르크스주의는 노동자들의 선동 수단이 되었고, 프리메이슨은 '정신적' 계층에게 해체 기계를 장만해주었으며 에스페란토는 '소통'을 수월하게 해준다고 떠들고 다닌다." 《나의 투쟁》에는 '유대인들의 보편언어 에스페란토'라는 구절이 등장하며, 1903년 당 기관지 《민족의 관찰자》에는 민족 화해란 독일인과 프랑스인이 만나 에스페란토로 떠듬거린다고 해서 이루어지는 것이 아니라 '국제 열강 뱀파이어들'과 싸워야만 이룰 수 있는 것이라고 적혀 있다.

그러니 히틀러 치하의 독일에서 에스페란토가 어떤 대접을 받았는지는 안 봐도 훤하다. 유대-볼셰비키 세계 음모의 수단이었을 것이다. 1933년 장미 월요일에 일어난 제국 의회 방화사건 이후 독일 에스페란토 노동자 협회는 해체되었고 에스페란토는 '공산주의자들의 비밀언어' 취급을 받았다. 이에 독일 에스페란토 연맹은 나치에 협력하며 생존의 길을 모색했고, 덕분에 오래전부터 계획했던 에스페란토 국제회의가 1933년 여름 쾰른에서 개최되기도 했다. 심지어 연맹의 기관지에 히틀러 연설과 반유대적 논조의 기사를 싣기도 했다. 물론 소극적이긴 하지만 저항도 없지 않았다. 1934년 독일 에스페란토 연맹 마그데부르크 지부가 '아리안 조항'을 적용해 한 명밖에 없던 유대인 회원을 강제 탈퇴시키자 회원의 4분의 1이 항의의 뜻으로 자진 탈퇴했다.

하지만 이러한 충성의 몸짓도 독일의 에스페란토 사용자들을 구원하지는 못했다. 1935년부터 국가는 모든 활동을 금지시켰고 방해와 박해의 강도도 심해졌다. 1936년 2월에는 히틀러의 대변인 루돌프 헤스가 나치 당원들에게 '모든 종류의 인공 언어 협회 가입'을 금지시켰다. 다음 해 이른 봄에는, 다 알다시피 베를린 하계 올림픽을 앞두고 외국을 의식해 자제했음에도, 국제 에스페란토 기구들의 국내 활동이 금지되었고 독일 조직에게는 자진 해산 명령이 내려졌다. 자진 해산하지 않았다면 국가가 나서 강제 해산시켰을 것이다. 많은 사용자들이 항복했고 몇몇은 언어와 이상을 위해 지하에서 활동하였다.

　다른 나라의 에스페란토 사용자들은 대부분 속수무책으로 지켜보기만 했다. 멀찍이 떨어져 남의 일 보듯 구경하기만 했는데 그나마 에스페란토 운동의 체면을 살린 곳은 유고슬라비아였다. 유고슬라비아 연맹이 명확한 반나치 입장을 표명하며 나치 독일과 확실하게 선을 그었다. 에스페란토 역사학자 울리히 린스의 말대로 "정치적 맹목으로 전환되는 지점에서 중립성은 무가치했다."

박해받은 국제주의
——

러시아의 에스페란토 운동은 1917년 10월 혁명 이후 비약적으로 발전했다. 차르의 박해는 사라졌고, 프롤레타리아트의 권력 이양과 세계 혁명의 목표에 에스페란토의 새 이름이 된 국제적 '세계 프롤레타리아트의 언어'만큼 적합한 수단이 없는 듯했다. 1921년 '소비에트 에스페란토 사용자협회'가 창설되었고 어학코스와 교과서의 수요가 폭발적으로 늘어났다. 에스페란토로 쓴 노동자 서신을 통해 세계의 모든 관심 있는 사람들에게 소련의 발전 현황을 전달하겠다는 취지였다.

　하지만 열기는 몇 년을 가지 못했다. 에스페란토 편지도 생각만큼 자유롭게 쓸 수 없었다. 당을 지지하는 입장에서 사회주의의 업적을 찬양하는 내용이어야 했다. 스페인, 포르투갈, 동아시아 등의 다른 독재 국가들 역시 국경을 넘는 에스페란토 편지에 의심의 눈길을 거두지 않았다. 그리고 결국 스탈린주의는 소련의 에스페란토 운동을 종식시켰다. 1937년부터 시작된 숙청 과정에서 수많은 에스페란토 사용자들이 체포, 암살되거나 시베리아 유형을 떠났다. 위장조직으로 정체를 숨긴 '국제 스파이조직의 적극적 조직원'이라는 죄명이었다. 당과 국가가 조직하고 감시하지 않는 국제적인 것은 모조리 의심을 받던 시절이었다. 별 뜻 없이 다른 나라의 우표를 모았던 우표수집가들까지 곤욕을 치렀다. 외국과의 접촉이 그들의 목을 옥죄었다.

　동유럽의 상황은 1945년 종전 이후에도 별반 달라지지 않았다. 냉전과 스탈린주의는 또다시 억압과 의심을 불러왔다. 동독의 경우 1949년 모든 에스페란토 조직이 해산되었다. 루마니아에선 종전 후 에스페란토 협회가 아예 재건되지 못했고 불가리아에서는 계획했던 에스페란토 대회가 열리지 못했다. 헝가리에서는 잠시나마 희망의 빛이 보였지만 1950년을 기점으로 에스페란토 운동은 막을 내렸고 체코슬로바키아는 1952년에 협회가 해산되었다. 창시자의 고향 폴란드 역시 사정이 다르지 않았다. 이런 빙하기는 1953년 스탈린이 사망하면서 끝이 났다. 더구나 이듬해 유네스코가 인공어의 소통적 가치를 인정함으로써 에스페란토의 위상이 크게 높아졌다. 그리고 1959년 마침내 자멘호프의 모국에서 제44번째 에스페란토 세계 대회가 개최되었다.

위대한 실패

냉전이 끝나자 에스페란토 조직 활동은 훨씬 수월해졌다. 정치적 긴장 완화가 소통과 협력을 돕고, 신 미디어의 등장이 거기에 박차를 가했기 때문이다. 그럼에도 에스페란토는 기대했던 만큼의 인기를 누리지 못하고 있다. 동서의 분열이 끝나도 소통의 국경은 사라지지 않았다. 물론 다른 인공어에 비한다면 에스페란토의 성과는 찬란하기 그지없다. 사용자 수가 100만에 이른다는 사실에서도 알 수 있듯 결코 실패한 언어가 아니다. 하지만 현 상황에서 한정된 영향력은 한탄할 만하다. 최대한 널리 보급해 민족 간 소통에 기여하고 민족주의를 없애겠다던 자멘호프의 이상은 전 세계적으로 볼 때 지극히 낮은 수준의 실천에 머무르고 말았다. 1920년대와 마찬가지로 국제기구들의 무관심과 무지, 그리고 자국 언어의 평가절하를 두려워하는 여러 국가와 문화들의 이기주의와 오만이 가장 큰 원인이라 하겠다. 또한 세계 수십억 인구가 세계 언어에 호감을 느낄 수 있기에는 국제연합과 유네스코의 지원만으로는 역부족이다.

에스페란토가 아무리 간단명료하여 배우기 쉬운 언어라 해도, 언어의 보급에는 실용성보다 문화적 혹은 역사적 근거가 더 큰 영향을 미치는 법이다. 라틴어가 널리 사용된 것은 로마 제국의 확장과 그 궤도를 같이한다. 프랑스어가 귀족과 외교의 국제 언어가 된 것은 파리의 궁정이 기준을 제시했기 때문이며 오늘날 영어가 세를 확장한 데는 서구 사회가 세계의 경제적 · 정치적 주도권을 획득했고 영국에 이어 미국인들이 서구를 이끌었기 때문이다. 물론 영어가 널리 보급된 데에는 상대적으로 배우기 쉽고 기본 지식만 있으면 대충 소통이 가능하다는 측면도 작용했다. 하지만 영어가 세계 최고의 언어라는 자리를 장기적으로 유지할 수 있었던 것은 무엇보다 서구 사회가 오래도록 주도권을 잃지 않았기 때문이다.

에스페란토의 실패는 많은 지점에서 평화운동이나 사형제도 철폐 운동의 실패와 일맥상통한다. 전 인류에게 다가가 세상을 지속적으로 변화시키겠다는 이상주의는 결코 실현될 수 없는 꿈이다. 그럼에도 그런 이상주의적 노력의 실패가 위대한 것은 비록 비현실적이지만 그 목표의 숭고함은 영속할 것이기 때문이다. 보편적 세계 언어 에스페란토는 그 자체로는 실패한 프로젝트가 아니다. 세상이 완벽하지 않기 때문에, 나아가 완벽해질 수 없기에 실패한 것이다. 그러니 어떤 역경에도 씩씩하게 그 목표를 향해 나아가야 하는 것이 우리 인류가 짊어진 숙제요 사명인 것이다.

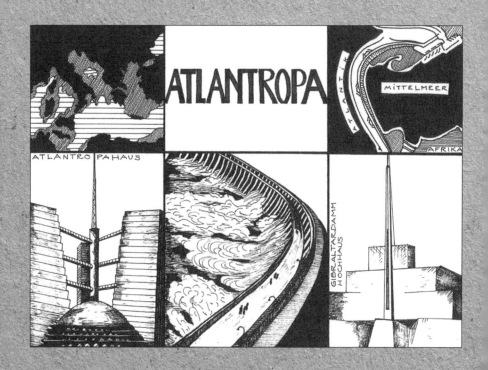

Chapter 6

세계 지도를 바꾼다

– 헤르만 죄르겔의 아틀란트로파

✺　　　2200년의 세상. 3대 진영이 세상을 지배한다. 판아메리카, 아시아, 그리고 아틀란트로파. 유럽 구대륙은 '서구의 몰락'을 저지하고 세계 경쟁에서 뒤처지지 않기 위해 남쪽으로 영토를 확장하였다. 지중해의 물을 빼서 거대한 신대륙을 확보했으며 이를 아프리카와 연결시켰다. 검은 대륙 아프리카는 유럽의 손길을 받아 개발의 길을 걷고 있으며 풍부한 아프리카의 자원은 유럽에 큰 도움을 준다. 1930년 이후 미래를 내다보는 기술적·정치적 비전으로 한 걸음 한 걸음 현실이 된 신대륙 아틀란트로파는 베른에 중앙정부를 두고 있다.

인류 최대의 프로젝트가 착공된 이후 유럽은 평화의 길을 모색했고 유럽 각 민족들은 뜨겁게 단결했다. 그렇게 쌓은 힘으로 아틀란트로파는 외부의 적을 막아내고 세계열강으로 성장하였다. 세계 최대의 수력발전소는 대륙에 깨끗한 에너지를 공급하고 (사하라를 포함한) 북아프리카는 비옥한 영토로 탈바꿈하였다. 북남 철도가 파리와 다카르, 베를린과 케이프타운을 이어준다. 거대한 지브롤터 댐은 신대륙의 상징 건축물로, 관광객들이 가장 많이 찾는 관광명소로 자리 잡았다. 그것 말고도 댐을 두 개 더 축조해 150년에 걸쳐 지중해 해수면을 서서히 떨어뜨렸기 때문에 지중해 가 두 갈래로 나뉘면서 프랑스와 벨기에를 합친 면적만큼의 신대 륙이 만들어졌다. 이 새 해안선을 따라 국제 건축가들이 초현대식 항구 도시를 건설했다. 마르세유나 베네치아 같은 도시들은 아쉽 게도 해안도시라는 천혜의 입지 조건을 잃고 말았다. 지중해의 세 상은 유럽과 아프리카 모두가 살기 좋은 곳으로 변신했다.

아틀란트로파의 창시자가 프로젝트를 실현했다면 아마 지금 세 상은 이런 모습일 것이다. 그런 과대망상에 가까운 사업 계획을 가슴에 품었던 남자의 이름은 헤르만 죄르겔Herman Sörgel로, 지중 해 해안에서 먼 바이에른 오버팔츠 출신이었다. 1885년 레겐스부 르크에서 태어났고 1904년부터 뮌헨 공대에서 건축을 공부했으 며 1908년에는 공직에 뛰어들었다. 그는 여러 모로 베를린 최고 건축 공무원으로 출세한 아버지의 족적을 좇았다. 수력발전소 프 로젝트에 대한 관심 역시 아버지 덕분이다. 그는 수력발전소 프로 젝트를 대규모 건축 프로젝트와 결합시켰고, 그를 통해 '아틀란 트로파'를 탄생시켰던 것이다.

그런 '망상'을 품은 남자가 국가 기관에서 환영받지 못한 건 그 리 놀랄 일이 아니다. 사망기사에도 헤르만 죄르겔은 독자적인 사고력으로 빛나는 시민계급의 경력을 내던진 '창조적 정신' 중 하나였다는 구절이 들어 있다. 그로서는 건축 관청도, 밤베르크 건축 기술자 학교도 성에 차지 않았다. 그는 더 높고 더 위대하고 더 센세이셔널한 것을 추구했다. 하지만 박사학위가 두 개나 되는데도 뮌헨 공대에서 납득할 만한 이유 없이 채용을 거부당하자 상대적으로 활동의 여지가 큰 학자의 길을 걸을 수 없게 되었다. 그렇게 손상된 자존심은 자신과 완전히 동일시한 프로젝트에 창의력과 에너지를 몽땅 쏟아 붓는 계기가 되었을 것이다.

현대를 향하여

────

1914년 죄르겔은 뮌헨으로 돌아가 프리랜서로 건축가, 기자, 출판업자로 일했고 1925년 미국을 여행했으며 이듬해 결혼을 했다. 전후의 뮌헨에서 그는 슈바빙의 보헤미안 예술가들과 교류하는 전통적이고 몽환적이며 지성적인 자유정신으로, 1914년의 구 유럽과 1차 대전 후의 몰락을 경험했고 그로부터 교훈을 얻은 세대였다. 과거로 돌아가지 마라! 전쟁은 안 된다! 확신과 의욕을 갖고, 더불어 야간외 지만도 걷들어 단호히 밝은 현대를 향해 출발하자! 나아가 그는 비교秘敎에 관심이 많았고 레벤스레포름Lebensreform(생활 방식 개혁) 운동가들 및 신지론神智論자들과 교류했으며 독일 국수주의와 거리를 두고 문화적 보편주의를 지지했다. 정치와는 거리를 두었지만 바이마르 공화국의 지지자였고 2차 대전 이후 유럽 통합 과정의 전신인 판유럽 이념을 지지했다. 그래서 처음엔 자신의 프로젝트를 판로파라고 불렀지만 판유럽과 너무 비슷해 이름을 바꾸었다.

건축가로서 죄르겔은 르 코르뷔지에, 미스 반 데어 로에, 발터 그로피우스, 브루노 타우트의 세대에 속한다. 초기 작품 중에는 기존 교회들과 새로 지은 고층건물들이 프라운키르헤를 빙 둘러 에워싸고 있는 모더니즘적 뮌헨 설계도도 있었다. 그는 비전이 넘쳐나고 그 비전을 맹렬하게 추진할 줄 아는, 자기 확신과 효율성을 갖춘 인물이었다. 그래서 뮌헨도 암스테르담처럼 '선입견을 버리고 시대를 향해 문을 활짝 열어 새로운 것을 취할 용기를 내라고' 요구했다. 하지만 그의 외침은 반향을 얻지 못했다. 뮌헨은 그의 이념을 실천할 만큼 혁신적이고 용감하지 않았으며, 독일의 상황 역시 마찬가지였다. 신생 공화국은 1차 대전과 베르사유 조약의 그늘에서 벗어나기 위해 안간힘을 썼지만 1923년의 인플레이션과 1929년의 세계 경제 위기 등 계속되는 역공에 시달렸다. 헌법은 민주적이었지만 정치적 불안은 계속되었고 결국 1933년 나치에게 권력을 이양하면서 짧은 수명을 마치고 말았다. 지금까지도 그 시대를 흔히 황금의 20년대라 부르지만, 사실 그것은 시대를 대변하는 개념이 아니었다.

1차 대전과 2차 대전 사이 유럽은 경제적 어려움과 정치 및 사회의 급진화 추세로 불안하기 짝이 없었지만 다른 한편에서는 진군의 방향을 두고 다양한 논쟁이 벌어졌던 시기이기도 하다. 신생 공화국은, 나아가 유럽은 어느 길로 가야 하는가? 미국을 모델로 삼은 조건 없는 현대화인가? 아니면 전통적 가치를 고려한 현대화인가? 민족주의로의 귀환인가? 전 유럽의 단합인가? 발전의 기회는 고삐 풀린 자본주의에 있는가 아니면 당시 전 유럽에서 지지자를 확보했던 소련의 길인가?

급진화와 이데올로기화로 양 극단의 중개는 불가능에 가까웠다. 예를 들어 건축과 도시 건설 분야에서는 구성주의와 기능성은 진보적이지만 일체의 허식과 토착적 요소는 반동 취급을 받았다. 무조건적인 현대성! 그것이 르 코르뷔지에의 '주거 기계'나 파리 부아쟁 계획 같은 의심스러운 기형을 낳았다. 그의 파리 부아쟁 계획은 넓은 고속도로를 닦고 고층건물을 세우기 위해 구도시를 최대한 많이 허물자는 요지였다. 한편에서는 낡은 것과의 급진적 결별에 환호했지만 다른 쪽에서는 문화를 모르는 무지한 행각이라고 비난했다(물론 본격적인 철거 작업이 시작된 것은 2차 대전 후 도시 재건 사업의 일환으로 폭격당하지 않은 건물들까지 제거하면서부터다).

유럽은 이미 돌이킬 수 없이 기울었고, 지금처럼 갈가리 흩어진 상태에서는 도저히 세계와의 경쟁을 이길 수 없다는 염세적 관점도 널리 퍼졌다. 북미와 남미에서 목격되는 역동성, 신생 소비에트 공화국의 혁명적 변화와 비교할 때 전혀 근거 없는 진단은 아니었다. 많은 이들이 유럽은 제 손으로 지은 새장 속에 갇혀 어떤 발전 가능성도 차단되었다고 생각했다. 여기서 말하는 새장이란 전통과 역사, 전쟁의 후유증, 그리고 지리적 한계였다. '생활권'이라는 용어가 유행어가 된 것은, 유럽 대륙이 발전하려면 지리적 제약에서 벗어나야 한다는 필연성의 반영이었다. 그 말은 모든 관점에서 새장을 부숴야 한다는 의미였다. 그리고 기술과 진보만이 인류가 걸어야 할 올바른 길이라고 생각했다. 환경과 사회에 미치는 부작용이 벌써 나타나기 시작했지만 기술 발전에 대한 믿음은 식을 줄을 몰랐다. 문화란 인간이 만든 것, 인간이 자연에 개입한 것이라는 믿음이 워낙 확고했기에, 인간의 질서는 자연의 카오스와 대비되며 자연보다 월등히 우월한 것, 그러기에 정당한 것이라 생각했다.

'서구의 몰락'이라는 공식 역시 엄청난 반향을 불러일으켰다. 1918년과 1922년에 나온 오스발트 슈펭글러Oswald Spengler의 동명 저서는 베스트셀러가 되었다. 슈펭글러는 유럽 구대륙이 역사적 종말을 맞이했고 더 이상 미래가 없다고 보았다. 열광적인 슈펭글러의 추종자였던 죄르겔 역시 유럽이 위태롭다는 견해에 공감했다. 하지만 그의 염세주의까지 받아들이지는 않았다. 아마도 그는, 현대 기술로 유럽의 위기를 극복할 수 있다고 생각했을 것이다.

유럽이여, 어디로 가시나이까?

1920년대, 수많은 유럽 예술가, 건축가, 경제전문가, 정치가들이 미국과 신생 소비에트 공화국을 찾았다. 그곳에서 느껴지는 약동의 분위기는 유럽이 뼈저리게 갈망하는 바로 그것이었다. 물론 미국의 기형적인 경제 시스템과 규제 없이 뻗어가는 도시의 추악함을 비난하는 목소리도 없지 않았지만 많은 이들이 그곳에서 '진짜 현대'를 꿈꾸었다. 죄르겔은 미국엔 문화가 없다고 느꼈지만 그들이 이룩한 문명적·기술적 성과를 보며 미국의 미래를 확신했다. 미국의 거칠 것 없는 발전에 충격과 감동을 받은 이가 죄르겔뿐인 것은 아니었지만 특히 그는 그곳에서 기술, 건축, 세계관과 관련된 평소의 확신을 꿋꿋하게 실천하기로 굳게 마음을 먹었던 것 같다.

미국에서 돌아온 후 잡지 《건축술》의 편집자 일자리를 잃게 되자 그는 잠시 미국으로 이민을 갈까 고민했다. 하지만 계획은 좌초되었고, 죄르겔은 훗날의 고백대로 '필생의 사업'이 되어버린 프로젝트, 아틀란트로파에 매진한다. 자신의 표현을 빌면 그는 '윤리 이론과 논쟁 저서들을 실컷 읽고 (······) 본능적으로, 그리고 어쩌면 무의식적으로 세계 개선의 보다 실천적 가능성'을 향해 달려갔다. 공동의 노력으로 유럽에 내적 평화와 외적 경쟁력을 선사할 수 있을 것이다. '유럽과 아프리카는 거대한 대륙으로 결합될 것이며, 판아메리카와 아시아 사이의 거대한 굄돌로 오래도록 승승장구할 수 있을 것이다.' 유럽의 생활권 확대 노력을 보며 죄르겔은 기존의 지리정책이 수동적이라고 비판했다. '인간은 현대 기술을 이용해 적극적으로 지리적 현황을 변화시키고 그것을 바탕으로 미리 만들어놓은 정치적 이상을 실현시킬 수 있다.' 문제는 그 비전을 실현하겠다는 결정권자들의 추진력이 부족하다는 것이었다. '기술의 실현 가능성은 주어졌고 자본은 마련되었건

만, 의지는 어디에 있는가?'

그렇다고 해서 헤르만 죄르겔이 유럽의 해방을 모색하기 위해 프로젝트를 추진했다는 뜻은 아니다. 그보다는 확신과 이익 둘 다를 일거에 양득할 수 있는 데다 그동안의 실패를 딛고 일어서게 해줄 필생의 과제를 찾고 있었다고 보는 편이 더 옳을 것이다. 훗날 스스로 고백했듯 아틀란트로파 계획은 우연히 떠오른 것이었다. 1927년 뮌헨 슈바빙에서 한 친구와 저녁 시간을 보내던 중 잠시 대화가 멎은 틈에 그의 눈길이 마침 지중해의 지도가 펼쳐진 지도책에 가 닿았던 것이다. "바다 부분을 색깔로 표시를 해놓아서 해저의 선이 두드러지게 드러났다. 갑자기 지중해가 내해였구나, 하는 생각이 머리를 스치고 지나갔다. (……) 그 순간부터 나는 지중해의 해수면을 낮추자는 아이디어에 골몰하게 되었다. 그날 이후 지중해를 전 유럽과 아시아를 위한 발전소로 바꿀 수 있다는 확신에서 한순간도 벗어날 수 없었다." 지중해의 지도를 본 순간 수력 에너지에 대한 지식이 발동되면서 거대한 설계안의 충동이 일었고 이것이야말로 그동안 꿈꾸었던 필생의 과업이라는 확신이 들었던 것이다. 그로부터 세상을 떠나는 순간까지 거의 사반세기에 이르는 시간 동안 그 프로젝트는 헤르만 죄르겔의 일과 삶의 중심을 차지했다.

스페인과 모로코를 잇는 지브롤터 해협은 폭이 14킬로미터에 불과하지만 대서양의 풍부한 바닷물을 지중해에 공급해 막대한 양의 증발수량을 채워준다. 죄르겔의 계산으로 지브롤터 해협을 통과하는 물은 초당 9만 입방미터에 육박하여 나이아가라 폭포보

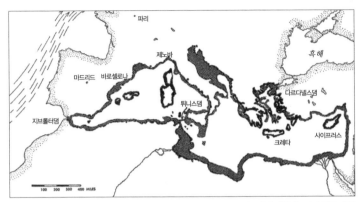

다 12배가 더 많다. 1년 치를 합하면 대서양이 지중해에 공급하는 물의 양은 2762입방킬로미터다. 이 유입량과, 그보다는 훨씬 양이 적지만 흑해에서 흘러드는 물이 없다면 지중해는 점차 고갈되고 말 것이다. 강에서 흘러드는 유입량과 강수량은 증발수량의 30퍼센트밖에 안 되기 때문이다. 게다가 튀니스와 시칠리아 사이에 턱이 있어서 지중해는 평평한 서쪽 지역과 더 깊은 동쪽 지역으로 나누어진다. 서쪽의 지중해는 깊이가 평균 2000~3000미터밖에 안 되지만 그리스의 펠로폰네소스 서남쪽의 가장 깊은 곳, 즉 마타판곶 앞의 칼리포 심해는 깊이가 5121미터에 달한다.

쇠르겔은 지중해를 수력발전소로 만들고자 했다. 그 발전소가 건설된다면 지중해 자체는 물론이고 이웃한 두 대륙에도 막대한 영향력이 미칠 것이었다. 그의 계획은 지질 변화로 만들어진 바다가 반드시 영구토록 유지되지는 않을 것이라는 생각에서 시작되었다. 지브롤터 해협이 대서양과 유일하게 통하는 연결 지점인 만

지브롤터 댐 세부 계획

큼 우선 지중해의 서쪽 끝에 3개의 댐을 건설하고, 다음으로 거대한 댐을 하나 더 만들어 대서양에서 유입되는 물을 막는다. 그 첫 계획안에서는 바닷물의 높이를 500미터 줄이기로 예측했지만, 이내 서쪽은 100미터, 동쪽은 200미터로 계획을 수정했다. 그리고 바닷물 깊이가 가장 낮은 지점을 따라서 큰 원을 그리며 스페인에서 모로코까지 20킬로미터의 지브롤터 댐을 건설하여 지중해로 유입되는 물의 양을 제한하고 통제할 예정이었다. 댐의 토대는 두께가 1600미터에 이르고 윗부분도 폭이 100미터로, 몇 입방킬로미터의 건축자재를 쏟아 부어야 할 판이었다. 그 엄청난 양의 자재를 조달하자면 타리파 시를 포함하여 스페인의 코스타데라루스의 일부가 흔적도 없이 사라져야 한다. 그리고 운하를 통해 대서양에서 지브롤터 해협 양편에 지은 발전소로 물을 공급한다. 유럽 쪽에 지을 길이 4킬로미터의 세계 최대 발전소는 거대한 터번으로 전기를 생산할 것이다.

또 거대한 수문을 만들어 대서양으로 가는 뱃길을 유지할 것이다. 거기에 다시 세계 최고의 기록이 하나 더 추가된다. 바로 그곳, 지브롤터 댐에 세계에서 가장 높은 건물을 지어 아틀란트로파의 상징으로 삼을 것이기 때문이다. 강철과 유리를 사용한 높이 400미터의 건물, 그 밑으로는 거대한 대양 기선들이 지나다닐 것이다. 1930년부터 짓기 시작한 뉴욕의 엠파이어스테이트 빌딩은 70년대 초까지도 세계에서 가장 높은 건물이었다. 만일 지브롤터 댐의 고층건물이 완공되었다면 일찍부터 엠파이어스테이트 빌딩과 최고의 자리를 두고 경쟁을 벌였을 것이다. 뉴욕의 전망대에 올라간 관광객들은 눈앞에 펼쳐진 도시의 풍경에 감탄했지만 지브롤터 댐을 찾은 관광객들은 거대한 댐 시설과 서쪽으로 펼쳐진 끝없는 대서양에 입을 다물지 못했을 것이다. 몰려드는 관광객의 수요를 감당해줄 관광센터도 계획에 포함되었다. 동시에 마천루 위에 군사시설을 짓고, 앞쪽에 요새를 구비한 방어 댐을 건설해 댐 시설을 보호하기로 했다. 전쟁이 일어나면 이 프로젝트가 아틀란트로파를 위협할 아킬레스건이 될 수 있기 때문이다. 만일 댐이 무너진다면 힘들여 막아놓은 대서양의 물이 다시 막무가내로 유입돼 공든 탑을 순식간에 무너뜨릴 것이다.

지브롤터 해협의 남쪽, 즉 아프리카 쪽에는 인공폭포를 지어 대서양의 해수 유입을 규제한다. 댐 위에 계획한 자동차도로는 치솟는 관광수요를 충당할 것이다. 최대 폭이 1킬로미터에 달하는 거대한 인공폭포가 그 유명한 나이아가라 폭포와는 비할 바가 안 되는 관광명소가 될 것이기 때문이다. 지중해의 다양한 풍경을 한자리에 모은 아틀란트로파 국립공원 시설도 계획되었다. 죄르겔은 지브롤터 댐의 건설 기간을 10년으로 예상했다.

나아가 동쪽 다르다넬스 해협, 터키의 차낙칼레 시 근처에 훨씬 규모가 작은 댐 하나를 지어 흑해의 유입량을 조절한다. 흑해로 유입되는 강 중에서 도나우와 드네프르처럼 큰 강은 수량이 많으니 범람하지 않도록 유의해야 한다. 또 갈리폴리 반도를 가로지르는 운하를 건설해 선박들이 흑해에서 마르마라 해를 거쳐 에게 해까지 운항할 수 있도록 한다. 이곳에도 거대한 수력발전소를 지어 전기를 생산한다.

200년이 더 걸리는 프로젝트
———

하지만 죄르겔의 계획은 인내심을 필요로 했다. 외부에서 유입되는 물이 없을 경우 지중해는 강과 비로 채워지는 물보다 더 많은 양이 자연스럽게 증발된다. 유입되는 물을 완전히 차단할 경우 해수면은 연간 1.65미터씩 내려갈 것이다. 죄르겔의 계산으로는 건설 초기 단계에 지브롤터 발전소를 지을 수 있으려면 연간 80센티미터씩 줄어들어야 한다는 결론이 나왔다. 지중해 서쪽은 100미터를 줄이면 되지만 동쪽은 200미터를 줄여야 했기에 추가로 댐이 하나 더 필요했다. 이탈리아 남부에서 시칠리아를 거쳐 튀니스까지 이르는 댐이었다. 총 길이 66킬로미터의 그 튀니스 댐에는 아틀란트로파에서 두 번째로 큰 발전소를 짓는다. 총 3개의 주 발전소와 추가의 부설 발전소들이 당시 유럽 발전소 전체의 생산량에 맞먹을 양의 전기를 생산할 것이다. 마지막으로 아프리카 북부에 신대륙 아틀란트로파의 수도를 지을 계획이었다. 현재의 튀니스 자리에 인구 1200만 명의 도시를 예상하였다.

그런데 죄르겔이 예상한 지중해 서쪽의 증발 기간은 무려 120년이었다. 해수면을 200미터 줄여야 하는 튀니스 댐 동쪽은 심지어 250년이 걸릴 예정이었다. 1930년에 건설을 시작해도 21세기 초까지 여전히 프로젝트는 1단계를 넘어서지 못할 것이다.

공사가 다 끝나면 지중해는 5분의 1로 줄어들 것이고, 57만 6천 평방킬로미터, 프랑스와 벨기에를 합친 면적에 해당하는 육지가 생긴다. 지중해의 얼굴은 완전히 달라질 것이다. 많은 지역, 특히 서쪽보다 해안이 낮은 동부의 경우 해안선이 지금보다 훨씬 바다 쪽으로 더 나아갈 것이다. 가르가노 산맥(이탈리아 장화의 박차 부분)의 북쪽에 자리 잡은 깊이가 최고 200미터에 이르는 아드리아 해의 평평한 분지는 그리스 에게 해의 일부와 마찬가지로 세상에서 사라지고 없을 것이다. 작은 그리스 섬들은 뭉쳐 큰 섬이 될 것이고, 지중해 서부의 코르시카, 사르데냐, 이비사, 포르멘테라, 마요르카, 메노르카, 그사이의 시칠리아와 몰타까지 하나의 큰 대륙이 된다. 그렇게 커진 시칠리아 땅은 해수면의 하강으로 메시나 해협이 사라지면서 이탈리아와 하나가 될 것이다(선박 운항을 위해 죄르겔은 갑문을 이용해 해협을 유지할 계획을 세우고 있었다). 제르바, 엘바, 이스키아, 카프리, 사모스, 레스보스, 코스 등 다른 섬들도 육지와 연결된다. 사이프러스는 크레타와 마찬가지로 면적이 어마어마하게 늘어난다.

죄르겔의 계획은 유럽과 지중해에 멈추지 않았다. 유럽과 아프리카가 연결된다면 엄청난 발전 가능성이 있을 것이라 생각했기 때문이다. 넘쳐나는 지중해의 물을 대면 아프리카의 이웃국가들에 최대 300만 평방킬로미터에 이르는 비옥한 경작지를 만들 수 있다. 훗날 죄르겔은 거기서 한 걸음 더 나아가 콩고 분지(당시는 벨기에 식민지였다)에 폴란드 면적의 3배에 가까운 90만 평방킬로미터 규모의 거대한 담수호를 건설한 계획도 세웠다. 차드(당시 프랑스령), 오늘날의 잠비아(당시는 영국보호령으로 북로디지아라고 불렸다), 짐바브웨(당시는 영국령으로 남로디지아라고 불렸다)에도 추가 담수호를 계획했다. 죄르겔은 도시화와 관개뿐 아니라 유럽에 긍정적으로 작용할 기후 효과에도 주목했다. 북부의 기온이 온화해질 것이고, 전체적으로 아프리카와 유럽의 기후가 비슷해질 것이라고 생각했다.

아틀란트로파 프로젝트와 북아프리카와 중앙아프리카의 추가 계획이 모두 실행에 옮겨질 경우 발생할 기후 변화는 뜨거운 논란의 대상이었다. 아프리카에 거대한 호수가 생기면 강수량이 늘어날 것이라는 주장은 호응을 얻지 못했다. 지중해 면적이 줄어들면 증발량도 줄어 유럽의 강수량이 줄어들지도 모른다는 주장 역시 타당성을 입증하지 못했다. 해저의 지각구조에 미칠 악영향, 지진이나 화산폭발이 댐에 미칠 예상치 못한 영향을 경고하는 목소리도 나왔다. 지브롤터 댐이 유럽 기후에 중요한 멕시코 난류에 어떤 영향을 미칠 것인지도 격렬한 논란의 대상이었다. 지중해의 수량이 줄면 안 그래도 높은 염분 함량이 더 높아지지는 않을까? 염분이 많은 지중해에 생긴 땅이 과연 얼마나 비옥할까? 거대한 수량이 방향을 바꾸면서 지축이 이동할 위험도 제기되었다. 나름의 과학적 지식으로 뒷받침한 찬반론은 기후변화를 둘러싼 지금의 격렬한 토론을 연상시킨다. 하지만 당시만 해도 자연을 존중하고 인간의 손길을 최소화하자는 목소리는 거의 들리지 않았다. 헤르만 죄르겔은 환경에 미칠 악영향과 기술적 가능성에 대한 그런 우려들에, 때로 실보다 득이 많은 위대한 과업을 외쳤고 때로는 장기간에 걸친 사업 성격상, 많은 문제들이 기술 발전을 통해 극복될 것이라는 반론으로 대응했다. 수십 년 안에 핵폐기물 문제가 금방 해결될 것이라는 낙관론으로 일관하는 핵산업체의 반응과 별반 다르지 않다.

건축가들의 놀이터

그런 식의 대규모 프로젝트는 건축가와 기술자들이 환영해 마지 않는 놀이터였을 것이며, 우려와 두려움보다는 엄청난 매력을 발산했을 것이라는 사실엔 이론의 여지가 없다. 어쨌거나 비교할 바 없는 세기의 프로젝트였으니 말이다. 갑문과 운하, 관리시설, 수비시설 등의 부대시설을 구비한 댐만 짓자는 게 아니었다. 새로 얻은 육지에 들어설 도시들을 제도판 위에서 만들 수 있는 기회였다. 헤르만 죄르겔의 호언장담이 얼마나 대단했는지 유명한 건축가들까지 지원을 약속했다. 그중에는 에리히 멘델스존, 르 코르뷔지에, 발터 그로피우스, 한스 필치히, 루드비히 미스 반 데어 로에, 브루노 타우트, 에밀 파렌캄프, 페터 베렌스 같은 유명인들도 끼어 있었다. 유명세는 덜하지만 도시와 개별 건물, 운하와 공원시설 등을 설계해보겠다고 늘어선 건축가들의 줄도 만만치 않게 길었다. 독일과 오스트리아, 네덜란드, 스위스의 건축가 길드에서 지원자들이 몰려들었다. 건축 및 도시 건설과 관련된 사람이라면 누구든 한 번쯤 귀가 솔깃했을 테니 말이다. 물론 베를린의 건축비평가 율리우스 포제너처럼 그 프로젝트를 천재적이면서도 섬뜩하다고 느낀 사람들도 적지 않았다. 건축가 프리츠 회거는 '지옥의 바닥을 본 인류가 환한 산꼭대기에 오르기를' 바라며 이를 위해 죄르겔의 아틀란트로파가 크게 기여할 수 있을 것이라는 희망을 피력했다.

신도시에 들어설 건물들은 아직 설계를 할 필요조차 없었다. 해수면 하강이 몇 세대에 걸쳐 이루어질 것이므로 실제 건물의 설계가 시작될 시점이면 이미 건축기술은 물론 양식 면에서도 전혀 다른 시대가 도래할 것이다. 하지만 죄르겔은 홍보를 위해 아틀란트로파의 얼굴이 되어줄 매력적인 설계와 계획안이 필요했다. 실제 당시의 설계도들은 지금까지도 엄청난 매력을 발산한다. 바우하우스 세대와 그 제자들의 모던 건축도 이미 클래식이 되어버린 시점에서 실로 다양한 도시 계획안이 배출되었다. 특히 해안선의 위치가 바뀌면서 생겨날 새로운 항만시설과 신 항구도시들에 관심이 쏟아졌다. 하지만 거꾸로 생각하면 바로 이 지점이 문제가 될 수도 있었다. 새로운 것만 탄생하는 것이 아니라 옛것이 얼굴과 기능과 경제 기반을 상실할 것이기 때문이다. 무엇보다 프랑스 지중해 해안과 이탈리아 아드리아 해의 항구도시들이 타격을 입게 된다. 마르세유와 베네치아 같은 도시들이 열광적 반응을 보일 리 없었다. 그러기에 프로젝트는 세부적으로 새로운 것의 이점과 매력은 광고하면서도 반대로 우려되는 점들은 별로 거론하지 않았다.

지브롤터 댐의 아프리카 쪽 끝부분에는 거대한 항만시설 옆에 신 탕헤르를 지을 예정이었다. 빈 조형예술 아카데미에서 페터 베렌스가 맡은 마이스터 과정의 계획안에 따르면 부채 모양의 수평 단면에 휘어진 거대한 유리 고층건물이 서 있고 그 사이로 방사상의 자동차 망이 지나간다. 남부 프랑스에서는 아를르 앞쪽의 론 강을 둑으로 막고, 새로 생긴 땅과 갑문 계단을 이용해 유출구를 지중해로 이어지게 만들 계획이었다. 마르세유와 아를르의 항구를 대체하기 위해서는 티롤의 건축가 루 발첸바허가 론 항의 신도시를 설계하였고, 철도와 배를 이용해 이 도시를 구 도시들과 연계시킬 예정이었다. 어쨌든 해수면이 하강하는 첫 10년 동안에는 마르세유도 앞으로 나아가는 해안선과 더불어 성장할 것으로 예상되었다.

신 제노바를 위해서는 뮌헨의 건축가 빌리발트 페르버와 게오르크 아펠이 기존 비행장과 연결된 수상 비행장을 갖춘 거대한 항구를 설계했다. 바로크 모델 도시의 단면도에서 아이디어를 차용해, 두 채의 마천루가 호위하는 분수를 새 해안선에 만들어 해수면 하강 후 남은 수면 위로 멀리 구 시가지를 볼 수 있게 함으로써 기존 제노바의 그림 같은 풍경은 유지한다.

수에즈 운하도 빼먹지 않았다. 포트사이드 역시 이집트의 새 해안선까지 연장돼 비행장, 수상 비행장, 기차역을 구비한 현대식 신도시와 항구를 갖추게 될 것이다. 하지만 베네치아는 박물관처럼 변할 것인데, 도시는 여전히 물가에 위치한다는 인상을 풍기기 위해 죄르겔이 훨씬 앞쪽에 댐을 계획했기 때문이다. 이제는 바다에서 450킬로미터나 떨어진 곳이지만 어쨌든 바다로 가는 운하를 계획한 것이다. 지중해 주변의 모든 소프로젝트를 지휘하는 지도부는 배를 타고 계속해서 공사 현상들을 이리저리 떠돌기로 하였다.

진공의 아프리카

프로젝트에서 가장 중요한 건축물은 3개의 댐이었다. 죄르겔은 그곳에 눈에 띄는 상징 건물을 세우고 싶어 했는데, 일명 아틀란트로파 하우스다. 이곳에 신대륙을 관리할 총 지도부가 들어갈 예정이었다. 본부는 중립국인 스위스에 지을 예정으로 일단은 바젤에, 그 다음엔 베른으로 자리를 옮기기로 했다. 죄르겔이 만든 첫 설계도에는 숫자 3에 대한 그의 선호가 잘 반영돼 있다. 사원처럼 세 개의 옥외 계단이 삼각형의 플랫폼으로 이어지고, 플랫폼 위에는 지구를 상징하는 반구 모양의 건물이 버티고 있다. 플랫폼 구석에는 세 개의 고층건물이 자리하고 있는데 위로 갈수록 좁아지며, 맨 꼭대기가 서로를 연결하는 다리다. 이 세 개의 탑에 아틀란트로파 정부를 움직이는 세 부서, 정치, 경제, 기술부서가 들어갈 예정이었다.

실행에 옮기기 쉽지 않은 이 건축물을, 앞에서 인용한 표현주의 건축가 프리츠 회거가 나서 지금까지도 아틀란트로파 프로젝트의 상징적 건물로 인정받는 미래주의적 건축물로 탈바꿈시켰다. 그는 20년대에 이미 함부르크의 사무용 빌딩 여러 채와 공장 건물을 설계해 이름을 떨친 인물이었다. 그가 설계한 아틀란프로파 하우스는 높이가 30미터이고, 반구의 천장에 직경이 100미터인 둥근 행사용 로비가 있으며, 그 건물을 중심으로 높이가 100미터인 사무용 탑 3개가 가장자리에 포진해 있고, 유리로 만든 다리구조물이 이 탑들을 주 건물의 둥근 천장 한가운데로 연결시킨다. 천장 정중앙 위로는 150미터 전파 송신탑이 솟아 있다. 아틀란트로파 하우스는 이 범인류 프로젝트의 이념적 중심지가 될 예정이었다. 따분한 사무 및 행정 업무 이외에 그곳에서 무슨 일을 할 것인지, 헤르만 죄르겔이 구상한 내용을 보면 아틀란트로파에 대한 그의 비전을 여실히 알 수 있다. 아틀란트로파는 기술적 프로젝트일 뿐 아니라 기술에 대한 열광과 인간의 능력에 대한 믿음이 결합된 곳, 종교를 초월한 단결과 민족 간 소통, 새롭게 등장할 열강의 이데올로기적 이념이 집약된 곳이기 때문이다. 국기도 마련했다. 가로로 그어진 세 가지 색깔 빨강, 파랑, 검정은 번영하는 유럽, 지중해의 물, 그리고 검은 대륙 아프리카를 상징한다.

아프리카라고? 어쨌거나 프로젝트는 유럽과 아프리카 대륙을 결합시킬 것이다. 하지만 헤르만 죄르겔은 아프리카를 '유럽의 문 앞에 서 있는 기대해도 좋은 진공'이라고 불렀다. 그가 검은 대륙을 어떻게 생각하는지를 분명히 드러낸 대목이다. 그가 바란 것은 통합이 아니라 유럽의 확장이었다. 지중해를 넘어 어차피 대부분이 유럽의 식민지였던 아프리카까지 유럽 땅을 넓히자는 것이었다. 따라서 아프리카뿐 아니라 세계 교역의 효율성을 높이기 위해 두 개의 철도노선을 예정했다. 하나는 지브롤터 댐을 지나 아프리카 서부 다카르에 이르는 노선으로, 아프리카와 남미의 최단거리가 될 그곳에서 배를 이용하면 브라질에 금방 도착할 수 있다. 또 하나는 튀니스 댐과 시칠리아, 튀니지를 잇는 현수교를 지나서 케이프타운까지 이어지는 노선이다. 죄르겔이 보기에 프로젝트의 직격탄을 맞을 유럽 국가들에게는 우려를 불식시키고 장점을 부각시키려 애써야 하지만 아프리카에서는 전혀 그럴 이유가 없었다. 아프리카는 내용을 채워 넣어야 할 진공상태였으니 말이다. 물론 그가 채워 넣으려는 내용물은 유럽적인 것이었다.

죄르겔은 1928년에 처음으로 프로젝트를 공개했다. 하지만 정작 조국인 독일보다 스페인과 미국에서 먼저 반응이 왔다. 4월 14일자 《뉴욕 타임스》는 '게르만족의 환상'이라고 평하였다. 워낙 거대하고 센세이셔널한 프로젝트였기에 호의적인 입장의 보도도 적지 않았다. 대부분은 기술보다 정치가 더 걸림돌이 될 것이라 예상했다. 하지만 이탈리아 《코리에레 델라 세라》(1876년에 창간된 이탈리아의 대표적 중립계 조간신문. 이탈리아어로 '저녁통신'이라는 뜻이다. 이탈리아의 유력 일간지로 외신보도와 신문편집의 독립성으로 정평이 나 있다—옮긴이)는, 프로젝트가 성공하면 이탈리아가 가장 넓은 땅을 얻게 될 텐데도 아틀란트로파가 독일의 비열한 주도권 장악 노력에 불과하다고 주장했다. 함부르크가 이탈리아 항구도시들보다 더 번성할 테니 말이다. 전체적으로 언론의 태도는 죄르겔의 프로젝트가 가진 세 가지 측면, 즉 기술, 민족 간 단합, 지정학적 측면 중 어떤 것을 가장 주도적으로 보느냐에 따라 태도가 갈렸다.

독일 신문들은 1929년에서 1933년까지 아틀란트로파에 관한 기사를 실었다. 1932년 한 해만 해도 총 147건의 기사가 나왔다. 죄르겔은 자신의 비전을 선전하는 데 영화 매체를 더 많이 이용했지만 바라던 성과는 없었다. 오히려 1935년에는 아틀란트로파를 주제로 삼은 한 영화 때문에 골치 아팠던 적도 있었다. 영화가 아틀란트로파에서 지진이 일어나고 지브롤터 댐이 터지면서 일어나는 재난을 다루었기 때문이다. 아틀란트로파를 소재로 한 전시회는 1930년대 말 뮌헨에서 처음 개막되었고 에센, 도르트문트, 함부르크, 베를린, 심지어 취리히까지 이어졌다. 프라하와 바르셀로나 전시회도 계획했지만 정치 상황의 변화로 뜻을 이루지 못했다.

공상과학 소설의 소재

아틀란트로파 프로젝트는 작가들에게도 건축가와 도시계획가 못지않은 매력을 발산했다. 쥘 베른의 상속자들이 죄르겔의 비전을 소설의 소재로 삼았던 것이다. 1930년 처음으로 아틀란트로파를 다룬 소설이 독일 신문에 연재되었다. 게오르크 귄체의 《판로파-200년의 문턱에 선 미래소설》은 정치가가 아니라 경제 보스들이 두 대륙을 지배하는 먼 자본주의 미래의 이야기다. 유럽의 성공을 질투한 미국과 아시아가 지브롤터 댐의 폭파를 사주한다. 1938년에는 티투스 체셔가 《유로아프리카-미래의 권력》을 써서 소련을 이긴 후 동쪽으로 뻗어나가던 독일의 상승세에 남쪽으로의 확장이라는 즐거운 시나리오를 보태주었다. 하지만 그 계획은 아프리카인들을 꼬드겨 지브롤터 댐을 폭파시키려는 '유대-공산주의의 음모'로 격침되고 만다. 1939년에는 베스트셀러 작가 존 크니텔이 아틀란트로파를 소재로 삼아 죄르겔의 비전을 세상에 알리는 데 기여했다. 전 세계적으로 백만 부 이상이 팔린 그의 소설 《아마데우스》는 스위스 알프스의 댐 건설 현장에서 일하는 아마데우스 뮐러라는 이름의 젊은 기술자가 주인공으로 등장한다. 알프스에서 국경을 초월한 동지애를 홍보하던 그는 알프스 프로젝트가 완공되자 민족 간 소통을 위해 실현되지 못한 평화 프로젝트 '아틀란트로파'의 실현에 전력을 기울인다. 전혀 다른 주제의 소설들에도 아틀란트로파 프로젝트가 진기하거나 매력적인 일로 언급되는 것으로 미루어 당시 이 프로젝트의 인지도가 상당했음을 짐작할 수 있다.

하지만 쇠르겔의 프로젝트를 정식으로 인정해준 사람들은 거대 프로젝트를 통해 후진국 딱지를 떼고 미래로 나아가려는 신생 소비에트 공화국의 기술 관료들이었다. 1932년 소련 기술자 회의는 그런 거대한 수준의 사업이 서방에서는 절대 실현될 수 없다는 판정을 내렸다. 언젠가 몰락할 자본주의 시스템으로서는 너무 벅찬 사업이기 때문이다. 하지만 사회주의가 서방 세계에도 뿌리를 내린다면 사업은 실현될 수 있을 것이라고 보았다.

소련의 판단이 완전히 틀린 것은 아니었다. 지금 우리의 기술 수준에서 보자면 아틀란트로파는 처음부터 말도 안 되는 유토피아는 아니었지만, 쇠르겔과 동지들은 계획과 홍보 이상의 성과를 올리지 못했다. 사실 그동안 국가 간 협력 수준이 많이 높아지긴 했지만 현재의 유럽이라도 그런 규모의 사업은 감히 실천하지 못할 것이다. 그러니 세계 경제 위기와 그 후유증으로 몸살을 앓던 30년대 유럽이 몇백 년 후에나 효과가 나타날 프로젝트에 어떻게 손을 댈 수 있었겠는가. 무엇보다 유럽 차원의 프로젝트를 시작하기에는 정치적 상황이 너무나 안 좋았다. 국제연맹도, 오스트리아 쿠덴호프 칼레르기가 주장한 범유럽주의 운동도 유럽에 만연한 민족주의를 이길 만큼 충분한 지원을 해주지 못했다. 쇠르겔의 사업은 적어도 하나의 지중해 인접국을 포함하여 최소 유럽의 몇몇 정부가 동의해야만 실현 가능한 일이었다. 더구나 1933년 히틀러가 독일 제국 수상이 된 이후 그런 유럽 차원의 사업 구상은 시대가 감당할 수 없는 아이디어에 불과했다.

물론 유럽의 생활권을 확장하고 양대 대륙을 통합해 열강이 되자는 사업 구상에 히틀러가 관심을 가졌을 것이라 추측할 수는 있다. 히틀러 역시 유럽의 팽창과 대형 사업을 지향한 인물이었으니 말이다. 하지만 프로젝트를 위해서라면 기회주의도 마다하지 않던 죄르겔조차 나치 당원은 되지 않았고 전쟁에도 반대했다.

그렇다고 나치 시절 죄르겔이 박해받았던 것은 아니다. 정부가 그의 성향을 의심했고 프로젝트 사업을 방해하기는 했지만 아예 아무 짓도 못하게 숨통을 끊지는 않았고, 심지어 지원을 해준 적도 있었다. 죄르겔 또한 나치 정치가들의 입맛에 맞춰 주축국 이탈리아와 독일을 '아틀란트로파의 기둥'으로 삼는 등, 기회주의적 면모를 보였다. 물론 그런 노력에도 그에게 돌아온 건 몇몇 개인 지원자들과 정부의 묵인뿐이었다. 어쨌든 그런 어려움 덕분에 죄르겔은 나치가 무너진 후 스스로를 박해받은 피해자로 선전할 수 있었고 연합국 정부의 제재 없이 아틀란트로파 홍보 사업을 이어갈 수 있었다. 1950년에는 극장에서 광고 영화를 상영하기도 했다.

평화와 민족 간 소통을 강조하는 그의 프로젝트는 2차 대전의 참상을 겪은 유럽에서 잠시 르네상스를 맞이했다. 죄르겔은 이제 프로젝트를 평화를 구축할 재건사업으로 선전했다. 전체주의의 공포를 겪었고 냉전의 분위기가 짙은 유럽에서 세상을 더 나은 곳으로 바꾸자는 외침은 많은 이들의 공감을 불러일으켰다. 하지만 당시만 해도 아직 자연 훼손과 환경 문제는 큰 이슈가 되지 못했다.

정치가, 경제 대표, 나아가 유엔까지 그의 사업 구상에 호의적 반응을 보였다. 더구나 모두들 서서히 아프리카의 자원으로 눈길을 돌리기 시작한 참이었다. 그를 지원하는 경제인들 중에는 대규모 건설 프로젝트가 시작되면 수주를 따낼 수 있을 것이라 기대하는 사람들도 있었다. 하지만 갈 길은 아직 멀었다. 더구나 다가오는 핵시대는 수력을 이용하는 아틀란트로파의 중점 사업을 시대에 뒤떨어진 노인의 고집처럼 보이게 만들었다. 이 프로젝트는 1952년 헤르만 죄르겔이 뮌헨에서 강연장으로 가던 도중 교통사고로 갑자기 세상을 떠나면서 창시자와 함께 숨을 거두고 만다. 죄르겔의 아틀란트로파 연구소는 1958년에 최종 해체되었다.

Chapter 7

창조에 손을 대다
– 원숭이와 인간의 교배

❖   1920년대 신생 소비에트 공화국은 학자들의 메카였
다. 다른 곳에서는 상상도 할 수 없는 일이 그곳에서
는 가능한 것 같았다. 소련은 과학을 사회 발전의 촉매로 보고 지
원을 아끼지 않았다. 학자들은 전문 분야를 넘나들며 공산주의 권
력자들과 함께 다양한 기술과 과학의 열매를 수확할 사회주의의
미래를 꿈꾸었다. 당연히 전 세계 학자들이 이런 발전에 참여하기
위해 소련으로 몰려들었다.

그 결과 1917년 10월 혁명에서 1920년대 말 사이, 소련에서는
세계 최대의 과학 연구 시스템 중 하나가 탄생했다. 혁명과 내전
을 겪고 모든 면에서 물자 부족으로 허덕였다는 사실을 감안한다
면 연구소와 프로젝트에 쏟아 부은 엄청난 투자는 실로 놀라운 것
이었다. 학자들에게는 다양한 혜택이 주어졌는데, 무엇보다 필요
한 전문 인력의 이탈을 막기 위해서였고, 과학에 투자하면 곧 수

익이 생길 것이라 예상했기 때문이다. 전도유망한 연구 프로젝트를 진행하는 학자들은 그 심각한 물자 부족 상황에서도 남보다 많은 생필품을 공급받았고 집을 배당받았으며 군복무도 부역도 면제받았다. 출신도, 혁명의 참여 여부도, 내전에서 어느 편을 들었는지도 전혀 상관없었다.

과학계에도 서서히 중앙집권 시스템이 가동돼 사회주의 국가가 연구의 내용을 결정하게 되었지만 처음엔 차르 시절처럼 여기저기 분산되어 연구를 진행했다. 공산 정권이 의심의 눈길을 거두지는 않았지만 일단 '부르주아' 학자들은 마음껏 연구 활동을 속개할 수 있었다. 사회주의 국가가 아직 '프롤레타리아' 학자들을 배출하지 못한 단계였기 때문이다. 20년대 말까지는 그렇게 과도기가 이어졌고 과학계에 놀랄 정도의 자율권이 허용되었다. 적어도 초기에는 그랬다.

점차적으로 특정 인접 지역을 책임지는 다양한 정부 기관들이 등장했고, 이런 식의 국가적 책임 분산은 중앙집권형 의사 결정보다 좀 더 자유를 부여했기에 연구에도 유용했다. 베테랑 과학자들은 연구를 계속하기 위해 새로운 통치자들의 어떠한 의구심도 잘 피해갔다. 새로운 연줄의 접촉과 기대치에 따라 많은 이들이 연구 분야를 급히 조정했다. 또한 자신을 부각시키기 위해, 동료에게 이데올로기적으로 상해를 입히기 위해, 심지어는 자기 이득을 위해 과학적 라이벌을 공개적으로 비난하는 데에 새로운 상황을 이용하기를 주저하지 않았다. 연구소나 연구 프로젝트의 추진을 위한 전제조건은 오로지 관련 국가 기관을 옹호하는 것이었다.

소련에서 특히 전폭적인 지원을 받았고 전 세계 동료들의 부러움을 한 몸에 살 정도로 인기가 높았던 분야는 유전학이었다. 식물, 동물, 인간의 유전형질을 연구해 유용작물의 수확량 증가 등을 통해 현대 국가로의 도약을 꾀하겠다는 목적이었다. 그리고 그 시대의 다른 많은 국가들이 그랬듯 소련 역시 인간의 유전자 풀에게로 관심 영역을 넓혀갔다. 1900년경에는 전 세계적으로 유전학이 큰 인기를 끌었다. 인간 유전자에 대한 지식을 바탕으로 생물학에 개입하는 연구도 활발히 진행되었다. 유전병 근절에서부터 다윈주의 원칙에 따른 엄격한 개량과 선별을 통한 전 민족 유전자의 최적화에 이르기까지, 곳곳에서 유전학이 제공할 전망에 열심히 매달렸다.

대부분의 우생학자들에게 윤리적인 우려는 부차적인 문제였다. 나치 독일에서 인종학 연구가 '인종 위생학'이라는 이름으로 인간을 경멸하는 기형현상이 되고 나서야 그 분야에 대한 비판이 제기되었고 보다 엄격한 윤리적 기준이 제시되었다. 그전에는 많은 것이 가능했다. 우리가 보기엔 말도 안 되는 이상한 실험들도 실제로 아무 일 없이 실행되었다. 러시아 우생학의 아버지 니콜라이 콘스탄티노비치 콜조프가 1922년《러시아 우생학 저널》에 발표한 논문의 제목은 '인간 본성의 개량'이었다. 이런 활발한 연구활동, 국가의 지원, 연구결과의 적용이 가져올 미래에 대한 기대가 고조된 분위기에서 마침내 러시아 생물학자가 지금껏 그 누구도 감히 용기를 내지 못했던 실험에 착수했다. 그러니 그의 조국이 소련이었다는 사실은 우연이 아니었던 것이다.

의심스러운 여행

1926년 2월 4일 러시아의 실험생물학자가 파리로 길을 떠났다. 그 중간 기착지를 경유해 아프리카로 특별한 여행을 하기 위해서였다. 그의 이름은 일리야 이바노비치 이바노프Ilja Ivanovitsch Ivanov 로 동물의 인공수정과 포유류의 교배 부문에서 국제적으로 유명한 전문가였다. 당시 50대였던 그는 백발에 뾰족 수염을 기른 인자한 인상의 남자로 당시의 학자 이미지에 꼭 들어맞는 모습이었다. 그러니 사진 속 평범한 할아버지 모습의 그가 아무런 윤리적 고민도 없이, 학문의 열정을 가차 없이 실행에 옮겼을 줄은 누구도 상상하지 못할 것이다. 그의 계획은 실로 무시무시했다. 이바노프는 인간과 원숭이를 교배하려고 했던 것이다. 그가 예상한 결과는 인간과 동물을 적당히 섞어 놓은 잡종이었다.

지금 우리의 상식으로는 살아 있는 사람에게 그런 실험을 한다는 건 상상할 수 없다. 하지만 당시엔 우생학에 적용된 윤리적 기준이 지금보다 현저히 낮았다. 18세기 중반부터 백신 연구 및 인체 관련 지식의 획득을 목적으로 다양한 인간 실험의 시대가 열렸고 19세기에 들어 그 방법들이 체계화되면서 여러 국가에서 기형적인 실험들이 자행되었다. 전체주의 국가에서만 일어난 현상이 아니었다. 2차 대전 후 미국이나 바다 건너 식민지의 연구센터들에서도 오늘날 우리로서는 비윤리적인 실험들이 아무 거리낌 없이 진행되었다. 생물학과 생리학의 과학적 인식, 특히 다윈의

일리야 이바노비치 이바노프

진화론 연구와 그것의 실천적 적용을 통해 동식물의 개량과 교배에 대한 관심이 치솟았다. 인간은 무엇이든 할 수 있다는 시대적분위기와 미흡한 윤리 의식을 바탕으로 과대망상에 가까운 과학관이 터져 나오기 시작한 것이다. 과학을 위해 인간을 오용한 가장 끔찍한 사례는 인간에 대한 경멸이 최고로 치달았던 나치 독일의 의학 연구일 것이다.

그런데 20년대 한 러시아 과학자의 프로젝트는 여기서 한 걸음 더 나아가 인간과 동물의 종 경계를 허물어뜨리려 하였다. 실험으로 얻게 되는 학문적 결과만이 목표는 아니었다. 한계를 뛰어넘고 싶은 충동도 있었다. 그러니 분분한 윤리적 논의 때문에 실험이 실패한 것만은 아니었던 것. 실패는 애초부터 너무 당연한 결과였던 셈이다.

이바노프에게 실험을 의뢰한 곳은 소련과학아카데미와 실험을 위해 1만 달러라는 거금을 내놓은 소련 정부였다. 고난도의 프로젝트에 비한다면 많은 금액은 아니었지만 어쨌든 소련 정부가 큰마음을 먹은 것은 분명했다. 프로젝트의 발기인은 최소 1년 반 전부터 아이디어를 품고 다녔던 이바노프 자신이었다. 1910년 그는 오스트리아에서 열린 한 회의 석상에서 암컷 유인원에게 인간의 정자를 수정시킬 가능성에 대해 발표했고, 인공수정 분야에서 쌓은 다년간의 경험을 자신 있게 자랑했다. 인공수정 차원에서 실험한다면 윤리적 반발을 막을 수 있다고 생각했던 것이다.

하지만 그때만 해도 실험은 아직 꿈에 불과했다. 혁명 전 러시아에선 그런 일을 상상도 할 수 없었을뿐더러 다른 나라들의 경우에도 여론과 후원자들에게 그런 비윤리적 실험으로 무슨 이득을 거둘 수 있을지 설득력 있게 전달할 수 없었다. 하지만 상황이 달라졌다. 인간을 대상으로 하는 실험이 잦아지고, 특히 전염병 분야에서 의학의 약진이 두드러졌다. 영국, 미국, 프랑스, 네덜란드, 독일, 소련 등지의 의학자, 세균학자, 동물학자, 생물학자, 성 과학자, 병리학자들이 그런 종간 교배 실험의 실현 가능성과 성공 전망을 두고 열띤 토론을 벌였다. 여론의 눈을 피해 은밀하게 진행할 이유가 없었다. 심지어 책과 논문까지 몇 편 출간되었다. 실험으로 얻을 잡종을 어떻게 볼 것이며, 그것으로 무엇을 할 것인지에는 전혀 관심이 없었다. 중요한 것은 실험과 그 실험에서 얻은 인식이었다. 물론 아직 때가 아니라는 데에는 다들 이의가 없었다.

식민지 국가들의 경우, 아열대의 식민지에서 실험할 수 있었기 때문에 오래전부터 인간과 가까운 유인원 원숭이를 의학, 생물학,

인류학 실험에 많이 이용했다. 그러다 보니 자연히 다른 국가들보다 교배에 대해 더 많이 생각했을 것이다. 실제로 많은 학자들이 그런 실험을 용납할 수 있다고 생각했다. 물론 모국의 여론을 자극하지 않을 정도로 멀리 떨어져 있는 식민지에서 실시한다면 말이다. 게다가 인종적 편견이 심했던 시절이었다. 아프리카 흑인들은 '저급한 인종'이기 때문에 유럽 백인들보다 원숭이와 더 가깝고, 따라서 원주민과 원숭이를 교배할 경우 성공 확률이 가장 높다고 생각했던 것이다.

유리한 조건

이바노프만이 그런 실험을 고민하고, 그에 대한 반발을 크게 우려하지 않은 유일한 학자였던 것은 아니다. 하지만 그는 유리한 상황을 적극 활용했고 인도주의적 혹은 윤리적 우려를 상관하지 않았다. 더구나 공산주의자가 아니었기에 자기 계획을 실행에 옮기기 위해서라면 정치적 아부도 서슴지 않았다. 성공하면 세계적인 유명세를 얻을 것이었다. 그런 계산이 적잖이 작용했을 것이라고 당연히 추측할 수 있다.

10월 혁명과 연이은 내전이 모두 끝나자 이바노프는 서둘러 새 권력자들과의 관계를 모색했다. 나아가 동료들과 마찬가지로 일자리를 구하기 좋은 쪽으로 연구 분야를 옮겼다. 영장류, 특히 원숭이와 인간의 교배에 더 많은 관심을 쏟게 된 것이다. 당시 많은 나라에서 우생학이 큰 인기를 끌었다. 우생학자들은 다른 분야 연구자들에 비해 연구비를 얻어내기가 훨씬 쉬웠다.

하지만 신생 소련의 우생학은 프랑스나 독일과 약간 다른 방향으로 뻗어나갔다. '인종의 순수성'을 지키거나 민족의 퇴행을 막는 문제엔 별 관심이 없었다. 변화된 '현대적' 인간상을 갖춘 신사회주의 사회를 건설하기 위해서는 '새로운 인간'으로 가는 길을 가속화할 수 있는 생물학적 조치가 필요했다. 이바노프가 아프리카로 출발하기 불과 일주일 전만 해도 소련의 우생학자이자 강경한 마르크스주의자인 알렉산더 세레브로브스키가 과학아카데미에서 소비에트 국민의 유전자 풀은 가치로 환산할 수 없는 자원이라고 주장했다.

이바노프의 연구 여행이 가능했던 데에는 각종 개량 연구에 대한 보편적 관심 외에도 학자로서의 좋은 평판도 한몫을 했다. 그런 프로젝트는 최고의 정치 지원이 있어야만 가능한 것이었기 때문이다. 이 실험이 신생 소련의 시대정신에 부합한다는 점도 의미가 깊었다. 최고 정치가들이 이바노프의 프로젝트와 관련해 작성한 추천서를 보면, 유물론의 중요한 문제를 과학적으로 다룰 것이며 종교 및 교회 권력과 맞서 싸울, 극도로 유효한 무기로 이용할 수 있을 것이라는 구절이 있다. 낡은 가치를 무너뜨리고 완전히 새로운 질서를 구축하려 했던 시대였던 만큼 종교적·도덕적·윤리적으로 많은 우려를 낳았다는 사실 자체가 오히려 긍정적인 면을 가지고 있었던 것이다.

또 이바노프에게는 열정적인 지지자가 있었다. 레닌의 비서이자 소련 정부 수반인 니콜라이 고르부노프였다. 고르부노프는 과학에 매우 호의적이었고 최고 수뇌부와 소통할 수 있는 위치에 있었으므로 당시 소련에서 가장 영향력 있는 과학 후원자였을 것이다. 그의 지원에 힘입어 이바노프의 프로젝트는 해당 위원회에서 무사통과되었다. 지원금을 허가해준 노동 및 국방 위원회 보고서를 보면, 혁명 공로자 조직에 빌려줄 대출금 승인 항목과 베를린 소련 대사관 은제 식기 구입비용 사이에 그의 프로젝트가 버젓이 자리하고 있다. 소련과학아카데미조차 자신들이 허락한 프로젝트의 내용이 무엇인지 캐묻지 않았다. 동의는 형식적인 요식 행위였을 뿐이다. 상황도 아주 유리했다. 그 시기만 해도 차르 시절에 설립된 아카데미와 신생 소련 당국이 매우 사이가 좋았기 때문에 아카데미는 정부 측에서 제출한 관심사에 과히 비판적이지 않은 자세를 취했다. 하기는 아카데미의 생존을 위해서는 그런 전략이 필수적이었을 것이다. 어쨌든 아카데미는 이바노프의 프로젝트와 같은 껄끄러운 문제를 조사도 제대로 해보지 않고 그대로 통과시켰다.

하지만 아무리 이바노프라도 과학아카데미의 학자들 앞에서는 크렘린의 관료들 앞에서처럼 두루뭉술하게 넘어갈 수 없었다. 종교와의 투쟁이나 유물론의 입증과 같은 이데올로기적 근거가 그곳에서 통할 리 만무했을 테니 말이다. 이바노프는 자신의 교배 실험이 인간의 진화와 유전학, 발생학, 병리학, 비교 생리학 분야의 새 지식을 얻는 데 큰 도움이 될 것이라고 강조했다. 동료들은 그의 의견에 동의했고 프로젝트를 통과시켰다. 윤리적 문제에 관한 논쟁은 없었다. 우생학에 큰 희망을 건 시대였던 만큼 우생학과 관련된 연구 프로젝트에겐 기회가 많았다.

프랑스의 지원

이바노프는 아프리카 여행의 중간 기착지로 파리를 선택했다. 국제 교통망이 잘 발달되어 있는 데다 그가 파리 파스퇴르 연구소와 좋은 관계를 맺고 있었기 때문이다. 그들의 인연은 19세기 말로 거슬러 올라간다. 당시 대학을 졸업한 이바노프는 유명한 프랑스 세균학자 파스퇴르의 연구소에서 연구를 하기 위해 프랑스로 갔다. 그리고 1924년 다시 한 번 파리를 찾았다. 이번에는 원숭이 인간이라는 프로젝트를 지참했다. 그는 프랑스 동료들과 프로젝트에 대해 의견을 주고받았다. 얼마 전 파스퇴르 연구소는 동물을 자연 환경에서 실험하기 위해 프랑스령 기니에 원숭이 연구센터를 설립했다. 이바노프는 프랑스 연구센터에 있는 동물들을 자기 실험에 사용해도 좋다는 허락을 받아냈다. 파스퇴르 연구소 기니 지소는 지금도 기니에 그대로 남아 있다. 기니에서 세 번째로 큰 도시 킨디아에서 몇 킬로미터 떨어진 외곽지역이다. 킨디아는 주로 바나나를 재배하며, 파스퇴르 연구소는 백신 개발에 힘쓰고 있다.

파리 동료들은 러시아 학자의 계획을 듣고도 놀라지 않았다. 이바노프는 자기 계획을 애써 미화시킬 필요도 없었다. 역시나 알베르 파스퇴르의 제자였던 연구소 소장 에밀 루와 알베르 칼메트는 이바노프의 계획에 적극 환영의 뜻을 표했다. 그리고 각종 지원을 아끼지 않았다. 아마 연구소의 재정 상황이 허락했더라면 직접 자체적으로 연구 여행을 감행했을 것이다. 인간과 원숭이의 교배라는 근원적인 매력은 차치하고라도 지극히 실용적 계산에서 나온 행동이었다. 즉 원숭이들을 가두어 놓고 번식시키려던 연구소의 노력이 실패로 돌아간 상황에서 이바노프의 인간과 원숭이 교배는 하나의 탈출구가 될 수 있을 것이라는 계산이었다.

파리에서 몇 주를 머문 이바노프는 남프랑스를 거쳐 아프리카로 들어갔다. 3월 말 그는 아프리카 서해안에 위치한 기니의 수도 코나크리에 도착했고 프랑스 총독의 과도하고 친절한 환대를 받았다. 하지만 수도에서 동쪽으로 더 들어간 킨디아에 도착해보니 상황은 예상과 많이 달랐다. 파스퇴르 연구소에서 기르는 원숭이 대부분이 아직 생식이 불가능한 새끼들이어서 실험에 쓸 수 없었던 것이다. 하는 수 없이 그는 우기가 시작되자 다시 파리로 돌아왔고 그곳의 침팬지들을 대상으로 이런저런 실험을 하였다. 파리에 와보니 미국에서 놀라운 소식이 도착해 있었다. 디트로이트에 사는 한 법학자가 이바노프의 실험에 10만 달러를 기부하겠다고 나섰고 그 바람에 미국에서 다윈 진화론에 대한 강한 반발이 일어났다는 소식이었다. 이바노프는 지원 홍보를 위해 미국으로 건너가려고 했지만 미국의 후원자들이 극구 만류했다. 괜히 신앙심 투철한 미국인들을 자극하게 될 것을 우려해서였다. 대신 교배에 성공한 후 '최초의 새끼 잡종'을 짐에 넣고 오는 것이 좋겠다고 했다. 하지만 막대한 기부금은 결국 무산되었고 이바노프는 소련 정부의 적은 지원금으로 버티는 수밖에 없었다. 우기가 끝나자 그는 1926년 11월 다시 기니로 출발했다.

이 두 번째 서아프리카 행에는 아들 일리야 일리치 이바노프가 동행했다. 당시 모스크바 로모노소프 대학에서 생화학을 전공하는 22살의 대학생이었다. 프랑스령 기니의 총독은 그들에게 카마엔 식물원 땅에 있는 작은 집을 내주었다. 수도 코나크리에서 몇 킬로미터 떨어진 외곽이었다. 킨디아의 파스퇴르 연구소는 여건상 실험을 할 수 없었기 때문에 그곳에서 실험하라는 배려였다. 적절한 실험동물을 구하기 위해 이바노프는 즉각 원숭이들이 많이 사는 산악 지역 푸타 잘롱으로 사냥을 나섰다. 두 대의 자동차에 식민지 관리들을 대동하고 원숭이를 잡으러 갔고 포획한 동물 중 세 마리 암컷을 식물원으로 데려와 미리 준비해준 우리에 집어넣었다.

아버지와 아들은 그들의 계획이 공개하기 곤란한 성격이라는 점을 잘 알고 있었다. 그래서 식물원 일꾼들에게 원래의 의도를 애써 숨겼다. 하지만 원숭이 우리가 야외에 있었기 때문에 잡아온 원숭이들을 돌보는 원주인 직원들에게 사실을 숨기기가 쉽지 않았다. 의심을 불러일으키지 않으려고, '의학적 처치'를 할 때는 아무도 못 오게 한 뒤 아버지와 아들 둘이서만 힘을 모았다. 원숭이들이 격렬히 저항할 경우를 대비해 언제라도 쓸 수 있도록 바지 주머니에 브라우닝 총을 넣고 두 사람은 1927년 2월 28일 아침 두

마리 암컷 원숭이 바베트와 시베트를 덮쳐 그물로 포획했다. 그리고 서둘러 인공수정이라 일컫는 의학적 처치를 마쳤다. '너무 흥분된 상태에서, 그리고 불리한 조건에서 주입했다. 원숭이들이 위협하는 데다 장소도 야외였고 비밀에 붙여야 했기 때문이었다.' 훗날 실험일지에 이바노프는 그렇게 적어 넣었다.

인공수정은 실패로 돌아갔고 이바노프 부자는 1927년 6월 25일 세 번째 원숭이 암컷 블랙에게 다시 한 번 강제 수정을 감행했다. 이번에도 모든 일을 비밀에 붙였지만 원숭이를 마취시킨 채 수정을 시켰다. 세 번의 수정 모두 삼십대의 원주민 남성의 정자를 사용했다. 비밀리에 진행된 작업이라 그의 생식력을 입증할 수는 없었지만 어쨌든 그는 뛰어난 생식력을 호언장담했다. 하지만 세 번째 실험도 실패로 돌아갔고 원숭이 암컷 세 마리 중 어느 것도 새끼를 배지 못했다. 물론 이 세 번의 실패를 인간과 원숭이의 교배가 불가능하다는 증거로 주장할 수는 없다. 보통 다른 종끼리의 교배는 엄청나게 많은 수의 실험동물들을 요구하는 법이다. 하지만 그사이 소련 정부에서 받은 지원금이 거의 바닥을 드러냈고 그들은 일단 유럽으로 돌아가는 수밖에 없었다.

성공을 결심하다

이바노프는 포기하지 않았다. 오히려 더 급진적인 방법을 모색하였다. 침팬지 수컷의 정자를 여성에게 수정시키는 실험을 하기로 결심했으니 말이다. 이 방법이 더 현실적이고 돈도 적게 들었다. 보르도에서 아프리카로 가는 배에서 이미 그는 콩고의 식민지 보건청의 공무원과 실험 가능성에 대해 이야기하며 도움을 청했다. 하지만 시간이 촉박했기 때문에 이번에도 프랑스령 기니의 총독 및 수도 코나크리의 한 병원과 접촉했다. 방법을 바꿔 아프리카의 여성을 '피실험자'로 삼아 실험을 해도 좋다는 허가증이 필요했던 것이다. 그는 그곳 병원의 여성 환자들을 상대로 사실을 숨긴 채 원숭이의 정자를 수정시킬 예정이었다.

현재를 사는 우리라면 수정이 성공한다면 어떻게, 어느 시점에 그 여성들에게 알릴 것인지, 여성들에게 어떤 종류의 진료를 받게 할 것인지, 그들에게 무엇을 기대하는지, 그런 의문들이 자동적으로 들 것이다. 하지만 실험을 실시할 수 있을지에만 혈안이 된 학자의 머릿속에는 그런 고민들이 전혀 떠오르지 않았다. 처음에는 관심을 보이던 총독이 청을 거절하고 허가를 해주지 않자 이바노프는 충격에 빠졌다. 그러나 그는 굽히지 않고 한동안 그곳에 머무르면서 대안으로 마련한 계획을 실행에 옮기기 위해 노력한다.

결국 콩고 식민지청에서 편지가 도착했다. 프랑스령 적도 아프리카의 놀다에 있는 한 병원에서 실험을 실시할 수 있을 것이라는 내용이었다. 놀다는 지금의 중앙아프리카 공화국 최서남부에 위치한 곳이다. 이바노프는 그곳으로 떠날 계획을 세웠지만 여행자금을 마련할 길이 없었기에 어쩔 수 없이 다시 유럽으로 돌아갔다. 아마 유럽에서 다시 자금을 모금해 아프리카 체류 기간을 연장해볼 심산이었을 것이다. 하지만 모든 계획은 허사로 돌아갔다.

그는 아들을 데리고 1927년 7월 1일 소련으로 돌아갔다.

하지만 아프리카 여행이 전혀 소득이 없었던 것은 아니었다. 이바노프는 원숭이 여러 마리를 데려와 흑해 연안 그루지아 수후미에 새로 지은 사육장에 집어넣었다. 아프리카로 떠나기 직전 영장류 연구소를 창설했던 것이다. 처음에 데려올 때는 인공수정에 실패한 암컷 원숭이 세 마리, 바베트, 시베트, 블랙도 끼어 있었다. 하지만 블랙은 마르세유에 도착해서 죽었고 시베트는 러시아로 가던 도중에 숨을 거두었다. 이바노프는 다음번에 아프리카에 가게 되면 수컷 원숭이를 정자 채취용으로 데려올 생각이었다. 소련 땅에서 실험을 계속하려고 했다.

하지만 일단 그에게 임무를 맡긴 담당자들에게 보고해야 했다. 적어도 1년 전 지원금을 허락할 때보다는 순조롭지 않았다. 과학 아카데미는 이바노프의 실험 보고서에 얼마간 충격을 받았다. 아카데미 회원들은 아프리카 여성을 피실험자로 사용하고 더구나 사전에 당사자들의 동의도 받지 않는다는 대목에서 그의 실험에 혐오감을 표했다. 그들은 당장 추가 지원금을 거부했다. 하지만 후원자 고르부노프의 도움이 있었다. 게다가 소련의 과학 지형이 급변했다. 그사이 세력을 확장한 공산아카데미가 1929년 봄 이바노프의 프로젝트에 관심을 보였다.

물론 그전에도 프로젝트의 정치적 · 세계관적 진보성은 모두가 인정한 바였고, 특히 미국에서 KKK단이 그 프로젝트 소식을 듣고 미친 듯이 흥분했다는 사실을 진보성의 증거라고 확신했다. 하지만 뭐니 뭐니 해도 중요한 건 유리한 타이밍이었다. 스탈린이 등장하면서 소련의 국내 정치가 극단화되었고 숙청 과정을 통해 젊은 세대의 학자들이 중년의 '부르주아' 학자들을 몰아내고 그 자리를 차지했다. 소련 과학계의 스탈린화가 시작되었고 이바노프는 이 변화된 시스템에서 살아남기로 굳게 결심한다.

1920년대 말 공산주의 학자들이 학교와 아카데미에서 쫓겨나자 스탈린은 부르주아 학자 세대를 철저히 제거하겠노라 천명했다. 1928년 5월 그는 공산청년동맹 콤소몰Komsomol에서 군사 용어를 사용해가며 어떤 일이 있더라도 젊은 사람들이 과학의 요새를 점령해야 할 것이며 '늙은 여단'의 보루를 집단 공격하라고 요구했다. 이미 레닌부터도 1922년 코민테른 월간잡지《마르크스주의의 깃발 아래서》에서 이런 노선을 주장한 바 있다. 레닌은 '튼튼한 철학의 기반을 갖추어야 자연과학과 유물론은 쇄도하는 부르주아적 이념과 부르주아적 세계관의 부활을 막을 수 있다는 사실을 간파할' 필요성을 역설하였다. "이 투쟁에 굴하지 않고 성공적으로 끝낼 수 있으려면 자연과학자들이 현대적 유물론자여야 한다. 다시 말해 변증법적 유물론자여야 한다는 뜻이다." 하지만 교육을 통해 확고한 이데올로기를 갖춘 젊은 학자 여단은 스탈린 시대에 와서야 확보되었다. 그리고 이제 그들이 늙은 세대를 실험실과 강단에서 내몰아야 할 때였다.

레닌 사후 권력 투쟁에서 승리한 스탈린은 소련을 근본적으로 변화시켰다. 1936년에서 1938년까지의 숙청이 가장 유명하다. 백

만에 이르는 사람들이 희생되었지만 스탈린은 국가를 자신에게 맞춰 다시 재단했고, 폭력적으로 산업화 정책을 추구했다. 학계 역시 시대 상황으로부터 자유로울 수 없었다. 이제는 과학도 사회주의 건설에 복무해야 했다. 자율권 대신 중앙의 감시체제가 완비된 과학 시스템이 도입되었다. 엄격한 위계질서, 철저한 계획, 당을 위한 인사정책, 연구 활동에 대한 철저한 감시, 그리고 억압. 심지어 산업체와 군대를 위해 연구하는 과학자 수용소까지 있었다.

이런 분위기에서 1918년에 창설된 공산아카데미가 이바노프의 프로젝트에 관심을 보였다. 이름 있는 생물학자들과 다른 분야 과학자들로 구성된 위원회가 프로젝트를 심사했다. 유전학 지식, 다윈의 진화론에 대한 증거, 유전학 연구의 관점을 이유로 들어 그들은 1929년 봄 수후미에서 최대한 빨리 실험을 속개하라고 권고했다. 하지만 당분간은 비밀에 부치는 것이 좋겠다는 의견이었다. 사회주의 사회를 일구어낼 기적의 학자로서 우생학과 유전학의 대표들은 믿을 수 없는 일들을 장담하였다. 소련의 선도적 유전학자였던 알렉산더 세레브로브스키는 비범한 신체를 갖춘 소비에트 인간을 만들어내는 것이 가능하다고 주장했다. "우리 소련 국민들을 모든 유전병에서 해방시킬 경우, 방출될 힘과 시간과 수단을 합산하면 5개년 계획을 2년 6개월 만에 달성할 수 있을 정도다." 그리고 안전장치를 위해 자신의 주장은 마르크스주의 이념에 깊이 뿌리를 내리고 있음을 강조했다. "인간 사회의 선별을 어떻게

할 것인지의 문제는 사회주의에서만 해결할 수 있다. 가족을 완전히 해체하고 사회주의 교육으로 이행하며 사랑과 생식을 분리시키는 것이다." 그렇게 되면 우생학의 엄청난 잠재력을 완전히 활용할 수 있을 것이다. 우생학은 '많은 관점에서 실제로 개선할 수 있고 개선해야만 하는 인간 자체의 개량'에 매우 전도유망하기 때문이다. 세레브로브스키는 그를 위해 가족과 성을 번식으로부터 분리시키자고 요구했다. 자기 파트너와 아이를 낳을 것이 아니라 선별된 기증자의 정자로 인공수정을 해야 한다고 말이다.

과학적 사회주의를 기반으로 새 국가와 새 사회를 건설하고자 하는 사람들에게 이처럼 인간 유전자 풀에 적극 개입해 계획대로 국민을 개조할 수 있다는 주장은 매우 타당하고 논리적이었을 것이다. 더구나 이런 방식으로 국가를 발전시키다 보면 바람직한 부수작용도 생길 것이다. 기본 단위인 가족이 해체될 것이고, 따라서 국가의 영향력이 증대할 것이며 반동적 가치관이 철저히 제거될 테니 말이다.

자원자, 나타나다

이바노프는 실험에 적극 협력할 자원자를 모집했다. 그러니까 원숭이 정자로 인공수정하는 실험에 자발적으로 참여할 여성을 찾았던 것이다. 조건은 '이념적 관심'이었다. 재정적 지원은 전혀 없을 것이며, 명확한 계급적 관점이 있어야 했다. 최소 5명의 여성을 선별해 1년 동안 외부와의 접촉을 엄격히 차단한 채 수후미 사육장에 보호할 예정이었다. 실제로 한 명의 자원자가 나섰다. 레닌그라드에 사는 여성이 이바노프에게 편지를 보냈다. '내 인생이 파탄에 빠졌기에 더 이상 살아야 할 의미가 없습니다. 그런데 과학에 도움이 될 수 있다는 생각에 용기를 내어 편지를 씁니다. 제 청을 거절하지 말아주십시오. (……) 저를 실험에 받아주세요.' 이바노프는 즉각 답신을 보냈다. 확답을 받으려는 목적이었다.

수후미에서 사육 중인 26살의 오랑우탄 타잔을 정자 기증자로 삼을 예정이었다. 그 시설에서 키우는 유인원 중에 유일하게 성적 능력이 있었기 때문이다. 조사 결과 생식력이 입증되었지만 안타깝게도 1929년 봄 타잔이 죽는 바람에 실험은 다시 한 번 좌절되었다. 이바노프는 레닌그라드에 사는 절망에 빠진 여성에게 전보를 쳐서 대체할 동물을 찾고 있다고 알렸다. 이듬해 다시 실험을 추진할 예정이었다. 이바노프는 절망하지 않고 필생의 과업에 매달렸다.

하지만 다시 그의 발목을 잡은 것은 정치 상황의 변화였다. 그의 프로젝트는 이데올로기적으로는 너무나 바람직했지만 바람의 방향이 바뀌었다. 이제 이바노프에게 구세대 '부르주아' 학자라는 공격이 쏟아졌다. 당대표들과 그의 제자 몇몇이 그의 해임을 요구했다. 그 와중에 프로젝트를 지지하던 유명인들은 권력을 잃었다. 믿었던 고르부노프마저 1930~1931년 소련 공산당 내부에서 벌어진 좌우익 투쟁과 관련돼 실각하고 말았다.

1930년대 말 이바노프는 비밀경찰에 체포당했다. 농업생물학

동료들과 반혁명을 획책했다는 죄목이었다. 실험의 윤리적 문제가 원인일 수도 있겠지만, 1930년대는 차르 가문의 지원을 받았다는 것이 더 큰 죄목이 될 수 있는 시절이었다. 러시아에 혁명이 임박할 당시 이바노프는 귀족 혈통의 말을 개량하기 위해 차르 가문에서 지원을 받아 인공수정을 연구했던 것이다.

5년 유형형을 선고받고 그는 카자흐스탄으로 떠났다. 다행인지 스탈린의 과격한 숙청 시대가 끝나면서 그는 불과 1년 만에 다시 풀려났다. 하지만 복권되자마자 유형 생활 후 생긴 심장 질환으로 알마티에서 세상을 떠나고 말았다. 계획했던 모스크바 출발을 하루 앞둔 날이었다. 1960년대까지도 실패로 끝난 그의 실험을 기억해준 이는 아무도 없었다. 게다가 그는 한 번도 실험에 관한 글을 출간한 적이 없다. 이바노프의 전기가 그 주제를 언급했을 때조차도 전혀 반향이 없었다. 소련이 해체되고 나서야 비로소 모스크바의 역사학자 키릴 로시야노프Kirill Rossijanow가 그 어두웠던 역사의 장을 다시 발굴하였다.

우리가 아는 한, 그날 이후 어느 누구도 인간과 원숭이의 교배 실험에 손을 대지 않았다. 물론 어느 정도의 관심은 지속되었고 실험을 둘러싼 논쟁이 몇십 년 후 다시 불붙기도 했다. 공상과학 소설 역시 그런 시나리오의 유혹을 떨쳐버리지 못했다. 소련에서도 우생학적 비전들은 실행에 옮겨지지 못했다. 첫째는 스탈린이 몇 년 전에 허락된 낙태를 다시 금지시킬 정도로 보수적 노선으로 선회했기 때문이고, 둘째는 나치 독일의 '인공 위생학'과 명확한 거리를 취하면서 우생학은 기반을 잃어버렸기 때문이다.

그럼에도 이바노프의 실험에 대해 아는 몇몇 사람의 소행이었는지 아프리카 어딘가에 원숭이 인간이 사육되고 있다는 소문이 쉬지 않고 나돌았다. 전문가들은 인공수정으로는 인간과 유인원의 교배가 불가능하다고 생각한다. 하지만 유전학의 진보로 원숭이와 인간의 유전형질을 혼합할 수 있게 되었다. 예를 들어 미국에서는 유전병 연구를 위해 원숭이에게 인간의 뇌세포를 이식했다. 어쨌든 오늘날엔 이바노프가 살았던 시대보다 윤리적 고민이 더 큰 역할을 한다. 그럼에도 미래의 과학이 윤리적 한계를 넘어서지 않으리라는 보장은 없다. 윤리적 한계라는 것이 나라마다 다르다는 점도, 또 이바노프 교수가 실시한 무시무시한 원숭이 인공수정에 비한다면 영양액과 페트리 접시에서 실시한 유전자 실험이 임상학적으로 깨끗해 보인다는 점도 혼란을 가중시킨다. 하지만 유전자 연구의 진보와 착상 전 유전자 진단법(PID)처럼, 인간의 유전형질에 개입해 인간 종을 '최적화'할 방법들이 인간 실험의 음울했던 과거를 떠올리게 만드는 것만은 어쩔 수 없다.

Chapter 8

원시림 길들이기

– 헨리 포드의 포드란디아

✻   20세기 사람들이 석유를 탐하듯 19세기 사람들이 너무나 갖고 싶어 했던 물질의 원료가 수백만 년 동안 남미의 아마존에서 아무도 모르게 자라고 있었다. 여러 열대 나무 종에서 나온 생고무 수액이 바로 그것이다. 19세기 중반 찰스 굿이어가 열을 가한 상태로 유황을 첨가하면 생고무가 고무로 변한다는 사실을 발견한 이후, 이를 이용한 다양한 제품이 봇물처럼 솟아져 나왔다. V형 벨트, 누름고리, 기통, 고무호스, 철도 완충제, 단열 케이블 등 철도와 증기에 기초한 후기 산업화 단계에서 고무는 없어서는 안 될 귀한 자재였다.

아직 플라스틱을 생각할 수 없었던 시절, 고무는 마치 하늘에서 내려온 기적과 같았다. 탄력 있고 가공이 손쉬우며 밀폐와 방수가 잘되는 데다가 뛰어난 절연체이며, 충격과 소음을 완화시키고 뛰어난 내구성을 지녀 극단적인 온도와 화학약품에도 잘 견뎠다. 게다가 다른 소재와도 아무 문제없이 결합했다. 또 잡아당기고 압착하고 휘고 돌려도 다시 원래 모양으로 돌아왔다. 산업체, 증기선, 철도, 전신, 자동차 기업까지 고무가 없으면 하루도 버틸 수 없는 상황이 되었다. 이전에도 이후에도, 코르크나 가죽, 양 내장 같은 불안한 소재와는 비교도 안 될 이런 기적의 소재가 발견되거나 개발된 적이 없었다. 오랜 노력 끝에 20세기 중반에 탄생한 석유화학제품들조차 나무에서 채취한 이 천연물질을 완전히 추방할 수는 없었다.

지금도 전 세계적으로 사용되는 생고무의 3분의 1은 자연에서 채취한 것이다. 인공물질로는 도저히 흉내낼 수 없는 천연고무의 특성 때문에 현재 생산되는 타이어의 3분의 1은 천연고무다. 현대 기술의 어떤 분야도 고무가 없으면 버틸 수 없다. 고무가 없었다면 산업화가 어떻게 진행되었을지, 오늘날 우리가 지금과 같은 문명의 성과를 다 누릴 수 있었을지, 상상할 수 없다.

이렇듯 다양한 활용도를 자랑하지만 천연고무의 수요가 가장 많고 가장 꾸준한 분야는 뭐니 뭐니 해도 자동차 업계다. 1886년 독일에서 개발된 자동차는 가장 먼저 프랑스에서 유행했다. 파리의 불로뉴 숲에선 돈 많은 여자들이 족보 있는 개를 끌고 다니듯 소형 자동차를 타고 다녔다. 이처럼 유럽에선 자동차가 발명 몇십 년이 지난 후까지도 엄청난 구입비와 유지비 탓에 사치스러운 취미로 머무르는 동안, 바다 건너 미국은 자동차의 대중화를 이끈 견인차 역할을 했다. 1차 대전이 발발하기 전부터 미국은 자동차 생산에서 업계 선두주자였던 프랑스를 추월했다. 미국 자동차 업계의 가파른 성장은 값싸고 튼튼한 자동차 덕분이었다. 미국은 유럽과 달리 시골에서 먼저 자동차 붐이 시작돼 도시로 전파되었다.

미국에서 자동차를 대중의 교통수단으로 만든 남자는 1863년 미시간에서 태어난 농부의 아들 헨리 포드였다. 그의 경이로운 성공 스토리는 아메리칸 드림의 대표적인 모델로 꼽힌다. 온 이웃 마을의 시계란 시계는 다 수리해주었고 손수 자동차까지 만들었던 솜씨 좋은 소년은 디트로이트의 기술자가 되었고 제재소 사장을 거쳐 마침내 유명한 발명가 토머스 에디슨의 회사에 엔지니어로 들어갔다. 독일의 카를 벤츠가 자동차를 발명한 지 10년 만에 최초로 자동차를 만들었고 몇 년 후엔 디트로이트 자동차 회사를, 1903년에는 마침내 포드 자동차 회사를 설립하였다. 현재 미국 3대 자동차 기업 중 역사가 가장 오래된 기업이다(나머지 두 회사는 제너럴 모터스와 크라이슬러로, 크라이슬러는 그사이 피아트의 자회사가 되었다). 1908년 헨리 포드는 모델 T로 자동차의 대량 생산을 시작했고 세계 최초로 자동 생산 시스템을 도입했다. 미국의 자동차 대중화 시대를 연 것이다. 지금까지도 많은 미국인들이 포드를 자동차의 발명가로 잘못 알고 있을 정도로 자동차와 관련된 그의 성공 스토리는 숨 막힐 듯 대단하다.

1900년경의 헨리 포드는 1세기 후 빌 게이츠가 이루어낸 성공을 앞서 보여준 인물이었다. 그는 거물이었고 거인이었으며 산업계의 군주였고 자본주의의 만능 재주꾼이었다. 이런 명칭은 살아생전 기자와 전기 작가들이 그가 이룩한 초인적 업적을 한마디로 표현하기 위해 사용했던 말들이다. 심지어 산업계의 예수 그리스도라고까지 추앙하기도 했다. 올더스 헉슬리의 풍자적 미래 소설 《멋진 신세계》에서는 우리가 예수의 탄생에 맞추어 연도를 표기하듯 포드의 첫 자동차 모델 T가 생산된 1908년을 기원으로 삼아 연도를 셈한다. 소설은 그로부터 600년 이상이 지난 시점으로 포드는 만물의 척도가 되었다. 사람들은 감탄사로 "오, 주여" 대신 "오, 포드"라고 외치며 성호 대신 T자를 긋는다. 그리고 아이들은 자동차처럼 컨베이어벨트에서 생산된다.

증시가 사랑한 천연고무
——

굿이어가 고무를 발견하고 50년 후까지는 브라질이 서구 사회의 고무 수요를 충당하며 많은 돈을 벌었다. 하지만 수요가 꾸준히 증가하면서 가격이 뛰었고, 늘어나는 수요를 감당하기 위해서는 아마존 원시림 안으로 점점 더 깊이 들어가야 했다. 1850년대 중반에 이르자 선견지명이 있는 영국의 한 고무 기업인이 열대 식민지에서 고무나무를 재배해야 한다는 주장을 제기했다. 하지만 이미 중국의 차를 인도로 이식한 경험이 있었음에도 영국 정부는 딱히 그 주장을 받아들일 이유를 발견하지 못했다. 자동차가 발명되고 자동차 업계와 타이어 산업이 등장하기 이전이었으므로 고무의 수요가 얼마나 가파르게 수직상승할지 전혀 예상치 못했던 것이다.

정부의 이런 무사안일한 태도에 실망한 한 무리의 혜안 있는 영국인들이 직접 팔을 걷어붙이고 나섰다. 이제 막 형성되기 시작한 영국의 자연과학 엘리트들로, 그들은 제국주의 시대의 진보 신화를 과학으로 입증하려 했다. 그 중심에 런던 큐^{Kew} 왕립식물원이 있었다. 식물원은 19세기 중반부터 영국의 식물학자들을 지원해 해외에서 상업적으로 전도유망한 유용작물의 씨앗과 묘목, 그에 필요한 지식을 수집하였다. 그래서 코르크나무를 인도로, 오스트레일리아의 마카다미아 너트를 서인도 제도로, 브라질의 이페카 carapichea ipecacuanha를 트리니다드로 옮겨 심었다. 때마침 큐에서는 고무 원료의 공급에 대한 위기의식이 높아지면서 생고무 사업이 몰래 진행되고 있었다. 1876년, 원래는 형편없는 사업가였던 서른 살의 모험가 헨리 알렉산더 위크햄이 아마존 산타렘 근처의 타파로스 강변에서 70,000개의 씨앗을 수거해 잘 포장한 후 영국으로 싣고 왔다. 그것으로 묘목을 길러 영국의 동남아시아 식민지로 싣고 간 후 그곳에 고무농장을 만들었다.

20세기가 시작되자 안 그래도 다른 자원에 비해 높았던 고무 가격은 하루가 무섭게 최고치를 경신한다. 군비 확장의 영향도 컸다. 엄청난 수익률에 투자자들은 환호했지만 시장은 심각한 압박에 시달렸다. 하지만 지구 반대편 동남아시아에선 서구인들이 모르는 넓은 고무 농장들이 탄생하였다. 또 한 명의 집요하고 야망 넘치는 남자, 싱가포르 식물원 원장이던 헨리 리들리가 브라질에서 큐를 거쳐 아시아로 수출된 고무 씨앗을 키워 고무 농장을 만들었던 것이다. 식물학을 공부하고 종자 비축분을 늘리고,

싱가포르 농장주들에게 고무의 중요성을 홍보하던 그는 '미친 헨리'라는 조롱을 받을 정도로 열심히 고무나무의 보급에 힘썼고, 농장에서 키운 고무로 고무 시장에서 쿠데타를 일으킬 준비를 마쳤다. 영국령 말레이와 실론에서 차와 커피가 해충과 질병으로 시름시름 시들어가는 동안, 고무나무는 날로 번창하며 면적을 넓혀 갔다.

마침내 아시아 농장에서 키운 고무가 시장으로 밀려들어왔다. 품질도 최고급 원시림 고무나무보다 더 우수하다는 평가를 받았다. 품질 말고도 동남아시아의 고무 농장이 유리한 점은 한두 가지가 아니었다. 일단 아마존보다 값싼 노동력을 구하기가 훨씬 쉬웠고, 중간 상인들을 많이 거치는 비용 집약적 시스템이 필요 없었다. 또 열대우림을 뒤지며 야생 나무를 찾지 않아도 되었고 끝없는 아마존 강에 천연고무를 띄워 수송할 필요도 없었기에 작업은 훨씬 효율적이었다. 게다가 다년간의 연구가 결실을 맺어 나무 한 그루당 수확량도 아마존의 야생나무보다 훨씬 많았다. 한마디로 경제적으로나 품질 면에서나 아시아의 농장 고무가 우림의 고무보다 훨씬 우수했다. 1913년을 기점으로 농장 고무 생산량은 천연고무를 추월했다. 브라질 고무의 시대는 순식간에 막을 내렸다. 영국령 말레이는 단 기간 안에 세계 최대 고무 생산지로 급성장했고 영국은 국제 고무 무역의 왕좌를 차지했다.

늘어나는 세계 고무 수요에는 그사이 전 세계를 자동차로 뒤덮은 헨리 포드의 역할도 컸다. 포드의 모델 T는 폭스 바겐 비틀이 기록을 깰 때까지 '세계에서 가장 많이 팔린 자동차'라는 기록을 몇십 년 동안 지켰다. 따라서 전 세계 자동차의 절반을 생산하던 포드 자동차 회사의 고무 수요는 실로 막대하였다. 이는 미국 자동차 붐의 큰 문제점이자 큰 장애가 아닐 수 없었다. 생산 고무의 90퍼센트 이상이 동남아시아에서 왔고 그중 4분의 1이 영국 식민지에서 나왔다. 그리고 그 고무의 70퍼센트 이상이 식민지를 소유하지 못해 고무를 키울 수 없는 미국에서 사용되었다.

미국의 기업가이자 세상이 다 아는 애국자였던 헨리 포드는 영국의 고무 시장 선점에 무척 화가 났다. 1차 대전이 끝나자 그의 분노는 참을 수 없는 지경으로 치달았다. 평화조약의 결과로 고무 수요가 줄어들었지만 영국이 고무 카르텔을 통해 가격을 그대로 유지했던 것이다. 최대의 고무 수입국인 미국은 강력히 항의했고, 워싱턴과 런던 사이에 무역 전쟁이 불붙었다. 미국의 3대 기업이 도전장을 던지고 자체적으로 고무나무를 키우겠다고 나섰다. 타이어 제조회사 파이어스톤과 굿이어가 아프리카 서부의 나이지리아와 수마트라, 필리핀에 농장을 만들었다. 헨리 포드 역시 자체 고무 농장을 장만하기로 결심했다. 그동안 노인이 되어버린 발명가 친구 에디슨이 미국에서 재배할 수 있는 식물에서 고무를 채취할 방법을 연구했지만 결국 실패로 돌아가자 포드 역시 고무의 조국으로 관심을 돌리게 된 것이다. 1927년 그는 브라질 아마존 열대우림에 거대한 땅을 사들였다.

'미친 헨리' 포드

그리하여 포드는 파란만장한 고무의 역사에 새 장을 추가했고 고무와 연을 맺은 일련의 모험가, 괴짜, 자연과학자, 발명가, 기업가 등 자랑스럽고도 비극적인 영웅들의 대열에 합류하였다. 자신감 넘치는 자수성가 기업가에게 실패할지도 모른다는 우려는 애당초 문제가 되지 않았다. 그는 항상 자신을 자랑스럽지만 비극적이지는 않은 영웅으로 생각했으니 말이다. 하지만 이미 그를 '미친 헨리'로 생각하는 이들이 적지 않았다. 그는 헨리 리들리처럼 고집이 너무 세어서 절대 남의 말을 듣지 않았고 자기 말을 거역하는 사람은 측근으로 삼지 않았다. 하지만 식물학자 리들리와 반대로 몰래 일을 꾸미지는 않았다. 그가 하는 일은 항상 여론의 관심과 호기심의 대상이었고 그 역시 대부분 그런 관심을 즐겼다.

그러니 브라질 사업은 포드의 입맛에 딱 맞는 과대망상이었다. 그는 야생의 아마존에서 한 조각의 우림을 떼어내 그것을 길들여 산업의 진보에 이용하고자 했다. 언론은 이 용감한 프로젝트에 열광했고 이 세상에서 야생을 길들여 산업 세계에 이용할 수 있는 인물은 딱 한 사람 헨리 포드밖에 없을 것이라고 떠들어댔다. 정글에 문명을 선사할 장비를 싣고 포드의 첫 배가 아마존을 향해 출항하자 미국 언론은 환호성을 질러댔다. 1928년 7월 27일자 《워싱턴 포스트》는 '뉴저지보다 넓은 브라질 영토가 연간 2백만 개의 타이어를 생산할 수 있을 고무를 공급하게 될 것'이라고 장밋빛 미래를 전했다.

아무런 준비도 없이 아마존으로 들어가겠다는 막무가내 용기에 언론이 열광하고 많은 이들이 아첨하는 모습이 지금의 우리 눈에는 꽤 낯설어 보인다. 하지만 포드가 살던 시절만 해도 지도자에 대한 조건 없는 열광과 자연에 대한 인간의 승리는 너무나 자연스러운 현상이었다. 특히 미국인들은 포드의 모험이 기차에 올라 서부로, 서부로 향했던 '아메리칸 프론티어' 정신과도 맞아떨어진다고 생각했을 것이다. 그때와 달리 요즘 우리는 아마존을 길들여야 할 위험한 문명의 적이 아니라, 지키고 보호해야 하는 얼마 남지 않은 온전한 자연으로 생각한다.

포드의 브라질 모험을 순수 상업적 목적으로 축소하는 건 옳지 않은 짓일 것이다. 20대에 그는 이미 기업가로서뿐 아니라 유토피아를 꿈꾸는 이상주의자로서도 세계적인 명성을 누렸다. 학식 높은 지식인들과 교양 넘치는 권력자들은 농부의 아들이자 자수성가한 백만장자의 제멋대로 철학을 비웃었다. 포드는 평화주의자에 채식주의자였고 소비의 주체인 노동자들에게 고임금을 지급하는 정책으로 유명했으며 도시의 성장과 무너진 도덕으로 인한 사회적 폐해를 비판했지만, 한편으로는 자기 기업의 노동자들을 제멋대로 조종하려 들었고 심지어 반유대주의 입장이기도 했다. 또 콩이 미래의 식량이 될 것이라 열변하면서 미래의 식용 동물로써의 소의 역할에는 의심을 품었다. 그의 열정적 사명의식은 포드사의 노동자들까지 가만히 내버려두지 않았다. 그는 늘 노동자들에게 공장 바깥에서도 책임을 다해야 하며 자기 집 정원을 경작해

컨베이어벨트 작업의 단조로움을 보상해야 한다고 역설했다. 1차 대전 때는 평화주의를 외치며 다른 유명 평화행동주의자들과 함께 유럽에서 자행되는 살육을 중단시키겠다는 목표로 '오스카'라는 이름의 배에 올라 유럽으로 향했다. 물론 그의 행동은 성과 없이 끝났고 1917년 미국이 참전하자 포드는 순식간에 자기 공장을 군수산업체로 전환시켰다.

하지만 역사는 자가당착의 인물을 더 잘 기억하는 법이다. 헨리 포드 역시 모순으로 가득한 사람이었다. 노동자들에게 상당한 급료를 지급해 자동차를 살 수 있게 하고 각종 자선을 베풀었지만 공장의 자동화 시스템은 노동자들을 효율성에만 맞춘 멍청한 로봇으로 만들었다. 그것을 통해 그는 지금까지도 폭발력을 잃지 않은 하나의 문제를 제기한다. 인간은 시장 경제 시스템의 주체인가, 객체인가? 또 하나 그의 인생과 사업을 관통하는 모순이 있었다. 미국이 대량 생산 시대로 나아가는 데 결정적인 역할을 했음에도 그는 항상 공장과 땅을 화해시키려 노력했다. 산업 발전이 없으면 진보도 없지만 거꾸로 전통과 뿌리가 없으면 진보는 아무 소용이 없다고 생각했기 때문이다.

포드는 산업과 농업이 팀을 이루어야 한다는 자신의 생각을 조국과 인류에게 설득시키려 노력했다. 자신의 방식에 따라 노동자들이 행복하기를, 다시 말해 술을 끊고 정원에 채소를 기르고 아담한 집을 장만해 살기를 원했을 뿐 아니라, 산업을 농촌이라는 뿌리와, 산업의 축복과 구조를 농촌의 소박하고 토착적이며 소소한 것들과 화해시키려 하였다. 요즘 말로 하자면 인간의 얼굴을 한 자본주의인 셈이지만 아이러니하게도 포드는 자동화 시스템과 엄격한 작업 공정을 통해 그 누구보다도 인간을 노동으로부터 소외시키는 데 기여한 인물이다. 그럼에도 그는 또 괴테의 마법사 제자가 빗자루를 잡아매려고 했듯 고삐 풀린 자본주의를 다시 옭죄고 싶어 했다(괴테의 시 〈마법사의 제자〉에 나오는 내용이다. 이 작품은 1897년 뒤카가 같은 제목의 교향시로 만들어 유명해졌다 — 옮긴이).

따라서 아마존을 향한 그의 관심은 타파조스 강변에서 비참하게 살아가는 원주민들의 삶을 개선시키겠다는 자신감 넘치는 이상주의자의 관심이기도 했다. 산업 문명의 혜택을 아마존 주민들에게도 선사하고 싶었던 것이다. 농장을 만들고자 결심한 원래의 계기가 사라졌을 때도 그가 계획을 철회하지 않은 이유 역시 아마 이런 충동 때문이었을 것이다. 아마존 사업이 본격적으로 시작되기도 전에 영국의 카르텔이 제 소임을 다하지 못하는 바람에 생고무 가격은 하락하기 시작했다. 생고무의 가격이 전쟁 이전의 수준까지 떨어졌음에도 포드는 프로젝트를 포기하지 않았다.

브라질 정부는 두 팔 벌려 그를 환영했다. 20년 전 생고무 세계 시장에서 94.4퍼센트를 차지했던 브라질의 점유율은 이제 불과 2.3퍼센트로 최저점을 찍고 있었다. 브라질은 생고무의 부활을 꿈꾸었다. 영국의 농상 고부가 시장에 넘쳐나면서 만성적인 미개발 상태인 북부의 발전 가능성은 아예 막혀버린 상태였다. 물론 과거의 고무 채취 방법을 고수하자는 게 아니었고 동남아시아의 모델대로 농장을 건설하고자 했다. 재력과 결합한 헨리 포드의 기업가 정신이야말로 더할 나위 없는 적임자였다. 이미 포드의 자동차 회사는 남미에서도 유명했고 모델 T는 넓은 브라질의 비포장도로와 오지에까지 인기 있는 교통수단으로 자리 잡았다. 게다가 포드의 자서전《나의 인생과 일》이 브라질에 번역 출간되면서 많은 이들은 그가 남미 최대의 면적을 자랑하는 브라질의 경제 발전을 위해 딱 맞는 처방을 내어줄 것이라 기대했다. 그러니 아마존을 향한 포드의 시선이 열렬히 환영받고 양쪽에게 만족스러운 협상이 성사될 이유는 충분했던 것이다.

프로젝트의 규모는 농장의 면적만 보아도 입이 떡 벌어진다. 1만 평방킬로미터가 넘는 크기로, 지중해 사이프러스 섬만 했다. 아마존 하구의 무역 도시 벨렘에서 배를 타고 엿새가 걸리는 곳이었다. 서쪽으로 키를 잡아 한때 생고무의 수도라 불리던 마나우스로 간 다음 그곳에서 다시 채 2천 킬로미터도 안 되는 아마존의 지류 타파조스 강을 타고 남쪽으로 향하면 아마존 강과 만나는 합류지점인 산타렘에 도착한다. 땅의 가격은 아주 쌌다. 12만 5천 달러만 내면 되었다. 협상은 채 3달도 안 지난 1927년 9월 말 서명에 필요한 모든 서류가 구비되었을 정도로 빛의 속도로 진행되었다. 하지만 막상 계약이 체결되고 나자 일의 진행은 신속하지도 매끄럽지도 않았다.

마스터플랜도 없는 대형 프로젝트

____

포드를 좋아하건 그렇지 않건, 그가 미국에서 그랬듯 브라질에서도 일을 척척 해내리라 믿지 않을 사람은 없었을 것이다. 모두들 철저한 계획을 바탕으로 유능하게 일을 추진할 것이라고 믿었다. 또 브라질을 잘 아는 경제 자문단, 대형 프로젝트의 경험이 많은 경영자, 열대우림 전문가, 지질학자 등 다양한 분야의 전문가들로 구성된 최고의 전문가 팀이 그를 보필할 것이라 생각했다. 그 정도의 대규모 기획을, 그것도 아마존 열대우림 같은 까다로운 지역에서 실현하자면 철저한 마스터플랜이 필요했을 테니 말이다. 하지만 그런 건 없었다.

평소 헨리 포드를 잘 아는 사람들이라면 아마 짐작했을 것이다. 생고무 모험을 떠나는 자수성가 기업가 포드는 지도도 보지 않고 적의 군력을 알지도 못한 채 전쟁에 나가는 사령관과 같았다. 그는 브라질 농장이 성공할 것이라는 사실에 추호의 의심도 품지 않았다. 너무나 자신만만했기에 실패라는 단어 자체가 그의 사전엔 없었다. 그는 일을 방해할지 모를 지역의 특수 조건이나 문제는 전혀 검토하지 않았다. 수확량이 풍부한 고무나무 농장이 프로젝트의 핵심이었다면 무엇보다 그 부분에 대한 철저한 준비를 했어야 했다. 농장 터의 선택에서부터 가장 적절한 수종 조사를 거쳐 가장 수확량을 높일 수 있는 고무 채취 방법에 이르기까지, 사전 조사와 연구가 필요했을 것이다. 더구나 세계 최초로 고무 농장을 만들려던 것도 아니었다. 동남아시아의 전문가들이 반세기 동안 경험으로 얻은 각종 지식과 정보들이 있었다. 포드는 전혀 무관심했다. 그보다 먼저 아마존에서 농장 사업을 시도했다가 실패한 사람들이 있다는 말에도 전혀 개의치 않았다. 교육 수준이 낮은 자수성가 기업가였던 터라 평소에도 전문가에 대한 거부감을 숨기지 않았고, 신중하게 계획을 세우기보다는 일단 밀고 나가는 기업가 유형이었다. 그러니 그의 성공을 가로막은 것은 아마존의 무서운 환경이 아니었다. 세계 최고의 기업가라는 위상, 돌진형의 성공 방식이 이번에도 제멋대로 프로젝트를 추진하게 만든 진짜 원인이었다.

결국, 올 것이 오고야 말았다. 문제가 꼬리를 물고 이어졌다. 일은 도무지 진척이 없었고 히드라의 머리처럼 문제 하나를 자르고 나면 또 다른 문제가 생겼다. 디트로이트에서 파견된 직원들은 정글에서도 여전히 과도한 자신감, 근거 없는 낙관주의, 포드 식의 헐렁한 접근 방식을 버리지 않았다. 브라질 현지인들은 평소 뛰어난 효율성과 관리 능력을 자랑하던 그들이 우왕좌왕하는 모습을 기가 막힌다는 표정으로 지켜보았다. 협상 단계부터 도무지 말이 안 통했다. 포드의 대표들이 기업 대표의 원칙을 준수하여 뇌물과 로비 작업을 일절 거부하라는 엄격한 지시를 내렸던 것이다. 하지만 이는 브라질의 관례를 어기는 행동이었고, 야심찬 프로젝트가 애당초 실패로 돌아갈 수밖에 없는 운명이라는 증거이기도 했다. 포드 직원들의 무능력 역시 출발 시점부터 문제를 만들었다. 브라질 파라 주와 협상한 내용 중에는 농장 건설에 필요한 장비를 들여올 때 면세 혜택을 받기로 한 조항도 있었다. 그런데 리우데자

네이루에선 그 주의 규칙이 통하지 않아 전혀 면세 혜택을 받지 못했다. 그 금액은 결코 얕볼 수준이 아니었다. 포드 사는 제재소와 철도에 이르기까지 모든 것을 미국에서 타파조스 강변으로 부쳤으니까 말이다.

이런저런 곡절 끝에 마침내 첫 걸음을 내디뎠다. 큰 면적의 열대우림을 개간해 숙소를 짓고 일부 나무를 심기로 했다. 그런데 개간과 정지整地용 장비가 다습한 기후를 견디지 못하고 고장을 일으켰다. 게다가 잘라낸 나무를 팔아 농장 건설비용을 충당할 수 있으리라는 안이한 계산은 맞아떨어지지 않았다. 브라질 최대의 제재소를 지어놓고 보니 나무의 대부은 너무 견고해 가공할 수 없었다. 가공할 만한 나무들은 적재 상태에서 대부분 썩고 말았다. 워낙 외진 지역인 데다 타파조스 강의 수량이 몇 달째 너무 적어서 즉각 수송할 수 없었던 것이다. 아예 수출이 금지된 수종들도 있었다. 애초의 계획 중에는 현지의 나무를 차체 일부와 숙소의 기와로 쓰겠다는 계획도 포함돼 있었다. 또 브라질 당국에게 자동차 타이어와 고무관 공장을 짓겠다는 약속도 했었다. 그 계획이 무위로 돌아간 결정적 이유는 인력 수급의 어려움 때문이었다. 이미 인력 동원의 문제는 오래전부터 지적되어왔다. 아마존 분지는 인구밀도가 매우 희박했고, 먼 곳에서 온 사람늘은 우림의 삭업 조건에 경악했다. 브라질 북부의 가난한 지역 사람들도 돈을 벌려면 남부의 산업도시로 가지 굳이 아마존으로 들어올 이유가 없었다. 그러니 애당초 충분한 숫자의 노동자를 확보할 가망이 없었고, 실제 단 한 번도 확보하지 못했다.

미국에서 데려온 일꾼들 역시 썰물처럼 빠져나가버렸다. 기후가 워낙 견디기 힘든 데다 인적 드문 열대우림에 오락거리라고는 없었기 때문이다. 첫 매니저부터 도착하고 얼마 안 있어 사표를 냈다. 후임자들도 오래 머물지 않았고 자발적으로 사표를 던지거나 무능력 탓에 해고를 당했다. 신임 매니저가 올 때마다 기후에 익숙해지고 지역 조건을 익힐 시간이 필요했기에 귀한 시간이 속절없이 흘러갔다. 그나마 마스터플랜이 있었더라면 신임들이 최대한 신속하게 작업을 속개할 수 있었을 것이다. 하지만 모두가 처음부터 완전히 새로 시작해야 했다. 그리고 모두가 부족한 준비와 기준 때문에 과도한 부담을 느꼈다. 포드의 한 직원이 미시간 주 디어본의 본사에 쓴 편지에는 당황스러운 심정이 역력히 드러나 있다. '체계라고는 없습니다. 전체를 조망하는 사람이 한 사람도 없어요. 낭비가 극심합니다, 밑 빠진 독에 물 붓깁니다.'

포드 식의 사명감 역시 밑 빠진 독이었다. 도를 넘은 사명감이 수익률 높은 고무 농장을 짓겠다던 원래의 의도를 완전히 짓뭉갤 때도 있었다. 애당초 포드의 머리에는 농장 이상의 것, 즉 모든 면에서 그의 철학적 사명감에 맞는 광범위한 프로젝트가 들어 있었다. 그러한 탓에 나무를 심고 묘목을 가꾸는 데 쏟을 정신을 북미형 모델 소도시 건설에 퍼부었다. 포드와 개인적으로 친분이 있던 월트 디즈니 사의 단편 다큐멘터리는 1944년이었는데도 아직 미국 지사가 일구어낸 타파조스 강변의 자랑스러운 결과들을 자랑하느라 여념이 없다. 카메라는 깨끗한 포장도로를 따라 잘 가꾼 앞마당을 지나가고 정글 개간 작업에 매진하는 부지런한 노동자들과 하얀 가운을 입은 병원 직원들, 감사의 인사와 더불어 학교 급식을 퍼먹는 브라질 아이들을 비춘다. 그 다큐멘터리를 본 미국 시청자라면 조국이 자랑스럽고 포드가 일군 업적이 존경스러웠을 것이다. 포장도로와 앞마당, 전화와 가로등, 하수시설을 갖춘 소도시를 열대우림에 건설했다는 것은 정말 대단한 업적이 아닐 수 없을 테니 말이다.

하지만 포드의 프로젝트 도시, 포드란디아는 그렇게 달콤한 도시가 아니었다. 기후조건이 맞지 않는 열대우림의 집에서 주민들은 오븐 속에서처럼 땀을 흘렸다. 금속 뾰족 지붕이 습기를 머금은 열기를 밖으로 내뿜지 못하고 고스란히 축적했기 때문이다. 포드란디아를 미국식 모델대로 짓겠다는 포드의 완고한 고집 때문이었다. 어쨌든 가로수로 심은 망고나무는 그늘을 드리워주었다. 물론 서구식 문명이 혜택을 준 점도 있다. 발전소 덕분에 전기가 공급되었고 하수 시설 덕분에 위생 상태가 개선되었으며 수십 킬로미터의 도로와 철로는 시간을 단축시켜주었다. 현대식 병원은 항상 이용이 가능했고 양질의 의료 서비스를 제공했다. 나아가 포드는 항구를 지었고 학교 3곳, 교회, 클럽하우스, 테니스장, 골프장, 수영장, 공원을 조성했다.

포드란니아에서 공사가 시삭뇐 시 3년이 지나자 뽀드의 직원늘은 처음으로 1단계 목표를 달성했다는 뿌듯한 느낌을 즐길 수 있었다. 지금도 남아 있는 전형적인 미국식 저수탑이 최초의 가시적 성공의 상징이었다. 1930년에 완공된 45미터 높이의 저수탑은 아마존에서 가장 높은 건축물이었다. 그 발치에는 미국 남부에나 있을 법한 소도시가 탄생하였다.

밑 빠진 독
——

포드는 브라질 현지 노동자들에게도 자기식 행복을 주입했다. 기업의 규칙과 규범을 준수하고 미국식 생활 방식을 수용하도록 강요했다. 그런 식의 요구가 전혀 다른 생활 조건, 전혀 다른 기질의 사람들에게 통할 리 없었다. 노동 시간의 엄격한 준수는 물론 금주나 가정 방문도 낯설고 황당한 규정이었다. 포드는 자기 직원들이 위생적이고 건강한 생활 방식을 따르고 있는지 확인하기 위해 회사에서 직원들의 가정을 방문하도록 정해두었다. 이런 어리석은 규정과 규제는 다시 막대한 인력 손실로 이어졌고, 안 그래도 심각한 일손 부족을 더 부채질했다.

남은 직원들 사이에서도 동요가 끊이지 않았다. 북미의 효율성은 완만하게 흘러가는 타파조스 강처럼 느긋한 원주민들의 시간 감각과 맞지 않았다. 원주민들이 일으킨 폭동 중 하나는 모욕적인 타임 레코드에 대한 반발에서 시작되었다. 불만이 저항으로 확대된 건 너무나 당연하고 또 피할 수 없는 일이었다. 1930년에는 브라질 노동자들이 식당의 카페테리아 시스템 도입에 반대해 폭동을 일으켰고 그것이 유혈사태를 낳아 브라질 군대가 출동하기도 했다. 하지만 훗날 브라질 파라 주에서 현장의 근로 상황과 생활 조건을 살피러 왔던 한 직원은 브라질 사람들에게 폭동을 일으킬 것이 아니라 무릎 꿇고 신께 감사를 드려야 할 것이라고 말했다.

지역 주민들에 대한 심각한 무지에도 불구하고 포드란디아에 일자리를 얻은 사람들은 아마존 어디에서도 누릴 수 없는 것들을 누렸다. 생활 조건은 우수했고 식사도 좋았다. 의료 시설은 무료 이용이 가능했다. 덕분에 베리베리 병 같은 비타민 결핍 질환이나 기생충은 물론 말라리아와 황열병도 아마존의 다른 지역에 비해 훨씬 발생빈도가 낮았다. 임금은 높은 수준이었고 주택은 무료로 공급되었으며 그 밖의 생필품은 포드 사에서 보조금을 지급했다. 문제는 매일매일 자신의 문화적 정체성과 싸워야 한다는 것이었다. 그것도 자기 나라에서 말이다.

하지만 결국 프로젝트가 실패한 결정적 원인은 원래의 목적, 즉 고무를 수확할 준비가 미비했다는 데 있었다. 농장의 입지 선택부터가 너무 아마추어였다. 고지대에 언덕이 많은 지형은 침식의 위험이 높고 아침 안개가 잦아 나무 병이 쉽게 번졌다. 개간하기도 힘든 데다 초기에 묘목의 식재량을 조절하지 못해 아무렇게나 심었다가 거의 모든 묘목이 죽어버렸다. 그런데도 무능한 직원들은 그냥 씨를 뿌리고 내버려두면 튼튼한 나무로 자랄 것이고 몇 년 안에 수액을 뽑아낼 수 있을 것이라 기대했다.

돌아보면 참 황당하기 이를 데 없다. 세계적인 기업이 그런 대규모 프로젝트를 그렇게 미숙하게 진행했고, 실수를 저지르고도 고집불통으로 해결책을 거부했으니 말이다. 포드는 추진력과 건강한 이성만 있으면 분야를 막론하고 누구나 성공할 수 있다고 주장했다. 싱가포르의 헨리 리들리는 몇 년에 걸쳐 쉬지 않고 연구했고 농장주들에게 묘목 심는 법과 가꾸는 법, 도구 사용법과 수액 채취법까지 일일이 지시를 내렸다. 다른 지역에서도 그사이 고무나무 농장과 관련된 다양한 시도와 노력이 있었다. 그러니 마음만 먹었다면 그런 경험치를 적극 활용할 수 있었을 것이다. 하지만 포드는 그러지 않았다.

지역만 놓고 따진다면 그곳이 원래 동남아 고무나무들의 고향이었다. 포드의 농장은 정확히 반세기 전 헨리 위크햄이 파라고무나무의 씨앗을 수거했던 장소에서 그리 멀지 않았다. 이런 사실은 농장을 설립하기에 더없이 좋은 입지 조건이라는 증거였다. 따지고 보면 수확이 풍부한 바다 건너 영국, 프랑스, 네덜란드 고무 농장의 나무들 대다수가 이곳의 씨앗에서 자란 것들이니 말이다.

하지만 싱가포르와 말레이시아의 고무 농장 나무들은 아마존과 전혀 다른 조건에서 성장했다. 그 사실을 디어본의 본사는 미처 생각하지 못했다. 특히 아시아에는 없지만 남미에는 생존하는 각종 해충들이 나무들을 괴롭혔다. 파라고무나무의 천적은 물론이고 각종 유충, 개미, 나방, 진드기들은 수종이 고무나무 하나뿐인 농장에는 큰 위험이 되었다. 열대우림의 자연 환경에서는 고무나무들이 여러 수종들 사이에 흩어져서 자라기 때문에 어떤 질병도 전염될 확률이 많지 않지만, 해충이 순식간에 갉아먹어 우아한 이파리를 모두 잃어버린 농장의 광경은 실로 참담했다.

빈약한 소출, 배부른 해충

포드란디아 프로젝트를 시작한 지 6년 후인 1933년이 되어서야 디어본의 본사는 고무농장 전문가를 영입했다. 그는 부족한 점들을 모조리 지적하면서 적당한 장소를 물색해 아시아 농장의 씨앗으로 다시 시작할 것을 제안했다. 브라질의 나무에서 나왔지만 수확을 높이도록 개량한 씨앗으로 말이다. 일 년 후 그들은 강 하류 산타렘 시에서 남쪽으로 불과 50킬로미터 떨어진 벨테라에서 큰 면적의 우림을 개간하고 350만 그루의 나무를 심었다. 외딴 포드란디아는 1936년에 포기해버렸다. 입지 조건은 벨트라가 훨씬 유리했다. 강을 건너면 연중 어느 때라도 대형 선박이 닿을 수 있는 곳이었고 평평한 땅에 토질도 좋았다. 다만 집, 도로, 전기, 수도 시설 등 기간시설을 다시 지어야 했다. 이번에는 더 많은 투자를 했다. 예전에는 200채였는데 이번에는 800채의 집을 지었고 브라질 국민 스포츠를 감안해 축구장까지 만들었다. 그리고 다시 나무를 심었다. 이번에는 천적에 저항력을 키운 나무들을 선택하는 식으로 보다 전문적으로 임했다. 5년 후 식재를 마친 땅의 면적은 50평방킬로미터에 달했고 이번에는 모두들 성공을 확신했다. 하지만 그럼에도 성공은 미진했고, 결국 나무는 또다시 해충과 질병의 습격을 받았다. 그 범위도 실로 엄청났다.

헨리 포드의 아들 에젤은 이미 몇 년 전부터 공식적인 포드의 대표였지만 아버지가 고집을 부리면 어찌하지 못하는 처지였다.

그가 마침내 나서서 이 사업에서 손을 떼려고 했다. 수백만 달러에 이르는 그동안의 손실을 감안해 아마존의 포드령을 브라질 투자자에게 매각할 계획을 세웠다. 하지만 포드 사의 실패를 목격한 상황에서 감히 나서 고무 생산에 도전할 사람은 없었다. 그렇다고 해서 완전히 포기할 수도 없는 상황인지라 어쩔 수 없이 그는 다시 언젠가 가시적인 결과가 나타나리라는 희망을 품고 노력을 계속했다. 2차 대전으로 수급상황이 악화되자 동남아시아에서 고무를 확보할 수 없을지 모른다는 두려움에 브라질과 미국 정부 모두가 생고무 농장에 관심을 보인 덕도 있었다. 하지만 관심은 이내 야생 고무나무쪽으로 옮아가고 말았다. 수확량이 많은 고무 농장을 만들자면 시간이 너무 오래 걸렸기 때문이다.

40년대에 접어들면서 브라질 농장을 유지할 마지막 이유마저 사라지고 말았다. 1942년 포드 사는 미시간의 타이어 제작시설을 소련에게 매각했다. 일 년 후에는 산업국가들의 기나긴 경쟁 끝에 마침내 합성고무가 탄생했다. 동시에 벨테라의 파라고무농장이 유례없는 병충해를 입은 데다 천적인 멜암프소라의 습격이 그 뒤를 잇자 헨리 포드의 브라질 모험도 마침내 막을 내렸다. 1945년 아버지가 세상을 뜬 후 에젤이 후계자 자리에 오르면서 열대우림의 농장은 새 사장의 엄격한 절약 정신에 희생되고 말았다. 그 시점에 계산한 포드 사의 투자금은 포드란디아와 벨테라를 합해 총 2500만 달러였다. 물론 기대했던 수확량은 없었다. 1000톤 이상의 생고무를 생산한 기간이 채 1년도 안 되었다. 헨리 포드 2세는 5만 달러를 받고 브라질 정부에 농장을 팔았다. 브라질 정부는 한

동안 고무 농장을 되살리려 애썼지만 결국 타파조스 강변은 가축의 방목지로 변하고 말았다.

현재의 포드란디아는 을씨년스러우면서도 가슴 뭉클한 장소다. 대부분이 자연에게 재점령당했고 아스팔트는 풀과 나무로 뒤덮였다. 병원만은 원래 모습을 유지하고 있지만 30년대 장비를 사용할 환자는 없다. 아주 오래전 누군가 이 우림에 한조각의 미국을 옮겨다 심으려 했다는 사실은 여실히 확인할 수 있다. 헨리 포드는 1947년에 사망했다. 그의 사명감과 경제적 자립의 노력이 담긴 이곳의 실험실을, 그는 살아생전 한 번도 찾지 않았다.

Chapter 9

전 세계 교통의 혁명화

– 히틀러의 광궤철도

❄   1943년 3월, 스타일과 형식은 미국의 《라이프 매거
        진》을 모방했지만 내용은 나치 선전으로 가득한 독
일 잡지 《지그날》에 특이한 기사 한 편이 실렸다. 익명의 기자가
쓴 '9개를 하나로. 센세이셔널한 철도 프로젝트의 보고서'라는 제
목의 기사는 넓은 궤도를 달리는 새 철도, 독일 제국의 철도 계획
을 소개하는 내용이었다. 그것이 달성하고자 하는 목표는 '전 세
계 교통의 거대한 혁명화'였다. '그 걸음을 내디딜 것이고 철도는
환상적인 변혁을 경험하게 될 것이다.'

특히 인상적인 부분은 기존 철도와의 비교다. '이 인상적인 장
거리 열차의 차량 1량은 보통 열차 9량을 붙인 것과 같다. 여객용
차량은 공간 면적이 각 1450입방미터이며, 2층에 480석을 갖춘
60개의 칸막이 객석으로 나뉜다(현재 공법으로 만드는 기차는 내부 공
간이 160입방미터에 불과하다). 화물차는 각 25미터 길이의 차량이 15

개이기 때문에 7000~8000톤의 화물을 수송할 수 있다.' 기사는 또 새 기차에 맞춰 계획한 '매머드 급 역'이 파리의 샹젤리제만큼 길고, 기차를 타러 가는 길이 너무 멀어서 무빙워크를 깔아야할 것이라고 자랑스럽게 설명한다. '4000명의 승객을 태운 800미터 길이의 기차는 이곳에서 출발해 유럽과 아시아 대륙을 횡단한다. 4미터 폭의 광궤 철로를 이용하면 8~10분 만에 시속 250킬로미터의 평균 속도에 도달한다. 이 모든 것이 유토피아가 아니라교통 학자들과 기술가들이 진지하게 임하고 있는 반드시 실현될프로젝트다.'

그 기사 때문에 해당 부서가 곤란한 일을 겪었을 수도 있다. 프로젝트는 엄격한 기밀 사항이었기에 홍보의 대상이나 기삿거리로삼을 일이 아니었던 것이다. 광궤철도가 나치 치하 독일에서 기획한 다른 대형 프로젝트들과 달리 별로 사람들에게 알려지지 않은이유도 그 때문이었다. 예를 들어 전쟁이 끝난 후 이데올로기의짐을 벗어버리고 폭스바겐 비틀이라는 이름으로 시장에 나온 '카데프 바겐^KdF-Wagen'의 경우 아이디어의 시작은 1938년이었다. 또제국 고속도로의 경우도 어찌 되었건 나치 치하에서 완공된 사업이었다. 더구나 광궤철도는 계획 단계부터 너무 늦은 감이 없지않았다. 2차 대전이 한창이던 와중에 나온 계획이었으니 말이다.안 그래도 전쟁의 부담에 허덕이던 제국철도로서는 너무 힘겨운사업이었을 것이다.

《지그날》편집부가 자체적으로 조사해서 알아낸 사실인지 제국교통부가 의도적으로 기삿거리를 슬쩍 흘린 것인지는 확실치 않다. 심지어 검열도 무사통과했다. 아마 담당자가 과도한 검열 업무로 만성 피로에 시달린 탓일 수도 있다. 어쩌면 독일에서 잡지조차 팔리지 않던 시절 탓이었을 수도 있다. 《지그날》은 외국에서, 즉 독일이 점령했거나 독일과 연합한 국가들에서 그 나라의 언어로 발행되어 큰 성공을 거두었다. 하지만 영어판, 이란어판, 아랍어판까지도 제작돼 총 25개국의 언어로 읽을 수 있었고 한 달에 두 번 발행되었으며 총 발행부수는 약 250만 부였다. 그러므로 그 광궤철도에 대한 기사 역시 나치제국에 얼마간 호의적인 프랑스인들, 루마니아, 노르웨이, 스페인인들과 점령 국가에 주둔하는 독일 국방군, 독일 제국의 외교 사절들이 읽었을 것이다.

거대하게, 더 거대하게

그러니 대형 열차라는 대규모 프로젝트야 말로 《지그날》의 홍보 목적에 아주 적합했을 것이다. 《지그날》은 독일 제국의 현대성과 뛰어난 능력을 자랑하고 유럽을 독일의 영도 하에 통일시키겠다는 목적을 홍보하기 위해 최고의 기자, 레이아웃 기술자, 사진가들만을 선발했다. 매력적인 색깔과 모습으로 '새로운 유럽'을 홍보했고 1940년부터는 전장으로 출동하는 멋진 군인, 휴식시간을 즐겁게 보내는 군인들의 사진과 간소한 복장의 숙녀들, '고향 전선'에서 열심히 사는 어머니의 화보를 실어 국가사회주의와 독일의 전쟁을 선전했다. 특히 1941년 10월부터는 시리즈 기사를 통해 '국경 없는 교통', '대륙 간 선박, 항공, 철도 교통'의 장점을 알리려 애썼다. 광궤철도 비밀 계획 역시 그중 하나였다. '극동 지역을 유럽과 연결해 베를린-블라디보스토크의 9931킬로미터 구간을 여객 열차는 5일 안에, 화물 열차는 10일 안에 주파할 수 있는 철로의 막대한 장점은 두 말할 필요가 없다.' 당연히 그런 식의 대규모 사업은 '독일 제국' 같은 원기 왕성한 국가만이 할 수 있는 일이다.

그 기사를 쓴 기자는 기존의 철도 규격이 마음에 들지 않는 듯했다. 중부 유럽의 보통 철로 궤도를 경멸하듯 '우편마차 규격'이라고 불렀고 독일보다 넓은 러시아(1570밀리미터), 이베리아 반도(1668밀리미터)의 궤도 역시 유럽 전체를 연결하는 철도망으로는 부족하다고 주장했다. '기존 공법의 철도는 그런 노선이 부담해야 할 수준조차 버겁다. (……) 4미터의 광궤철도만이 철도 교통의 전 세계적 발전에 부응한다. 이제 기술자들은 기존 궤도의 협소한 조건에 구애받지 않고 환상적인 능력을 갖춘 신속하고 힘센 기관차와 수백 미터 길이의 기차를 만들 수 있다.'

광궤철도 프로젝트는 나치 독일의 거대망상증과 딱 맞아떨어졌다. 유럽의 기존 궤도 넓이는 지배 영토건 타이틀이건 건축이건 기술이건 모든 것의 규격을 부풀리려는 '지도자'의 강박적인 충동을 따라갈 수가 없었다. 모든 것이 과대할 정도로 커졌다. 극복하지 못한 열등감 탓에 무엇이건 세계 최고와 비교했다. 로마 제국, 뉴욕이나 런던 같은 대도시가 비교 대상이 되었고, 세계 최고의 건축물이나 기술적 성과도 독일 제국이 무난히 뛰어넘을 수 있다고 우겼다. 그래서 《지그날》은 광궤철도의 경우에도 유독 거대한 비율만 자랑했다.

'원거리 철도의 기관차만 해도 길이가 약 70미터이고 24000마력으로 달린다(보통 기차의 기관차는 길이가 약 25미터에 2100마력이다). 기차 전체가 유선형이다. 2층인 15개의 차량은 각기 길이가 50미터, 폭이 6미터다. 다시 말해 보통 기차 차량보다 길이는 두 배, 폭은 두 배 이상이라는 뜻이다.' 기술적 면에서만 우수한 것이 아니다. 편리함에서도 타의 추종을 불허한다. '한 칸씩 나뉜 침대차량, 바, 독서실, 목욕탕, 샤워실, 식당칸, 전망칸, 미용실 등이 승객에게 제공된다. (……) 넓은 공간 덕분에 현재 최고 수준의 차량도 제공할 수 없는 안락함을 선사할 수 있다. 칸막이 객석도 훨씬 넓고 길어 좌석도 넓다. 현재 70센티미터여서 좁다고 느끼는 복도도 훨씬 넓어진다.'

과대망상의 건축

아돌프 히틀러는 스스로를 정치는 물론 건축에서도 세계 제국의 건축가라고 생각했다. 그리고 그 둘 다에서 실패했다. 전쟁이 한창이던 1941년 겨울, 처음으로 군사적 문제를 겪기 시작하자 히틀러는 측근들에게 자신은 원래 사령관이 아니라 건축가가 되고 싶었다고 털어놓았다. 그는 긴장을 풀기 위해 자주 설계를 했는데,

특히 전쟁에서 이긴 후 소위 5대 '지도자 도시'를 리모델링하기 위한 계획안이 그의 주관심사였다. 그 5대 도시는 '세계의 수도 게르마니아' 베를린, '이동의 수도' 뮌헨, '제국전당대회의 도시' 뉘른베르크, 그리고 히틀러가 유년기를 보낸 오스트리아 린츠와 '독일 항해의 수도' 함부르크였다. 그 도시들을 멋진 도로와 대형 건축물로 채워 세계 대도시들의 기를 죽이겠다는 목표였다. 당시 히틀러가 계획한 건축물 중에서 가장 많이 알려지고 가장 대규모인 것은 베를린 '대회당Grosse Halle'과 개선문이었다. 회당은 둥근 천장 꼭대기에 앉은 제국 독수리의 머리 깃털까지의 높이가 320미터이며 내부에는 18만 명이 들어갈 수 있다. 이 건물이 지어지면 그 앞에 자리한 제국의회는 수위실로 전락하고 말 것이다. 거기서 남쪽으로 몇 킬로미터 떨어진 곳에 지을 개선문은 폭이 170미터이고 높이가 117미터로 파리의 개선문보다 높이는 두 배, 용적은 몇십 배일 것이다. 뉘른베르크에는 거대한 제국전당대회 부지가 조성되기 시작했으며 함부르크에선 거대한 엘베 강을 가로지르는 다리가 계획되었다. 뮌헨의 경우 거대한 원형 둥근 천장 역사가 리모델링 계획의 중심점이었다.

광궤철도 아이디어가 언제 나왔는지는 확실치 않다. 다 아는 바와 같이 히틀러는 자동차 팬이어서 철도를 '과거의 유물'이며 어쨌거나 '너무 궤도가 좁다'고 생각했다. 유명한 고속열차 '레일 제플린'의 설계자인 프란츠 크루켄베르크는 아마 그 사실을 몰랐던 것 같다. 알았더라면 협궤열차 아이디어를 제국 수상에게 가져가지는 않았을 테니 말이다. 크루켄베르크는 전쟁이 끝난 후 히틀러가 기존 레일 넓이를 그대로 유지한 자신의 고속열차망 제안을 이런 말로 단칼에 거절했다고 털어놓았다. "나도 철도 생각을 했네. 레일을 4미터로 넓히고 싶어." 그것이 1934년이었다. 그 후로도 별 제스처가 없었던 것으로 미루어 히틀러는 그 일을 급선무로 생각하지 않았던 것 같다. 하지만 어느 날부터인가 자신의 5대 '지도자 도시'를 적절한 규격의 철도로 연결하겠다고 결심했다. 대형 건축 프로젝트에 걸맞은 대형 연결고리가 필요했던 것이다. 베를린, 뮌헨, 함부르크, 뉘른베르크, 린츠 사이를 레일 폭이 4미터인 광궤철도가 오가게 한다는 것이다. 솔직히 도시 프로젝트가 워낙 크다 보니 보통의 철도는 장난감으로밖에 안 보였을 것이다.

1941년 초 소련을 급습하기 몇 달 전 제국철도에 여객 및 화물용 고속철도망 건설 제안서를 제출하라는 지도자의 명령이 떨어졌다. "지도자께서 독일 제국철도에게 특별한 대규모 고속철도망의 조성을 검토해보라고 촉구하셨다. 기존 철도망보다 화물열차는 적재중량이 더 많아야 하고, 고속열차와 동력차는 속도가 더 빨라야 한다." 하지만 레일의 폭과 관련된 지시는 없었다. 당시 독일 제국은 영토 확장의 정점에 도달할 참이었다. 북아프리카에서 노스케이프까지, 피레네에서 모스크바까지, 도버해협에서 크레타까지, 가장 넓은 영토를 손에 넣기 직전이었다. 그해 말 유럽인 3명 중 2명이 독일 제국의 지배를 받았다. 따라서 독일의 교통망 역시 '옛 제국'의 수준을 뛰어넘어 더 넓은 지역을 포섭해야 했다. 루마니아 유정과 도네츠 분지의 탄갱에서 시작될 새로운 수송로가 필요했으니 말이다. 안 그래도 연합국의 해상봉쇄 때문에 자원이 풍부한 유럽 동부 지역의 중요성이 부각되던 시점이었다. 유럽 대륙이 대부분 독일의 것이 되었으니 '대륙을 연결할 대 교통망'이 시급했던 것이다. 하지만 그 상황이 오래 가지 못하리라는 생각을 히틀러는 하지 못했다. 세계 무역을 염두에 두지 않았던 그는 전쟁이 끝나도 유럽 대륙이 계속 자급경제를 유지해야 한다고 생각했다. 그렇지만 도로와 철도, 항공 교통과 달리 수로의 역할은 중시하지 않았다. 특히 대량 수송은 철도가 담당해야 한다고 생각했다.

제국철도의 전문가들은 기존의 레일로도 지도자가 요구한 과제를 충분히 소화할 수 있다고 보았다. 적재량을 높이고 속도를 올려도 기존의 레일 폭으로 아무 문제가 없다는 것이다. 1939년 제국교통부 장관 고문 귄터 빈스는 기존 철도망을 고속철도망으로 보충하자는 제안을 내놓았다. 라인-마인 지역과 루르 지역에서 동프로이센 및 슐레지엔까지, 그리고 함부르크에서 바이에른까지 4개의 레일로 고속철도를 운행하되 선별한 역에서만 정차하고 여객열차의 경우 시속 200킬로미터를 달성하며, 여객열차와 화물열차가 각기 전용 레일을 사용하자는 내용이었다. 아직 레일 폭의 변경에 대해서는 전혀 언급이 없었다.

지도자의 제국광궤철도

1941년 10월 히틀러는 아우토반 설계자이자 군수장관이었던 프리츠 토트에게 지도자 도시에 광궤철도를 도입하고 싶다는 뜻을 전했다. 토트는 이미 결정된 대로 정복한 동부 유럽에 3차선 고속도로를 건설하고 나아가 우크라이나와 러시아, 루마니아의 천연자원을 독일로 수송하기 위해 '제국광궤철도'를 건설하자고 제안했다. 여객 수송은 아우토반에 맡기고, 철도를 화물 전용으로 삼자는 것이었다. 소련을 공격한 지 족히 3개월은 지난 시점이었다. 원래 계획대로라면 이제 곧 소련을 정복하기 일보 직전이었다. 히틀러는 그의 아이디어에 열광했다.

그 이후 광궤철도 프로젝트는 철도 관련 간행물과 철도 기술자들의 수다에 빠지지 않는 메뉴가 되었다. 광궤철도 프로젝트의 기록자인 안톤 요아힘스탈러는 광궤철도 정신병이라는 표현까지 사용했다. 감정인들과 기술자들이 경쟁하듯 이런저런 제안을 내놓았기 때문이다. 이제는 아무도 그 모든 임무를 기존의 철로로도 해결할 수 있다는 주장은 하지 않았다. 단치히 공대의 네센 교수는 차량의 폭이 5.20미터가 되면 수용력이 순식간에 두 배로 뛴다는 논리를 들어 레일 폭을 3.70미터로 하자고 제안했다. 물론 나수는 그보다 레일 폭을 작게 주장했다. 장관 고문 빈스 역시 전쟁 전의 겸손했던 계획을 갑자기 수정해 러시아 및 이베리아 철도의 레일 폭이 가진 장점들을 옹호했다. "이 레일 폭을 벗어날 경우 약 4000밀리미터로 대폭 레일을 넓히지 않으면 아무 소용이 없다."

자기 제안이 채택되고 싶으면 '지도자'의 수준에 맞춰야 했다. 전쟁이 끝난 후 빈스는 처음부터 광궤는 터무니없는 짓이었다고 고백했다.

1942년 마침내 사업이 구체화되기 시작했다. 혹독했던 지난겨울은 제국철도에 큰 난관을 안겨주었다. 예상했던 대로 늘어난 군사업무와 길어진 수송 거리는 제국철도에게 과도한 부담이 아닐 수 없었다. 기관차의 3분의 2가 눈과 얼음 앞에 손을 들고 말았다. 러시아 열차는 겨울이 닥치기 전에 운행을 끝내야 하기 때문에 특별한 겨울 대비책을 강구할 필요가 없었다. 닥치지 않을 상황에 대비해 미리 계획할 필요는 없는 법이다. 그렇지만 그해 겨울에 겪었던 어려움이 워낙 컸기 때문에 히틀러는 노발대발하여 제국철도를 위협했고 실제로 벨라루스와 우크라이나의 몇몇 철도 책임자들을 잠시 수용소로 실어가기도 했다. 그리고 1942년 봄 상황이 좀 나아지자 제국철도에 광궤철도 계획에 착수하라는 명령이 하달되었다.

이 시점 이미 독일의 전세는 가망이 없었다. 독일군의 모스크바 진군은 실패로 끝났고 미국이 참전하면서 상황은 더 나빠졌다. 그런데도 히틀러는 1942년 봄 그가 좋아하는 뮌헨 슈바빙의 술집 '오스테리아'에서 여전히 전쟁이 끝난 후의 계획을 늘어놓았다. 위층에 올라가면 최고의 전망이 보장되는 2층 차량을 자랑했고 우크라이나의 탄광 지역 도네츠 분지와 슐레지엔의 산업 지역을 연결할 화물열차의 제작 필요성을 역설했다. '유럽의 곡창' 우크라이나와 볼가 분지의 역할에 대해서도 언급했다. "그렇게 해야만 특히 경제적으로 동부 지역을 우리 계획에 맞게 개방할 수 있다. 물론 이 철도 프로그램은 많은 어려움을 안고 있을 테지만 물러서지 말아야 한다." 동프로이센의 사령부 볼프산체에서도 히틀러는 철도 프로젝트 이야기를 자주 했다.

철도 프로젝트 참가들로서는 이 일이 전선에 동원되지 않을 수 있는 절호의 기회였다. 제국철도 직원들뿐 아니라 개발에 참여한 다른 기업의 직원들 역시 마찬가지였다. 하지만 1942년에도 여전히 담당 철도 책임자, 기술자, 건축가들이 광궤 프로젝트의 구체적인 사항에 합의를 보지 못하자 (심지어 레일의 폭도 2.50과 4미터 사이를 오가고 있었다) 제국교통부는 프로젝트 전반을 주관하고 조직할 별도 부서를 만들었다. 덕분에 점차 윤곽이 잡혀가면서 중요한 문제들이 확정되었다. 레일 폭은 3미터, 차축 하중 35톤, 미터당 하중 19톤으로 결정되었다. 그리고 그해 말 마침내 필요한 세부 사항을 담은 '진정서'가 제출되었다. 확정된 노선은 다음과 같았다.

1. 파리 – 루르지역 – 베를린 – 브레슬라우 – 키예프 – 로스토프/도나우

2. 함부르크 – 베를린 – 뮌헨 – 빈 – 부다페스트 – 부쿠레슈티 – 이스탄불

3. 베를린 – 드레스덴 – 프라하 – 빈

4. 뮌헨 – 슈투트가르트 – 파리

6월 18일 '이동의 수도' 뮌헨의 총 건축 감독관인 헤르만 기슬러는 교통부에 '지도자'의 계획을 전달했다. 그는 히틀러가 자기

묘비를 지어달라고 부탁했던 인물이기도 하다. 전달 내용에는 철도 노선을 계획 중인 뮌헨 중앙역 신청사를 통과하도록 하라는 명령도 들어 있었다. 교통부 차관 간첸밀러는 전쟁에 승리하면 기존 철도망은 한계에 부딪힐 것이므로 현저하게 커진 제국의 영토를 고려해 대형 교통망을 구축해야 한다고 주장했다. 그러는 사이 여객용은 물론 화물용까지 광궤철도를 만든다는 계획이 수립되었다. 최고 시속 250킬로미터의 고속열차를 베를린에서 블라디보스토크까지, 로테르담에서 키예프까지, 함부르크에서 이스탄불까지 운행하기로 결정했다.

철도 관계자들의 밋밋한 반응

하지만 철도 관계자들은 대부분 히틀러의 프로젝트에 큰 호응을 보내지 않았다. 문제가 한둘이 아니었다. 쓸데없이 큰 규모는 말할 나위도 없었고 서로 다른 두 개의 철도 시스템이 충돌을 일으킬 것이라는 우려 때문이었다. 군부조차 난색을 표했다. 광궤철도의 유용성이 너무 한정적인 데다 덩치가 너무 커서 쉽사리 적의 공격 목표가 될 수 있다는 것이었다.

　독일 제국철도는 또 나름대로 심각한 고민이 있었다. 독일이 1차 대전에서 패망하면서 짊어지게 된 막대한 배상부채 탓에 철도의 확충과 현대화에 쏟아 부을 여윳돈이 전혀 남아 있지 않았다. 2차 대전이 시작되기 전까지의 경제적인 호황은 너무 짧았다.

더구나 나치 정부는 권력을 장악하고 나서 한참 동안 아우토반 건설에 매진하느라 철도교통을 등한시했다. 그랬으니 갑작스러운 관심이 심히 부담스럽지 않을 리 없었다.

점령 지역이 늘어나면서 철도의 임무가 막중해지고 필요 수송량이 커졌지만 원칙적으로 기존의 레일 폭을 포기해야 할 필요성은 전혀 없었다. 지금의 레일로도 충분히 효율적이고 신속한 철도망을 구축할 수 있었다. 전문가들의 감정 결과를 보면 1435밀리미터의 기존 레일 폭으로도 무난히 철도 성능을 10배로 올릴 수 있었다. 수송량도 늘릴 수 있고 속도도 높일 수 있으며 배차 간격도 좁힐 수 있었다. 물론 레일의 폭이 넓어지면 차량의 수용 능력과 높이가 엄청나게 커질 것이다. 3미터만 되어도 30~50배가 증가할 수 있다. 하지만 차량의 무게 또한 무거워질 것이므로 자체 하중과 화물 화중의 비율은 별 차이가 없을 것이다. 미래의 수송량을 최대한으로 높여 계산한다 해도 굳이 그렇게 레일 폭을 넓힐 이유가 없었다. 교통경제적으로나 정치경제적으로나 광궤철도는 필요하지 않았다. 모든 관계자들이 알고 있던 사실이다. 설계를 의뢰받은 철도 기술자들 역시 모를 리 없었다.

1943년 초 스탈린그라드 전투에서 독일군이 패배한 지 몇 주후 교통부 차관 간첸밀리와 프로젝드 책임사가 된 상관고분 빈스는 히틀러에게 프로젝트 현황을 보고한다. 히틀러는 대부분의 세부사항을 허락했고 프로젝트의 중요성을 강조했다. 이제 히틀러는 계획했던 베를린, 린츠, 뮌헨의 모형 앞에서 꿈을 꾸며 멍하니 보내는 시간이 많아졌다. 그러는 동안에도 현실에선 독일의 전선이 자꾸만 후퇴했고 연합군 편대의 공습은 독일 도시들을 폐허로 만들었다. 이렇듯 동서 양쪽에서 밀고 들어오는 연합군 때문에 독일의 영토가 순식간에 쪼그라들고 결국 베를린 빌헬름 가를 둘러싼 몇 킬로미터 지점밖에 남지 않았을 때도 히틀러는 연합군의 공습에 감사한다고 말했다. 전쟁이 끝나고 더 멋지게 재건할 수 있도록 다 때려 부숴주었으니 말이다.

최종 승리를 대비하여
——

전쟁 탓에 다른 부서엔 인력이 급감했지만 '지도자'께서 원하셨으니 광궤철도 프로젝트만은 적극 추진되었다. 1943년 말 마침내 다음과 같은 주요 노선과 보충 노선으로 광궤철도 노선망이 확정되었다.

1. 베를린에서 루르지역을 거쳐 파리까지 가는 노선이며, 보충 노선으로 북아프리카 브레스트까지 가는 노선이 추가된다.

2. 베를린-함부르크 노선이다.

3. 베를린-베르슬라우-키예프-로스토프 노선으로, 브레슬라우에서 민스크를 거쳐 레닌그라드 및 모스크바와 카산까지 가는 보충 노선과 키예프에서 카르코프를 거쳐 스탈린그라드(볼고그라드) 및 오데사까지 가는 보충 노선, 그리고 로스코프에서 바쿠까지 가는 보충 노선이 추가된다.

4. 베를린에서 프라하, 빈, 벨그라드, 부쿠레슈티를 거쳐 바르

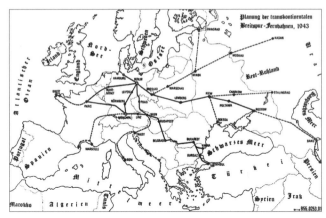

1943년 확정된 광궤철도 노선망(점선 부분은 보충노선)

나 및 이스탄불까지 가는 노선으로, 빈-트리스트-롬의 보충 노선
이 추가된다.

5. 베를린에서 라이프치히와 뉘른베르크를 거쳐 뮌헨까지 가는
노선이다.

6. 뮌헨에서 파리까지, 그리고 동쪽으로는 린츠를 거쳐 빈까지
가는 노선으로 서쪽으로 마르세유를 거쳐 스페인 국경까지 가는
보충 노선이 추가된다.

원거리 철도 노선이 완전히 새롭게 개편되면서 베를린에 두 개
의 새 중앙역사가 계획되었다. 북역(현재의 중앙역 북쪽)과 거의 비
슷한 모양의 남역으로, 남역은 템펠호프 공항 옆에 위치한다. 두
역의 규모는 어마어마하며 특히 더 규모가 큰 남역은 세계 최대의
역으로 계획하였다. 뉴욕 중앙역은 그에 비하면 허름한 시골역 같
다. 22개의 원거리용 철로를 갖춘 12개의 플랫폼이 예정되었고 거
기에 광궤 레일 2개가 추가되었다.

이러한 설비 시설은 효과를 노렸다. 이미 열차를 타고 오면서 세계에서 가장 화려하고 큰 열차에 압도당했을 승객들은 다시 눈앞에 펼쳐진 역의 풍경에 입을 다물지 못할 것이다. 약탈한 무기로 장식된 역 앞 광장은 길이가 1킬로미터이고 그 뒤로 거대한 개선문이 우뚝 솟아 있다. 그 아치를 통해 멀리 북쪽으로 '대회당'이 눈에 들어온다. 호감이든 거부감이든, 어쨌든 승객들의 눈앞에 펼쳐진 광경은 숨 막히는 장관일 것이다.

뮌헨에서는 제국철도 관리국의 광궤철도 전담팀이 종전까지 열심히 일했다. 물론 나중에는 딱 네 사람만 남았지만, 그들은 아마 어차피 패배할 전쟁에 끌려 나가 허망하게 목숨을 버리지 않아도 되었을 자신의 운명에 감사했을 것이다. 뮌헨은 프로젝트가 가장 많이 진척을 보인 곳이기도 하다. 뮌헨의 총 건축 감독인 헤르만 기슬러가 제국이 망할 때까지 꿋꿋이 일을 추진했기 때문이다. 게다가 뮌헨의 개축은 베를린에서 본격적으로 프로젝트에 착수하기 전에 이미 완료될 예정이었다. 그러니까 국가사회노동당 창립 30주년이 되는 1950년까지 완료되어야 했다. 구 중앙역사 서쪽의 신 역사는 원래는 80미터, 나중에는 210미터 폭의 화려한 중심가를 거쳐 도심과 연결될 예정이었다. 그 중심가는 다시 역사를 통과해 서쪽으로 파싱까지 연결될 계획이었는데, 길이가 총 6.6킬로미터에 달했다. 구 역사의 자리에는 215미터 높이의 거대한 '이동 기둥'을 세워 히틀러와 국가사회주의의 승승장구에서 뮌헨이 차지한 중대한 역할을 기리기로 하였다. 늑골궁륭 스타일의 원형 건물로 계획한 신 역사는 너비가 265미터, 돔 천장까지의 높이가

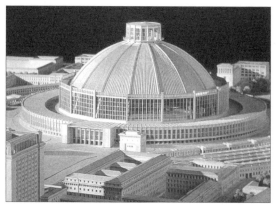

광궤철도 뮌헨역사의 모형

거의 117미터에 달하며 그 밑으로는 도로보다 더 아래쪽에서 기차가 역사를 통과하게 되어 있었다.

1942년 봄 히틀러는 기슬러에게 전쟁이 끝나면 광궤철도를 지어야 할 것이며 따라서 계획했던 뮌헨 신 역사를 그에 맞춰 다시 설계하라는 명령을 친히 전달하였다. 기존 레일의 작은 기차들이 양쪽에서 호위하는 가운데 광궤여객열차가 역사 한가운데를 통과하게끔 하라고 말이다. 뮌헨 신 역사 관계자들에겐 청천벽력이 아닐 수 없었다. 이미 1940년에 설계가 끝났고 열차 구간까지 다 확정된 상태였다. 심지어 돔 공사를 위한 땅파기 공사는 물론이고 여러 기지 준비 작업이 이미 신행 중이었다. 그런데 여기에다 광궤 레일을 깔 자리를 확보하자면 역의 지름을 적어도 20미터는 더 넓혀야 한다. 당시 거론되던 광궤 레일의 폭이 2.5미터에서 4미터를 오가고 있었으니 말이다. 뮌헨 역의 설계를 맡았던 건축가 파울 보나츠는 도를 넘은 요구라고 생각했다. 광궤 레일은 일반 레일보다 더 깊이 땅을 파야 하고 그러자면 지하수 문제도 해결해야 한다. 헌데 그것도 모자라 새로운 요구는 계속되었고, 돔의 지름을 두고도 논란이 끝이지 않았다. 1941년 가을 사적인 편지에서 보나츠는 이렇게 한탄했다. '베를린과 뮌헨에서 짓고자 하는 그모든 것들을 생각하면 두려움이 날로 커집니다.' 그는 '바빌로니아의 시도'라는 말도 했다. 그리고 터키로 일자리를 옮길 기회가생기자 한달음에 달려가버렸다. 전쟁이 끝난 후 그는 당시를 이렇게 회상했다. "낯선 외국으로 간 유일한 이유를 들라면 바로 그런광기로부터의 도피였을 겁니다."

권터 빈스는 1944년까지도 히틀러의 과대망상을 냉철한 논리로뒷받침했다. 앞으로 나아가려면 더 크게 생각해야 한다고 말이다. 하지만 광궤철도가 반드시 필요한 것은 아니라는 것을 잘 알고 있었기에 광궤철도의 건설 이유가 복지의 증진에 있다고 거듭 주장했다. 앞으로 국민은 더 잘살게 될 것이고 그러면 자동차와 철도여행, 화물 교역이 늘 것이고, 그런 수요 확장에 대비해 광궤철도의 엄청난 수용능력이 필요하다는 것이었다. "다른 교통수단들이계속 발전하고 있는 이때 왜 철도만은 항상 소박해야 하고 100년동안 고수해온 레일의 족쇄에 계속 머물러야 한단 말인가?"

물론 빈스도 막대한 비용이 들 것이라는 것을 너무나 잘 알고있었다. 어떤 크기가 됐든 레일 폭을 바꾼다는 것은 차량과 기관차를 다시 만들고 레일을 전부 새로 깔아야 한다는 의미다. 역과조차시설도 새로 지어야 하고 차량의 크기가 커지는 만큼 차량을만드는 공장의 크기도 키워야 한다. 더구나 기존 레일과 광궤 레일의 두 시스템을 완전히 분리시킬 수도 없다. 광궤철도는 원거리와 시간 단축 면에서는 매우 유리하지만 정차하는 역이 적어야 효과를 높일 수 있다. 따라서 광궤철도와 기존 철도 사이에 환승할 곳을 마련하고 화물도 옮겨 실을 곳이 필요해진다.

유럽을 가로지르는 2층짜리 호텔 열차
—

그사이 프로젝트는 엄청난 분량의 서류 더미를 쏟아냈다. 다양한 구동장치의 기관차와 여객열차 및 화물열차의 설계안만 무려 5권이었다. 엄격한 보안 하에 여러 회사가 설계안을 위임받았다. 독일 기업으로는 헨첼, 슈바르츠코프, 크루프, 지멘스가 있고, 빈의 기관차 공장 플로리츠도르프, ABB의 전신인 스위스의 BBC도 참여하였다. 자체 구동장치를 갖춘 기관차 하나만 봐도 시속 100킬로미터의 화물열차에서 시속 250킬로미터의 고속여객열차에 이르기까지, 무려 33개의 설계안이 제출되었다. 열차의 무게가 1000톤으로 예상돼 차량의 숫자는 7개로 제한했다. 열차의 종류에 따라 576인승(호화 주간열차), 738인 및 946인승(욕실 차량이 있거나 없는 침대차), 1484인승(일반 주간열차)이 채택되었다. 일반열차에 비해 수송 능력이 4배나 되기 때문에 일반 주간열차의 경우도 승객 수가 두 배로 증가한다. 거기에 객실이 넓어지고 부대 공간이 늘어나며 전체적으로 편리함이 현저히 높아진다.

실내장식을 포함한 열차 전체의 설계안도 제출되었다. 이것을 보면 얼마나 수준 높은 여행이 될 수 있을지 짐작 가능하고, 또 개발자들이 거대한 대양기선에서 영감을 많이 받았다는 사실을 알 수 있다.

넓어진 차량 폭 덕분에 정말 말 그대로 굴러가는 2층 호텔이 가능해진다. 물론 3등급 침대차는 침대칸이 좁고 단순해서 객실 수와 복도의 길이 말고는 기존 침대차와 별 차이가 없다. 더구나 객실이 중앙통로 좌우로 배치되어 있다. 하지만 1등급 침대차는 로비부터가 마름모꼴 무늬의 금란 직물과 나무 패널로 장식되어 있다. 오른쪽의 경비실로 들어가면 두꺼운 양탄자가 깔린 계단으로 이어지고 2층으로 올라갈 수가 있다. 2층 긴 복도의 한 면, 객실이 늘어서 있는 곳에 들어서면 마치 작은 호텔처럼 옷장 달린 작은 현관과 욕실로 들어가는 문이 승객을 맞이한다. 객실의 설계안 역시 다양한 스타일들이 제출되었다. 꽃무늬 장식의 밝은 바니시를 칠한 것도 있고, 꽃무늬의 가지색 실크 벽지를 바른 것도 있으며 윤이 나는 마호가니 머름으로 장식한 것도 있다. 모든 설계안에 다 들어 있는 넓은 소파는 펼치면 침대가 되고, 맞은편의 팔걸이 의자에 앉으면 지나가는 풍경을 감상할 수 있다. 화장실과 샤워시설이 딸린 욕실은 물론이고 체스 판과 화장대까지 구비되어 있다.

복도로 난 투입구에 구두를 놓아두면 차장이 지나가면서 승객들의 구두를 수거해 닦아준다. 복도 끝에는 큰 전망용 창이 달린 아침 식사용 식당이 있다. 1층의 식당칸으로 갈 때는 거의 옷을 걸치지 않은 댄서들이 그려진 로비에 앉아 동승객을 기다릴 수 있다. 식당칸은 광궤열차의 넓은 공간을 특히 더 인상적으로 활용한 공간이다.

예를 들어 1943년 뮌헨 제국철도 중앙부서가 제출한 식당칸의 상세한 설계도를 보면 식탁마다 4인 좌석이 마련돼 있고 식탁 사이의 통로가 아주 널찍하다. 4미터 높이에 달린 샹들리에는 천장까지 닿는 두 개의 큰 유리창으로 햇살이 비쳐들지 않아도 우아한 조명으로 분위기를 돋운다. 초록의 바니시 칠이 되어 있고 창에는 황금빛 커튼이 드리워져 있는데 그것이 탁자 밑에 깔린 양탄자와 아주 잘 어울린다. 패널을 입힌 벽에는 관광을 주제로 한 그림들이 걸려 있다. 인타르시아 기법을 쓴 자연목은 차분한 분위기를 연출한다. 하지만 뭐니 뭐니 해도 승객들을 압도하는 것은 규모다. 길이 30미터, 너비 6미터에 45개의 식탁이 15열로 줄지어 놓여 있어서 180인이 함께 식사를 할 수 있다. 식당칸의 양쪽 끝에는 발코니가 마련되어 있어 별도로 식사하고 싶은 사람들이나 사교를 원하는 사람들이 이용할 수 있다. 냄새를 방지하기 위해 부엌은 위층에 위치한다. 아래층까지 음식과 식기를 나르는 엘리베이터가 설치되어 있어 웨이터들이 오르내리지 않아도 음식을 편안하게 서빙할 수 있다.

여객열차 차량 역시 그 규모가 어마어마하다. 너비가 6미터, 길이는 42미터이고 높이기 기의 6미디에 달한다. 진체직으로 좌석 수가 기존 열차보다 8배나 많아서 6개의 차량에 400~500인의 승객이 나누어 승차할 수 있다. 내부는 2층 차량에 기존 크기의 객실을 2층 모두에 배치했고 가운데 복도를 중심으로 양쪽에 나누어 넣었다. 별도로 구비된 휴게실은 매우 넓고, 바와 편한 의자가 비치된 대기실, 도서실도 마련되어 있다. 내부 설계는 건축가 테오도르 디르크스마이어가 맡았는데, 베를린 양대 신 역사의 설계도 그가 담당했다. 그가 설계한 바에는 편안해 보이는 큰 의자들 한가운데에 불투명 유리 탁자가 자리하고 그 위에 코냑 병들이 놓여 있다. 또 우아한 손님 한 사람이 바에서 바텐더와 대화를 나누고 있다. 1층 도서실에는 넓은 쿠션 의자들 뒤로 나무 패널에 지도가 붙어 있다. 디르크스마이어가 설계한 식당칸은 미닫이 문 위에 시계가 하나 걸려 있고 다른 설계안들보다 특히 더 넓어 보인다. 양쪽 통로와 각 5명이 앉을 수 있는 식탁, 각기 5개의 큰 팔걸이의자가 놓여 있다.

굴러가는 극장

여객열차의 시설은 여기서 끝나지 않는다. 승객들이 타고 가는 차량 말고도 짐을 싣는 차량, 자동차용 차량, 우편 차량이 따라다닌다. 물론 공습에 대비한 대공포 받침대도 구비했다. 히틀러는 자신이 타고 다니던 특별 열차 '아메리카'에도 특히 그 점을 신경 썼고 그래서 철로 구간에는 절대 공중가선을 설치하지 못하도록 금지했다. 짐을 싣는 차량 역시 2층으로 여행객의 자동차가 편안히 가로로 들어갈 수 있다는 점이 장점이다. 개를 넣어두는 우리까지 마련되어 있었다. 하지만 탁아시설은 없었다. 나치 정부가 쉬지 않고 선전했던 다자녀 가족용 객차도 눈에 띄지 않는다.

당시 독일이 대서양에서 우랄까지 대제국을 꿈꾸었다는 사실을 고려한다면 장거리 여행에 대한 대비책도 충분했을 것이다. 낮에는 일등실의 두 객실을 연결할 수 있게 해 편안하게 서로 마주보고 앉을 수 있도록 한 점도 그런 대비책의 하나였다. 나아가 특별 차량도 마련되었다. 여성과 남성이 따로 사용하는 미용실, 20개의 샤워실, 4개의 욕조 목욕탕, 흡연자용과 비흡연자용 휴게실 등이 구비된 욕실 차량이 그것이다. 여행객의 편의를 위해 주방과 제과실도 마련되었고, 휴게실에서는 저녁마다 댄스 행사를 열 수도 있었다. 극장 차량도 고안되었는데 좌석이 200여 석이었고 스크린과 무대가 마련되어 있어 영화 상영은 물론 강연과 다른 행사도 가능했다. 양쪽 끝으로 복도를 만들어 관객이 조용히 영화를 감상할 수 있게 했으며, 발소리를 죽이기 위해 아마도 두꺼운 양탄자를 깔 계획이었을 것이다.

공기저항을 줄이느라 끝부분을 둥글게 마무리한 마지막 차량 역시 독특하게 설계되었다. 시속 250킬로미터의 속력과 엄청난 기차의 크기를 고려할 때 공기저항을 줄이기 위한 노력은 필수적이다. 이곳에는 탁 트인 전망이 가능하므로 갤러리와 대형 파노라마 살롱이 마련되었다. 많은 승객들이 몰려들 것으로 예상해 뷔페노 계획했나.

이와 달리 '동부 노동자열차'는 편이 시설보다는 수송 능력에 더 초점을 맞추었다. 프로젝트 보고서의 표현을 그대로 옮겨보면 이 열차의 목적은 무엇보다 대 독일의 농업 활성화를 위해 '대규모 노동자들을 단기간 안에 유럽의 이쪽 끝에서 저쪽 끝으로 실어 나르는' 것이었다. 필요에 따라 군대 수송용으로도 이용할 예정이었다. 객실당 8명이 들어가며 밤에는 4개의 나무 침상에 나누어 잠을 잘 수 있었다. 짐 싣는 차량에 마련된 대형 주방에서는 매일 수천 명분의 식사를 준비했다. 열차당 예정 좌석은 3000여 석이었다.

화물열차의 설계는 아직 큰 진전을 보지 못한 상황이었다. 일부는 전통적 형태를 고수할 방침이었지만 열차의 크기 탓에 일부는 특수 목적으로 이용될 예정이었다. 기존의 개방형 화물열차와 폐쇄형 열차(덤프차, 자체 하역차, 증기관차, 냉장차) 이외에도 심지어 최고 1000톤에 이르는 선박의 수송까지도 대비한 대형 화물 수송에 필요한 다양한 특수 목적 차량이 설계되었다.

화물을 싣고 내리며, 효율적으로 일반 레일의 차량으로 옮겨 싣기 위해 지금의 컨테이너 시스템과 정확히 일치하는 '저장탱크'도 고안되었다. 요즘의 화물 역사에 가면 눈에 띄는 적재 크레인도 구비했다. 그래서 예를 들면 이런 장면을 예상할 수 있겠다. 우크라이나 탄광지역의 광궤철도 역에서 오픈 컨테이너에 석탄을 나누어 싣는다. 컨테이너 두 개를 나란히 붙인 면적이 광궤열차의 바닥 면적과 정확히 일치한다. 석탄을 실은 광궤열차가 뮌헨 북부의 대형 '저장탱크 이송 역'에 도착하면 크레인으로 컨테이너들을 일반 레일의 화물열차로 옮겨 싣는다. 화물열차의 바닥 면적이 컨테이너 하나의 너비와 동일하므로 딱 맞춰 집어넣을 수가 있다.

이렇게 보면 계획이 엄청나게 진척된 것 같지만 사실 그런 첫인상은 틀렸다. 이 모든 세부계획은 거의가 전부 설계도면 위에서만 진행된 사건이기 때문이다. 시험구간조차 완성하지 못했고 기관차나 차량의 프로토 타입(양산에 앞서 제작해보는 원형 — 옮긴이)도 만들지 못했다. 1943년에 히틀러가 직접 눈으로 본 것은 차량과 객차의 모델뿐이었다. 그것마저 1943년 포츠담 제국철도 관리국에서 1:10으로 제작한 4축 대차(차체를 지지하고 차체에 대하여 선로 방향으로 회전할 수 있는 주행장치 — 옮긴이)의 목재 모델과 마찬가지로 지금은 남아 있지 않다. 목재 모델의 경우는 그래도 사진 한 장이 보존되어 있다.

독일 제국이 형편없이 줄어들어 히틀러가 꿈꾸던 지배 영토가 거의 남아 있지 않았을 때도 프로젝트는 계속 진행되었다. 제국철도 본부의 기술자와 설계사, 프로젝트 팀장 대부분이 설계 책상과 도면을 버리고 떠났을 때에도 히틀러는 벙커에서 광궤철도망이 연결될 예정이던 오스트리아의 고향 마을 린츠의 모델을 바라보며 앉아 있었다. 뮌헨에서는 그래도 건축가 보나츠가 말한 광기에 힘입어 계속 일이 추진되었다. 1945년 3월 23일에 열린 마지막 회의에서는 규격과 역의 원형 로비에 끼울 유리, 남서쪽 입구의 형태, 자전거의 출입구 등이 논의된다. 폭격에 대비해 25000명이 대피할 수 있는 방공호 역시 의논되었다. 하지만 불과 5주 후 이자르 강변의 도시 뮌헨은 미군에게 점령되었고 히틀러는 베를린 지도자 벙커에서 스스로 목숨을 끊었다. 광궤철도 프로젝트 역시 독일 제국과 더불어 역사 속으로 사라졌다. 불과 몇 년 동안 약 12억 제국 마르크가 프로젝트에 투자되었다. 하지만 그 철도가 정말로 필요하다고 생각한 사람은 아무도 없었다. 아돌프 히틀러만 빼고.

KYBERNETIK

Chapter 10

버튼만 누르면 만사 OK

– 사이버네틱스

1968년 동 베를린에서 《기적의 경제 동독》이라는 멋진 제목의 책이 출간되었다. 국가의 관점에서 지난 20년간의 동독 경제사를 요약한 책이다. 그해는 동독 서기장 발터 울브리히트가 자본주의 경쟁자 서독을 경제적으로 뛰어넘으려는 동독의 노력을 '만회가 아닌 추월'이라는 멋진 공식에 담아낸 해이기도 하다. 하지만 그가 외친 '신경제체제'의 시대는 이미 생명을 다했다. 한 해 전에 개회된 동독 공산당 7차 당대회에서 신경제체제가 사회주의 경제체제로 인정을 받기는 했지만 역풍이 불기 시작했고, 신경세체세의 옹호사틀은 갈바람을 맞았다. 결국 1971년 다시금 우선순위가 바뀌었고 신경제체제는 동독을 망가뜨린, 관의 마지막 못이었다는 비난을 받았다. 동독은 서서히 몰락을 향해 움직이고 있었다. 마침내 1989~1990년 수명을 다할 때까지.

역사학자들은 1957년에서 1971년을 '기나긴 60년대'라고 부른다. 출발 지점에는 소련이 쏘아 올린 세계 최초의 인공위성 스푸트니크 1호가 있었다. 사회주의가 서방을 물먹인, 서방을 추월할수 있다는 망상을 심어준 역사적 사건이었다. 그리고 그 끝에는 동독을 몰락으로 이끈 에리히 호네커의 권력 인수가 자리한다. 1961년 베를린 장벽이 설치되고 이후 10년 동안 동독은 개혁에 호의적이었고 경제적으로도 전도유망하였다. 1963년에는 개혁, 혁신, 합리화를 통해 굼뜬 사회주의 경제의 속도를 높이겠다는 목표로 신경제체제를 도입했다. 1963년에 열린 동독 공산당 6차 당대회는 신경제체제를 '과학에 기초한 경제의 지도 활동과 미래 전망을 지향하는 국가의 중앙 계획을, 완성된 경제체제의 형태를 띤 물질적 관심의 포괄적 적용과 유기적으로 결합하는 것'이라 정의하였다. 그 말은 경멸하던 시장 경제의 기능적 요인과 과학 및 기술의 초현대적 방법을 추가한 새로운 비전의 계획경제라는 의미였다. 물론 50년대 말부터도 경제의 현대화를 추진했고 자동화가 그 비법이란 것을 인정했지만 신경제체제를 통한 경제개혁은 사회주의의 물질적 기반을 확보할 수 있을 정도로 급진적인 현대화를 추구했다. 이제 기술의 진보는 추구해야 할 가치였다. 사회주의가 단결된 힘으로 쌓아야 할 토양이었고, 모두에게 복지를 선사할 비옥한 옥토였다.

하지만 동독의 현대화는 실패로 끝났다. 막대한 비용과 에너지를 투자해 다양한 첨단기술 프로젝트들을 추진했지만 소련의 값싼 석유에 힘입은 화학 산업처럼 개별적 분야의 성공에 그치고 말았다. 원인은 다양했는데, 일부는 외적 상황 때문에, 또 일부는 국내 상황 탓이었다. 어쨌든 민간 항공 산업에서도 핵에너지에서도, 반도체 기술에서도 마이크로 기술에서도 자력으로 돌파구를 찾으려던 시도는 실패로 끝났고 첨단기술국가라는 위상은 머나먼 꿈으로 남고 말았다.

60년대 경제 개혁은 계획경제의 절망적 결핍 시스템을 자본주의 방식으로 최적화하려던, 애당초 실패할 수밖에 없는 실험이었다. 온 마음을 다하여 실행하지 않았고 이데올로기적 옹고집 탓에 미처 결실을 맺기도 전에 서둘러 끝내버렸다. 어쨌든 사회주의 계획경제를 성공시키기 위한 이 실험에서 아직 신생 학문인 사이버네틱스Cybernetics(인공두뇌학)에게 큰 도움을 기대했던 것은 맞다. 앞에서 인용했던 경제 기적 보고서 역시 '역동적 국민경제체제'를 구축하기 위한 사이버네틱스 연구 가속화 프로그램이 당대회에서 가결되었음을 보고하고 있다. 사이버네틱스를 일종의 경제 기적의 무기로 동원하자는 것이었다.

전쟁의 자식, 사이버네틱스

사이버네틱스라는 개념은 책 제목에서 나왔다. 저자는 1948년 미국의 수학자 노버트 위너Norbert Wiener로, 그의 책은 인간과 기계의 제어 및 소통 기능을 비교했다. 그리스어에서 나온 이 단어는 원래 '키잡이'라는 뜻으로 지배, 통치하다는 뜻의 영어 govern과도

사이버네틱스 개념의 창시자
노버트 위너

어원이 같다.

인간과 기계의 비교도, 제어 기술이라는 아이디어도 새로울 것이 없었지만 바로 이곳에서 새 학문의 여정이 시작되었다. 때로는 찬양을 받기도 하고 때로는 거친 비난에 시달리기도 했지만 거듭 새롭게 해석되었던 학문이었다. 사이버네틱스의 사료편찬자인 필립 아우만의 단순한 정의에 따르면 사이버네틱스는 '유기체의 전달 및 제어 과정을 그것이 컴퓨터인 양 분석하고, 컴퓨터를 유기체의 모델에 따라 조립'하고자 한다. 아우만은 다른 곳에서 조금 더 상세한 설명을 곁들였는데 다음과 같다. '사이버네틱스는 정보를 처리하고 스스로를 규제하는 시스템을 분석하고 그 분석 결과를 기술 통합에 활용한다. 또 그런 시스템을 인공적으로 모방하려 노력하며, 한편에서는 이런 모방을 기술 발전을 통해 실전에 투입하고 다른 한편으로는 분석 학문에 보조 도구로 제공하는 기술이다. 그것은 이 모든 시스템을 동일한 개념으로 설명하고 동일

한 질문, 이론, 방법으로 분석하고 통합할 수 있기를 기대한다.'

그의 정의는 복잡하기도 하지만 보편학문 같은 냄새가 난다. 사실 사이버네틱스는 여러 곳에서 보편학문으로 추앙되었고 실제로 그런 기대에서 출발했다. 이론이자 실재이고자 했으며 기초학문이자 응용과학이고자 했고 많은 학문 분과를 포괄하려 했기 때문이다. 따라서 학제 간 학문들이 그러하듯 생물학자에서 정보학자에 이르기까지, 물리학자에서 심리학자에 이르기까지, 철학자에서 이데올로그들(특정의 계급적 입장이나 당파를 대표하는 이론적 지도자를 이르는 말— 옮긴이)에 이르기까지 다양한 색깔의 전문가들이 참여했다. 나아가 적용 가능성 또한 다양했기에 사이버네틱스의 물에서 물고기를 낚고 싶은 다른 분야의 전문가들까지 그 물에 발을 적셨다. 사이버네틱스라는 지붕 아래에서 다양한 잡종 학문이 둥지를 틀었다. 그중에서 중요한 것으로 바이오사이버네틱스, 정보 및 컴퓨터 기술의 테크니컬 사이버네틱스, 휴먼사이버네틱스, 과학 사이버네틱스를 꼽을 수 있다. 그러니 그 짧았던 사이버네틱스의 번성기 동안에도 사이버네틱스가 진짜 무엇인지를 두고 수백 개의 정의가 유통되었던 것도 놀랄 일은 아니다.

사이버네틱스의 산파는 2차 대선이었나. 수학자 위너는 컴퓨터를 통해 적군 전투기 조종사의 항로를 예측하고자 했다. 기술적 측면 못지않게 조종사의 마음도 중요했기에 인간과 기계의 상호작용이 이루어지는 극도로 복잡한 과정을 신빙성 있게 예측해야 하는 작업이었다. 당시 그의 노력은 실패하고 말았지만 이를 통해 인간과 기계 모두를 대상으로 제어 과정과 정보 전달의 이론을 연구하는 새 학문 분과가 탄생한다. 그렇게 인간과 기계의 유사성을 자체 시스템으로 규제할 수 있다면, 이론적으로는 인간과 기계가 협력하는 복잡한 시스템을 보다 잘 이해하고 구상하고 조절하고 최적화할 수 있었다. 나아가 자신의 실수를 파악하고 알아서 처리할 수 있는 학습 가능한 시스템을 개발할 수 있을 것이었다.

아우만의 말을 더 들어보자. '위너는 인간과 기계의 경계를 없앴다. 인간은 연구 시스템 속 기계장치의 부품에 불과하고 기계는 전략 능력을 부여받아 인간화되었다.' 위너의 사이버네틱스는 자연과 기술의 교차점에서 활동하며 따라서 양쪽 분야의 연구 결과를 결합시켰던 것이다.

기술의 진보, 광범위한 현대화, 전면적 가속화가 특징이었던 종전 이후의 분위기에서 이 새 학문 분과는 더할 나위 없이 맞아떨어졌다. 무엇이든 할 수 있다는 믿음, 기술에 대한 열광, 생물학의 질문에도 수학적·합리적으로 접근하던 과학적 분위기에서 사이버네틱스는 지대한 관심을 받았다. 기억해보자. 핵의 시대가 막을 열었던 시절이었다. 우주여행의 시대와 컴퓨터 시대가 이제 곧 시작될 터였다. 새 학문은 국가와 사회, 심지어 이데올로그들의 기대와 욕구와 목표에도 부응하였다. 따라서 국가별로 각기 다른 형태를 취했고, 마르크스주의조차 사이버네틱스를 제 품 안으로 받아들이려 노력했다.

물론 처음에는 미국의 학문이라는 평가가 주도적이었고 1950년경에 북미를 넘어 영국과 프랑스, 독일로 전파되었다. 하지만 철의 장막 너머에서는 아직 서구 제품에 불과했고, 냉전이 정점으로 치달으면서 시대 상황도 좋지 않았다. 사회주의 국가에선 학문도 지배 이데올로기를 따라야 하고 반드시 사회주의 원칙과 결합 가능해야 하지만, 비판받던 학문이 어느 날 갑자기 국가의 총아로 변신한 사례는 얼마든지 있다. 소련에서 사이버네틱스가 바로 그런 사례였다. 50년대 초만 해도 사이버네틱스는 반동적이고 부르주아적이고 의심스러운 사이비 과학이었다. 1954년에 나온 소비에트 《철학 사전》을 보면 노동자를 기계의 부속품으로 전락시키는 자본주의의 비인간적 경향에 딱 맞아떨어지는 '반동적 사이비 과학'이라고 적혀 있다.

하지만 50년대 말이 되자 사이버네틱스는 공산주의를 위해 봉사하는 유능한 학문 분과로 약진했다. 인간과 컴퓨터 두뇌의 비교, 그것의 실제 적용을 비인간적이고 반프롤레타리아적이며 공격적이고 시니컬하다고 폄하하던 목소리들이 이제 그것을 마르크스 레닌주의의 이론적 우월성을 입증할 초현대적이고 기술적인 도구로 추앙하게 된 것이다.

다만 서구 수입품의 활용을 정당화하기 위해 사이버네틱스 그 자체와 자본주의가 왜곡시킨 사이버네틱스를 구분했고, 사이버네틱스 그 자체를 이데올로기적으로 순수하게 마르크스 레닌주의의 토양에 안착시키겠노라고 주장했다. 심지어 서방 세계가 자기들만 이용하려는 비열한 의도를 품고 사이버네틱스를 사회주의 세계에 수용될 수 없는 학문처럼 보이게 만들었다는 주장까지 제기되었다. 소련의 수학자 에른스트 콜만은 1956년 사이버네틱스는

'사회주의를 이룩한 사회의 기술'이라고 천명하였다. 이 모든 일은 1953년 사망한 스탈린의 뒤를 이어 흐루시초프가 당서기가 되면서 시작된 해빙기의 사건이다. 흐루시초프는 사회 전반에 개방적인 분위기를 조성했고 당연히 학문 역시 그 덕을 보았다. 게다가 그사이 '사이버네틱스의 아버지' 노버트 위너에 대한 소련의 평가가 반자본주의자로 급선회했고 군부가 특히 이 '제국주의 학문'에 큰 관심을 보였다.

사회주의가 접수하다

소련의 해빙은 사회주의 '형제국가'들의 분위기도 변화시켰다. 소련의 사이버네틱스 비판을 충실하게 따랐던 동독에서도 프랑켄 지방 출신의 기술 철학자 게오르크 클라우스가 소련 동지들을 들먹이며 콜만의 논문을 출간했고, 동독 공산당 기관지 《단결》은 부당하게 비난받아온 사이버네틱스가 사회주의에 공헌할 수 있는 어떤 잠재력을 가졌는지 분석했다. 콜만의 열광적 환호는 클라우스의 논문에서도 그대로 느껴진다. 서문의 마르크스 인용문은 노동이 생존을 위한 직업 활동을 넘어 최초의 생활필수품이자 더불어 지극히 만족스러운 일상이 된 공산 사회의 이상을 환기시킨다.

그런데 클라우스가 보기엔 공장에서 찍어내는 대량 생산 제품은 그 사회로 가는 길을 가로막는 큰 장애물이었다. 물론 사회주의 국가에서는 노동자가 더 이상 정치적으로 착취당하지는 않는다. 공장이 그의 의견에 귀를 기울여주니까 말이다. 하지만 그것만으로는 의미가 넘쳐나는 노동의 즐거움을 경험하지 못한다. 그목표에 도달하기 위해서는 '완전히 새로운 생산 도구와 생산 형태'가 필요한데, 클라우스는 당시만 해도 아직 처녀지였던 컴퓨터와 사이버네틱스를 활용해 그 문제를 해결할 수 있다고 보았다. 컴퓨터가 계산만 할 줄 아는 기계가 아니라 논리적인 사고의 기계이기에 '완전 자동화 공장의 자체 통제 및 제어'에 활용할 수 있다는 것이다. 나아가 컴퓨터는 인간이 최초로 도구를 만들었을 때와 버금가는 '기술 혁명'을 일으킬 수 있다. 후기 제국주의 단계에 접어든 자본주의에서는 이런 새로운 가능성이 위기를 악화시킬 뿐이지만 사회주의 국가에게는 '전례 없이 빠른 성장의 순간'이 될 것이다. '미래의 사회주의 및 공산주의 인간은 (……) 일상적 업무를 자신의 창조물, 즉 기계에게 위임하는 창조적 인간일 것이다.'

사회적 소외와 더불어 기술의 소외도 극복된다. 클라우스가 보기엔 컴퓨터를 통해 노동시간이 급격히 단축될 것이므로 훨씬 더많은 시간을 교육과 스포츠, 문화 활동에 쏟아 부을 수 있을 것이다. 전체적으로 사회는 더 많은 인력을 과학과 연구에 투자할 수있을 것이다.

그러므로 사회주의 인간과 사회주의 사회에 아직 부족한 것이있다면 그건 바로 사이버네틱스다. 클라우스는 가끔씩 기계를 살피러 관리 여단만 오가는 완전 자동화된 공장의 매력적인 이미지를 그려내었다. 그것은 흐루시초프가 '자동화부'를 마련하고 소련 공산당 20차 당대회에서 사이버네틱스를 공식적으로 칭송하던 소련의 당시 경제체제와도 딱 맞아떨어진다. "새 사회주의 시대는 핵에너지의 시대이며 전자계산기, 공장의 완전 자동화, 우주항공의 시대다. (……) 사이버네틱스와 전자계산기, 제어장치는 산업과 건축 기업, 교통 업무, 연구 업무, 계획과 프로젝트, 구상, 경리와 관리에 널리 이용될 것이다." 말 그대로 사회주의가 마르크스 레닌주의 이외에 또 하나의 보편학문을 발견한 것이다.

비법은 경제 사이버네틱스

特히 경제 사이버네틱스는 사회주의 국가들의 신경제를 매력적으로 장식하는 데 활용되었다. 1959년 스태포드 비어^{Stafford Beer}는 《사이버네틱스와 경영》이라는 제목의 연구서를 발표했다. 그 책에서 그는 사이버네틱스를 '효율적 조직의 학문'이라고 칭했고 세계와 시스템, 특히 사회, 정치, 경제의 복잡성이 오래전에 인간의 이해력을 넘어섰기 때문에 그런 학문이 반드시 필요하다고 주장했다. 복잡한 정보의 과정을, 시스템의 붕괴를 막아줄 속도로 추적하고 조절하는 능력 있는 컴퓨터가 도와주지 않는다면 우리는 더 이상 세상을 이해할 수 없다는 것이다. 비어는 빠른 결정의 필요성을 이런 비유를 들어 설명했다. 버스를 놓치고 싶지 않은 사람은 필요한 시간 안에 모든 생리적 자극을 동원해 자신의 몸을 버스 정류장에 도착할 수 있도록 만들어줄 뇌가 있어야 한다. 그와 비슷하게 학문도 아무 문제없이 작동하는 전자 슈퍼 두뇌가 필요하다.

경제 분야는 특히 자동화와 정보 흐름, 체계적인 결정이 중요하다. 이미 동과 서를 막론하고 경제는 날로 복잡해졌고 변수가 늘어나면서 사람들의 불안이 가중되었다. 전체 시스템은 말할 것도 없고 각 경제 부문이나 각 기업의 관리도 날로 힘에 부친다. 심지어 서방에서도 경제 시스템을 혼자 알아서 배우고 개혁하기에 어떤 외부의 영향도 필요 없다는 의견에 반대하는 사람들이 적지 않다. 그렇지만 비어의 경제 순환 규제 이론에 특히 귀를 쫑긋한 쪽은 동구의 계획경제 담당자들이었다. 국민경제가 설명할 수도 없을 정도로 복잡해진 현실에서 전체 시스템을 제어할 수 있는 길은 끝없는 미팅으로 골머리를 앓는 경영자 부대보다 더 간단하고 더 빠르게 계산할 수 있는 컴퓨터밖에 없었다. 따라서 그들은 모든 필요한 자료를 빨아들여 필요한 결정을 신속하고 객관적으로 뽑아내는 컴퓨터에게 결정권을 넘겨주어야 한다고 생각했다. 사이버네틱스를 이용하면 전체 시스템과 부분 시스템들이 신속한 학습을 통해 실수를 제거할 수 있으며 시스템 전체가 기능성과 능력을 갖추게 될 것이다. 나아가 컴퓨터를 이용한 학습은 그 속도도 워낙 빠르기 때문에 경제, 정치, 기술, 사회의 변화 속도와 무난하게 발맞추어 나갈 수 있다.

이 얼마나 아름다운 장밋빛 미래인가! '시장의 자유 게임'을 위해 계획경제를 희생시키지 않으면서도 문제로 얼룩진 계획경제를 유연하게 작동하는 조직체로 만들 수 있는 도구라니! 더구나 전략의 이론적 상부 구조 또한 마르크스 레닌주의의 토대에서 움직이는 사회주의 경제학자들의 마음에 들었다.

사이버네틱스를 이용하면 생산 공정이 기계와 컴퓨터의 지원을 받기 때문에 미래의 공장은 소수의 인력만으로도 가동이 가능하다. 정확한 수요 예측으로 최종 생산 제품의 숫자가 미리 정해지고 그를 바탕으로 필요한 재료가 투입되기 때문에 소수의 인원으로도 생산 과정이 원활하게 작동하고 제품의 품질 역시 확실하다. 동독이 그런 장밋빛 미래의 비전을 일반 국민들에게 얼마나 선전했는지는 동독에서 오랫동안 청소년 필독서로 꼽혔던《우주, 지구, 인간》이라는 청소년 책을 보면 금방 알 수 있다. 1965년 판에는 전자동화된 공장의 멋진 풍경이 이렇게 묘사되고 있다. '생산량은 높지만 시설은 상대적으로 소규모다. (……) 소수의 직원들이 중앙의 관리실과 제어실에서 전체 생산 공정과 각 단계들의 협력을 지휘한다.' 1966년 판에는 또 이런 글귀가 눈에 띈다. '현대식 컴퓨터와 정보처리 시설, 사이버네틱스를 이용하면 관리 작업이 자동화될 수 있고 단조로운 정신 활동의 대부분을 기계에게 맡길 수 있다. 따라서 노동과 인간이 사회적 생산에서 차지하는 자리가 크게 바뀐다. 처음으로 소수의 계층만이 아니라 직접 생산자들도 창조 활동에 몰두할 수 있는 가능성이 탄생하는 것이다.'

컴퓨터가 아직 방을 가득 채울 만큼 컸고 전자두뇌와 컴퓨터가 감탄의 대상이던 시절, 커다란 버튼이 달린 흑백 TV가 최신 전자기계였고 중노동이라는 개념을 몸소 경험한 사람이 지금보다 훨씬 많았던 시절, 컴퓨터가 움직이는 위생적인 공장은 매력 넘치는 약속이었다. 아직 세상은 아날로그였으니 말이다. 21세기를 사는 누군가가 그 시절로 돌아가, 50~60년이 흘러도 인간의 두뇌는 여전히 완벽하게 해독되지 않고 컴퓨터는 구조나 질적인 면에서 인간의 두뇌를 따라잡지 못하며 여전히 '인식하는 칩'은 먼 미래의 일이라고 설명한다면 아마 엄청난 비웃음을 살 것이다.

당시 사람들의 마음을 사로잡은 것은 컴퓨터가 인간보다 수천 배 빠르다는 사실이었다. 머지않은 미래에 컴퓨터가 인간의 두뇌를 양적으로뿐 아니라 질적으로도 따라잡을 것이라는 소식은 기쁘면서도 불안한 기대였다. 사이버네틱스가 국민경제의 모든 시스템과 순환을 담당할 것이고 컴퓨터를 이용해 실수 없이 관리할 수 있을 것이라고 믿었다. 문제도, 오차도, 공급 부족도 없어질 것이다. 사회주의 경제의 원더랜드를 향한 신속한 발전만이 있을 뿐.

구원의 약속

———

그러므로 경제적 문제가 산적한 동구권에서 이런 구원의 약속에 대해 열광까지는 아니라 해도 동조의 메아리가 울려 퍼진 것은 당연한 일이었을 것이다. 사이버네틱스를 희망의 전령으로 만들겠다는 클라우스의 전략이 동독에서 본격적으로 호응을 얻기까지에는 시간이 약간 더 걸렸다. 유력 일간지 《노이에스 도이칠란트》와

《철학적 관점에서 본 사이버네틱스》란 저서에서 클라우스는 이 새 학문에게 마르크스주의 세계관이라는 튼튼한 토대를 마련해주었다. 하나의 학문이 인정받고 활용되기 위한 가장 중요한 전제조건이었다. 위대한 모델 소련이 이 학문을 지원하는 마당에 더 고민할 이유가 없었다. 동독에서 사이버네틱스가 본격 등장한 해는 '사이버네틱스 위원회'가 탄생한 1961년으로 볼 수 있다. 당은 1962년 말 동독 공산당 중앙위원회 2차 총회에서 이 신학문을 추앙한다. 그리고 마침내 1963년 1월 동독 공산당 6차 당대회에서 당서기 발터 울브리히트는 이렇게 천명하였다. "사이버네틱스를 특별히 지원해야 한다." 신경제체제와 더불어 동독 사이버네틱스의 위대한 순간이 찾아온 듯했다. 각 공장들은 물론 국가 계획경제 전체가 사이버네틱스의 방식으로 공정의 최적화를 꾀하라는 지시가 내려졌다. 컴퓨터 기술과 그것의 사이버네틱스적인 활용을 통해 서구 경쟁국들을 멀리 따돌릴 수 있을 정도로 큰 도약을 이루어내자고 외쳤다. 그리고 그날 이후 발터 울브리히트는 소련의 사이버네틱스 학자의 말을 차용한 '만회가 아닌 추월'이라는 공식을 사용했다.

컴퓨터 전문가, 학자, 기술자, 경제 실무자들이 손에 손을 잡고 동독 공장의 생산량을 장기적으로 정확히 예측하기로 결의했다. 국내 수요를 충족시키려면 무엇이 필요한가? 수출에 도움이 되는 것은 무엇인가? 동독 산업은 무엇을 할 수 있으며 그를 위해 필요한 것은 무엇인가? 기계 제작, 화학 산업, 전자 및 컴퓨터 산업 같은 특정 핵심 분야에 집중해 개혁을 추진하고 국민 경제 전체의 자동화를 발전시키기로 결의했다.

하지만 울브리히트의 개혁은 허점투성이였다. 한마디로 풀 수 없는 문제를 끌어안고 씨름하는 격이었다. 시장 경제 요인을 도입하고 역동적인 세계 경제를 모방해 사회주의 경제의 경쟁력을 키우고 싶긴 하나, 절대 계획경제체제를 버리거나 당의 결정권을 포기하지는 않겠다는 것이었다. 이런 모순된 두 측면은 서로를 방해했고 결국 성공은 미미하고 오래가지 못했다. 게다가 전문 지식도 부족했고 결정권자들의 인내심마저 충분하지 않았다. 눈에 보이는 성과가 금방 나타나지 않는 데다 정치적 분위기도 달라진 상황에서 공산당의 개혁 열정은 금방 시들어버렸다. 희망으로 출발한 경제 개혁은 실망으로 끝이 났고, 사이버네틱스의 인기 역시 불과 몇 년 만에 시들해지고 말았다.

이제 정부와 정당의 개혁 반대론자들은 사이버네틱스를 개혁 실패의 원인으로 지목하였다. 제대로 한 번 적용해보지도 못했지만, 그들은 아랑곳하지 않았다. 희생양이 필요했던 것이다. 더구나 60년대 말 '프라하의 봄'이 사회주의의 개혁을, 보다 인간적인 얼굴의 사회주의를 외치면서 이데올로기의 바람은 더 매서워지기 시작했다. 프라하의 봄은 무력으로 진입되었고 동독에선 사이버네틱스가 된서리를 맞았다. 세계 곳곳에서 사이버네틱스가 유행하면서 다들 그 의미를 제멋대로 해석한 것도 이데올로그들의 눈에 거슬렸다. 동독의 대표적인 이데올로그였던 정치국 이념 담당 책임자 쿠르트 하거는 그런 현상이 마르크스 레닌주의의 무오류성과 불가침성을 위태롭게 한다고 보았다. '붉은 남작' 만프레트 폰 아르데네가 1968년 말 울브리히트의 지시로 집필한 연구서는 제목부터가 그의 심기를 불편하게 만들었을 것이다. 연구서의 제목은 《통치의 최적화를 위한 시스템 이론의 고찰》이었다. 아르데네가 시스템은 권력 상황에 전혀 영향을 미치지 않는다고 거듭 강조했지만 인간의 두뇌를 추월하는 컴퓨터가 과연 '당은 항상 옳다'는 원칙을 지키겠는가. 당은 컴퓨터에게 맡길 수 있는 것이 아니며, 마르크스주의 이론 역시 사이버네틱스화될 수 없는 것이다.

그러므로 쿠르트 하거는 1969년 봄에 개최된 동독 공산당 중앙위원회 제10차 회의에서 이렇게 천명한다. "조직과 사회 발전의 사이버네틱한 측면을 포괄적으로 분석함에 있어 경제적 사회 구조라는 개념이 더 이상 아무런 역할을 하지 못한다면 이는 마르크스 레닌주의 사회 이론의 이론적 원칙과 개념을 경시하는 결과를 초래한다." 동독 공산당 이론 기관지 《단결》에서도 그는 시스템 이론가들을 향해 직격탄을 날렸다. '사이버네틱스와 시스템 이론이 제아무리 중요하고 또 앞으로도 그럴 것이라 해도, 우리는 그것이 변증법 유물론과 역사 유물론, 사회주의 정치 경제학, 과학적 공산주의, 사회주의 과학의 자리를 대신하거나 절대화되는 것을, 특수과학의 언어가 정당의 정치 언어가 되는 것을 허용하지 못할 것이다. 만일 그렇게 된다면 당은 더 이상 마르크스 레닌주의 정당이 아닐 테니 말이다.'

마지막으로 《노이에스 도이칠란트》에서 하거는 더 많은 독자들을 향해 새로운 방향을 제시했다. 그가 보기엔 사이버네틱스가 메타 학문으로서 과학적 마르크스 레닌주의보다 상위에 위치할 위험이 높았다. 하지만 당과 그 원칙의 절대성에 의문을 제기하는 것은 그 무엇도 용납할 수 없었다. 현대화의 조력자로 추앙받던 신학문이 순식간에 체제를 위협하는 학문으로 전락하는 순간이었다. 당의 총애를 잃으면 그것으로 끝이었다. 그러니까 사이버네틱스는 마르크스주의에 길들여지면서 그 잠재력을 강탈당했던 것이다.

서구 국가들에서도 사이버네틱스의 운명은 크게 다르지 않았다. 사이버네틱스는 철의 장막 양쪽에서 유행어가 되었지만, 명확한 정의와 내용의 경계가 불분명했기에 서구에서도 그것이 단점으로 작용했다. 어쨌든 사이버네틱스라는 유행 현상이 동독의 풍자가들에게 풍부한 아이디어를 제공했던 것만은 분명하다. 1969년 4월 항상 당의 노선에 충실했던 동베를린 풍자 잡지《오일렌슈피겔》은 사이버네틱스를 빗댄 '사이베르토 마이어' 씨의 유머러스한 인생행로를 소개했다. 다른 호에서는 카툰작가들이 순식간에 컴퓨터 노예가 된 상황을 설정해 컴퓨터에 대한 과도한 기대를 풍자했다. 1971년의 한 카툰에는 거대한 중앙 컴퓨터에 데이터가 담긴 종이를 넣고 있는 기술자의 모습이 그려져 있다. 그가 컴퓨터에게 원한 것은 경제 문제를 해결할 비법이었지만 컴퓨터가 내뱉은 것은 세본된 마르크스의 서서였나. 비법은 원래부터 있었는데 그걸 못 보고 있다는 의미였다.

초조와 이데올로기적 질투가 섞인 적의를 제외한다 하더라도 사이버네틱스의 비전은 적절한 컴퓨터가 없으면 실천에 옮길 수가 없다. 60년대 거대한 컴퓨터의 성능과 요즘 대학생들이 가방에 넣어 다니는 노트북을 감히 비교할 수 없는 것은 당연하다. 하지만 그 60년대 수준의 컴퓨터마저 동독 사이버네틱스 학자들에게는 돌아가지 않았다. 서구가 첨단기술 제품을 봉쇄했으므로 동구권이 자력으로 개발하는 길밖에 없었다. 그런데 동독의 마이크로전자산업은 도무지 진전을 보이지 않았다. 소련 역시 위성국가들이 첨단기술 분야에서 과도하게 발전하는 것을 원치 않았다. 따라서 동독은 50년대부터 마이크로전자산업의 구축에 열과 성을 다했지만 뜻을 이루지 못했다. 50년대 말 동독의 반도체 연구는 다른 산업국들에 비해 6년은 뒤처진 수준이었다. 수많은 결의에도 국가의 지원은 우스울 정도로 미미했고 계획경제체제가 끊임없이 혁신을 방해했기 때문이다.

60년대 초에는 마이크로칩 개발을 추진해 마이크로전자 부문에서 서구를 따라잡자는 분위기가 형성되었다. 하지만 이번에도 국가의 립서비스는 단호한 행동으로 이어지지 못했고 드레스덴의 '분자전자공학 작업터'는 제자리걸음만 하고 있었다. 국가는 대신 값싼 대체품 개발을 추진했고 결국 동독은 80년대까지도 이런 후진국 상태를 면치 못했다.

동독의 사이버네틱스는 그 유용성을 제대로 입증해보기도 전에 실패하고 말았다. 첫째는 마르크스 경제학이 천하무적이라고 생각하고 과학에게 우선권을 넘기고 싶지 않았던 공산당 지도부에게 책임이 있다. 둘째는 충분한 숫자의 컴퓨터가 확보되지 못했고 기존 컴퓨터들마저 필요한 능력을 갖추지 못했다. 결국 악순환의

고리였다. 사이버네틱스 혁명에 필요한 하드웨어가 없었다. 그런데 그 하드웨어를 갖추기 위해서는 경제체제가 사이버네틱스적으로 개혁되지 않으면 안 되었다. 사회주의의 사이버네틱스는 상부구조와 하부구조 모두에서 실패하고 만 것이다.

치명타는 1971년에 등장한 호네커였다. 호네커의 정책은 울브리히트와 전혀 달랐고 심지어 50년대의 수준으로 되돌아간 부분도 없지 않았다. 그는 이렇게 말했다. "마침내 사이버네틱스와 시스템 연구가 사이비 과학이었음이 입증되었다."

칠레, 사이버네틱스의 놀이터

독일 땅에서 사회주의가 종말을 맞이하고 에리히 호네커가 망명을 떠났던 먼 칠레 땅에서는 전혀 다른 의견이 지배적이었다. 칠레는 다른 어느 나라보다 사이버네틱스의 비전을 실천할 준비가 갖춰진 나라였다. 1970년 칠레에서는 역사상 처음으로 한 사회주의자가 민주적 방식으로 권력을 쟁취했다. 바르샤바 조약 국가들과 달리 칠레의 사회주의는 건설 단계부터 민주적인 방식으로 진행되었던 것이다.

하지만 살바도르 아옌데의 앞길은 순탄치 않았다. 특히 농업 개혁, 국유화, 마르크스주의 원칙에 따른 계획경제로의 전환이 매우 힘겨웠다. 더구나 전환 속도가 너무 빨랐던 탓에 국가의 경제 영역이 순식간에 커지면서 관리의 어려움도 따라 커졌다. 구원의 손

사이버신을 지휘했던 스태포드 비어

길은 경제 사이버네틱스의 상징적 인물인 스태포드 비어였다. 비어는 칠레 정부의 초청으로 1971년 말 산티아고에 도착했고 당장 당서기 아옌데를 만나 야심찬 계획에 관해 대화를 나누었다. 아옌데는 프로젝트에 즉각 찬동했고 스태포드 비어는 열정적으로 작업에 임했다.

비어는 텔레타이프와 중앙컴퓨터를 연결하는 네트워크를 구축해 모든 숫자와 데이터를 수집하려 했다. 사이버네틱스 식으로 보면 칠레의 국가 경제는 네트워크와 비슷한 대규모 체제로 수없이 크고 작은 하위체제들로 이루어져 있으며, 이 하위체제들은 다시 직, 간접적으로 서로 결합돼 있다. 그런데 이 네트워크가 너무나 복잡해서 기존 방법으로는 넘쳐나는 데이터를 다 소화할 수 없을 뿐더러 시간낭비도 너무 컸다.

비어의 계획은 현대식 컴퓨터 기술로 언제나 필요한 데이터를 확보해 그것을 바탕으로 올바른 판단을 내리겠다는 것이었다. 그러면 결정권자들은 여과와 정리, 평가 작업을 마친 데이터를 편안히 모니터로 받아볼 수 있다. 비어는 '사이버신Cybersyn'이라는 이름의 이 프로젝트를 위해 산티아고에 관리본부를 꾸렸다. 관리본부의 전자 심장은 중앙컴퓨터지만 이념적 심장은 통제실이었다. 통제실은 60년대식 라운지와 미래주의의 사령실을 섞어 놓은 듯 냉철하면서도 매력적인 분위기였다. 통신 장교 우후라와 커크 선장(스타트랙에 등장하는 인물들―옮긴이)이 그곳에 있었다면 그들은 원하는 다이어그램과 통계 막대가 떠 있는 모니터를 보기 위해 한 치의 망설임도 없이 팔걸이에 각종 장치가 달린 플라스틱 시트에 앉았을 것이다. 물론 그들이 고민해야 할 문제는 광활한 우주에서 닥쳐올 위험이 아니라 칠레 경제의 한심한 숫자들이었을 것이다.

컴퓨터 IBM 360/50은 텔레타이프를 통해 모든 지역과 연결되었다. 정확히 1972년 초 봄 사이버신 컴퓨터가 첫 보고서를 제출했다. 공장들은 매일 제품과 인적사항, 에너지 소비에 관한 데이터를 중앙에 전달했다. 수치의 신빙성이 떨어질 경우 공정상의 문제를 예상해 비상경보가 발령되었다. 일단 해당 공장에, 그래도 문제가 해결되지 않으면 상위 책임 부서에 비상경보가 떨어지고, 결국 최종 기착지는 산티아고의 통제실이었다. 비어의 구상에 따르면 통제실은 기계와 인간이 만나 서로의 능력을 결합시키는 곳이었다. 컴퓨터는 풍부한 데이터를 준비하고 인간은 그것을 바탕으로 올바른 결정을 내리는 것이다. 예를 들어 자원 가격이 낮거나 제품의 수출이 호조를 보이면 해당 부문의 생산량을 올리는 식이다. 하지만 기계와 인간의 공생이 문제없이 작동하는 데에는 서류더미는 물론이고 메모 쪽지 한 장도 필요치 않았다. 비어는 통제실에서 종이를 완전히 추방하려 했다.

국내 및 외국의 언론은 이 유례없는 프로젝트에 큰 관심을 보였다. 영국의 《옵저버》는 관련 기사에 '칠레, 컴퓨터가 통제하다'라는 과장된 제목을 붙였다. 칠레의 우파 주간잡지 《케 파사》는 'UP(아옌데의 사회주의 여당의 이름으로 인민연합이라는 뜻이다— 옮긴이)가 우리를 컴퓨터로 통제한다'고 욕을 퍼부었다. 곳곳에서 아옌데의 비전통적 조치에 분노를 표했지만 반대로 그 잠재력을 인정한 국가들도 적지 않았다. 당시 브라질과 남아프리카 공화국처럼 독재정권이 들어선 국가들도 비어에게 비법을 가르쳐달라고 부탁했지만 그는 단칼에 거절했다. 확고한 신념 때문에 그랬단다.

어쨌든 사이버신은 한동안 큰 진척을 보지 못했다. 워낙 방대한 과제인 데다가, 칠레 측에서 사회주의 경제로의 전환을 실행해달라는 원래의 주문보다 훨씬 더 많은 요구를 해댔기 때문이다. 예를 들어 21세기 전자정부의 잠재력을 미리 앞당겨 칠레 국민이 정부의 정책에 동의하는지를 실시간으로 추적할 수 있는 피드백 기능까지 요구했다. 그럼에도 사이버신은 그런 불세례를 무사히 통과한 듯 보였다. 1971년 10월 화물트럭 기사 4만 명이 파업을 벌였을 때 텔레타이프로 들어오는 정보를 바탕으로 200명의 충직한 화물차 기사들을 파견해 긴급한 수송 문제를 해결했고 덕분에 물류 마비 사태를 방지할 수 있었다.

칠레 국민이 아옌데 정부의 사이버네틱스 경제체제를 어떻게

평가했는지는 아무도 모른다. 비어와 그의 팀에게 허용된 시간은 채 2년도 되지 않았기 때문에 사이버신이 맡은 바 임무를 다했다는 증거를 제시할 수는 없다. 하지만 프로젝트의 내용, 규모, 효과가 워낙 복잡하여 원래의 계획 수준 이하로 떨어졌고, 완성 단계에서 사이버신을 이용할 때 심하게 삐걱거렸다는 점은 눈에 띈다. 하지만 그건 그리 중요하지 않았다. 1973년 가을 이미 외국의 지원을 받은 쿠데타가 칠레의 사회주의 꿈을 미국에게 유리하도록 짓밟아버렸고 살바도르 아옌데는 스스로 목숨을 끊었다. 이로써 칠레의 사회주의 실험은 역사의 한 장이 되고 말았다. 사이버네틱스를 대규모로 활용하려던 실험 역시 수명을 다하고 만다.

사회주의의 사이버네틱스 혁명이 유익했는지는 말할 수 없다. 동독 《오일렌슈피겔》의 한 카툰을 보면 거대한 컴퓨터가 등장한다. 온갖 데이터를 먹어치운 컴퓨터는 모든 문제를 어떻게 해결할지 아주 간단한 해답을 내놓는다. 동독 공산당 정치국을 그냥 철폐해버리면 된다고 말이다.

자연을 혁명하라
— 시베리아 강줄기를 바꾸다

"연약한 시베리아의 초록 가슴에 공장 굴뚝의 돌 근육으로 무장하고 철로의 철띠를 허리에 두른 도시에 시멘트 갑옷을 입히자. 침엽수림을 불태우고 벌목하고 스텝 지대를 짓밟자!" 유럽 지역의 러시아에서 태어난 소련 작가 블라디미르 사수브린은 1920년대 이런 외침으로 광활한 시베리아를 산업 도시로 변모시키자고 주장했다. 그의 말을 들으면서 1919년 전투적 언어로 자연과 전통에게 선전포고를 날렸던 그 유명한 이탈리아인 마리네티의 '미래주의 강령'이 떠오르는 것은 우연이 아닐 것이다. 미래주의 작가의 확신에 찬 열성과 승리를 확신하는 볼셰비키의 자세로 사수브린은 풍성한 자연을 짓밟고 진보를 이루고자 했다.

지금 우리가 들으면 이상한 소리지만 당시엔 그것이 소련의 시대정신이었다. 산업적 현대로의 출발을 선언하고 세계 최초 사회주의 국가의 '새로운 인간들'에게 장밋빛 미래를 약속하던 시대였다. 기술을 통해 국가의 미래를 열고 궁핍한 삶을 보다 안락한 삶으로 바꾸려 했다. 서구 산업 국가들에 비해 한참 뒤처진 소련에게 있어 기술은 서구 사회에서 폭발적 인기를 끌었던 만화영화 주인공 뽀빠이의 시금치와 같은 존재였다. 기술은 서구 사회에 필적할 수 있는, 나아가 그들을 능가할 수 있는 힘을 제공할 것이었다. 하지만 그런 믿음은 자신의 능력에 대한 과도한 자신감과 치명적 과대망상의 경향을 동반하게 마련이다.

사회주의 국가의 이러한 기술 열광은 사람들의 시선을 쓸모없는, 적어도 아직 이용되지 않은 광활한 지역으로 향하게 만들었다. 어느 곳보다 넓은 시베리아가 가장 먼저 시선을 끌었다. 경제 발전과 대형 프로젝트를 통한 적극적 활용을 위해 그 지역을 자연 혁명의 대상으로 삼자는 것이었다. 인간을 위해서, 사회주의 사회를 위해서!

산업화하고 길들여서 사회주의 진보에 활용할 수 있어야만 자연은 체제의 영광에 기여할 수 있을 것이다. 목재건, 천연자원이건, 물이건 모든 자원은 최대한 이용해야 마땅하다. 강의 물줄기를 바로잡고 운하를 건설하며 항로를 개척해야 한다. 관개 및 배수 시설을 통해 불모지는 옥토로, 습지는 농지로 만들어야 한다. 세계 최대의 수력발전소를 건설해 산업체와 가정에 전기를 공급해야 한다. 자원을 아끼고 환경을 보존해야 한다는 생각은 아무도 하지 않았다. 물론 소련에서도 자연보호는 낯선 말이 아니었고 환경을 해치는 조치에는 비판이 허용되었다. 하지만 환경을 보호하기 위한 로비나 환경훼손에 대한 제재조치가 없었던 탓에 저항을 해봤자 아무 소용이 없었다. 결과는 '생태파괴'였고, 그것은 결국 소련체제의 숨통을 조인 많은 요인 중 하나가 되고 말았다.

대형 프로젝트를 사랑한 국가
———

스펙터클한 대형 프로젝트의 세계사에서 소련은 선두 자리를 차지하는 국가 중 하나다. 물론 그 시절엔 너도나도 앞을 다투어 대형 프로젝트에 뛰어들었다. 20세기 초 중반 온 세계는 이데올로기의 차이를 불문하고 진보와 기술에 대한 흔들리지 않는 믿음을 고수했다. 물론 서방은 그 믿음에 대한 회의가 일찍 찾아왔지만, 동구권의 경우 기술은 정체성의 빼놓을 수 없는 부분이었기에, 기술에 대한 믿음이 경제적인 동기만은 아니었다.

세계 최초의 거대 사회주의 국가가 메가 프로젝트들에 매달린 동기는 여러 가지가 있었다. 첫째, 낙후된 소련은 1917년 10월 혁명 이후 실제로 신생 국가를 현대화시키기 위해 막대한 노력을 기울였고 그러다 보니 산업화와 기간 기설 구축을 위한 대형 프로젝트가 필수적인 과정이었다. 둘째, 소련 정부는 사회주의 체제가 미래지향적이며 역동적이라는 자신들의 주장을 입증할 필요가 있었다. 셋째, 냉전의 와중에서 서방 자본주의 국가들과의 '자연스러운 경쟁'이 시간이 갈수록 치열한 체제 경쟁으로 변질되었다. 거기에 사회주의 국가의 계획경제가 그런 분위기를 더 촉진시켰다. 국가가 마음대로 할 수 있는 잠재력이 컸기 때문이다. 소련의 결정권자들은 유권자의 동의를 얻을 필요가 없었고 분별력 없는 이익단체들의 끝없는 진정에 시달릴 필요가 없었다는 사실도 대형 프로젝트를 지원할 수 있는 또 하나의 요인이었다.

자연을 귀하게 여기던 러시아의 전통은 역전되었다. 자연은 대책 없이 낙후되었고 정리의 대상이라는 목소리가 높았다. 그것은 곧 기술의 잠재력을 미화하고 기술을 고도의 문화로 찬양하는 목소리였다. 과학과 기술이 사회주의의 미래를 열어줄 열쇠였다. 열악한 생산성의 진짜 원인이 무엇이든, 생산성을 높이는 만병통치약의 이름은 늘 같았다. 기술이었다.

기술은 기름을 친 기계처럼 유연하게 작동하는 사회주의의 상징이기도 했다. 기술은 작동 방식에서도 사회주의와 마찬가지로 철저히 합리적이다. 이런 식의 관념은 레닌에서부터 시작되었다. '사회주의는 소비에트의 권력 더하기 전 국토의 전동화'라는 그의 발언은 대규모 기술 현대화의 목표보다 더 포괄적으로 해석되어 소련 역사 전체에 영향을 미쳤다. 신생 소비에트 공화국의 2인자였던 레온 트로츠키 역시 인간을 통한 자연의 지배와 '수정'의 필요성을 굳게 확신했다. 사회주의 인간은 '산이 어디에 있어야 하는지, 어디에서 물러나야 하는지'를 지시할 것이며 '강의 방향을 바꾸고 바다를 지배할 것이다.' 그는 그렇게 말했다. 마르크스주의 철학자이자 정치국원이었던 니콜라이 부하린은 다시금 초현대식 기술을 통해 인간은 자연의 족쇄에서 해방되어야 하며 자연의 보물을 인간에게 유용하도록 만들어야 한다고 강조했다. 스탈린의 충복 몰로토프는 기술과 공산주의를 떼려야 뗄 수 없는 사이로 보았고, 역사학자이자 교육 당원이었던 미하일 포크로프스키는 '인간의 손에 들어간 부드러운 자연의 왁스'라는 표현을 사용했다. 동프로이센의 수도 쾨니히스베르크에 1946년 칼리닌그라드라는 새 이름을 선사한 주인공 미하일 칼리닌은 토지 없는 농부가 해방될 수 없듯 인간의 자유는 자연에 대한 지배가 없으면 불가능하다고 말했다. 심지어 사회주의를 자연에 대항하는 인류의 투쟁으로 보는 이들도 있었다. 독일 철학자 발터 벤야민이 1926년 소련을 여행하고 나서 그곳에서는 기술보다 중요한 것이 없다는 말을 한 것도 우연이 아니었다. 소련 역사의 대부분이 그랬다. 레닌의 산업 지향적 진보 이상은 '모든 것을 결정하는 것은 기술'이라는 스탈린의 유명한 명언으로 확대되어 소련이 멸망할 때까지 그 효력을 잃지 않았다.

그렇다 보니 친구 아니면 적이라는 단순 논리로 자연은 무찔러야 하는 적이 되었다. 자연은 기술을 이용해 굴복시켜야 하는 전투의 대상이었다. 30년대 초 스탈린은 젊은 기술자들에게 서방 세계와 비교해 50~100년 뒤진 소련의 기술을 일단 10년 차이로, 나아가 4년 차이로 따라잡으라는 지시를 내렸다. 마치 생사가 걸린 전투처럼 군사적인 분위기를 조성한 것은 비열한 사본주의가 신생 소련을 위협하기 때문이라는 이유를 들었지만 결국 지속적인 예외 상황을 조성해 최고의 성과를 올리려는 목적이었다. 작가들은 '현명한 지도자' 스탈린을 지원하는 뜻에서 대형 건축공사를 담당하는 사회주의의 영웅들을 찬양했다. 이런 분위기를 표도르

글랏코프는 30년대에 나온 두 번째 소설 《에너지》에서 주인공의 입을 빌어 이렇게 간단명료하게 요약한다. '하나의 공사현장은 결국 전쟁을 의미하지.'

소련 예술가들은 과학자, 기술자, 정치가들과 손을 잡고 자연의 변형을 추구했다. 문학도 영화도 기술에 혼을 불어넣으려 애썼고, 그것을 문화적 업적이라 치켜세웠다. '사회주의 리얼리즘'이 앞장을 섰다. 이에 스탈린은 문학가는 '영혼의 기술자'라는 칭찬으로 보답했다. 연기를 뿜어대는 공장 굴뚝과 자연을 길들이는 계획의 힘을 대변하는 불도저가 사회주의 생산력의 상징으로 자주 사용되었다. 심지어 사람들은 '트랙터'를 아이의 이름으로 짓기도 했다. 소련 사회주의 리얼리즘의 대표 막심 고리키는 이렇게 말했다. "자연을 바꾸면서 우리 자신을 바꾼다."

고리키는 '비합리적인 강물을 합리적으로' 바꾸어야 한다고 주장했다. 조금 더 나은 기후 조건을 조성하기 위해 북극 빙하가 녹는다 해도 아무 문제가 없다고 생각했다. 소련의 이데올로그들 역시 그런 일을 할 수 있는 주인공은 세계 최초의 사회주의 국가인 소련밖에 없다고 자랑했다. 자본주의 국가는 절대 그에 필요한 조건을 갖추지 못했다고 말이다. 사실 이런 주장이 완전히 틀린 것은 아니었다. 사회주의적 소유관계가 대규모 면적의 대지를 활용하는 데 도움이 되었던 것은 사실이며, 중앙집권화된 권력 덕에 막대한 노력과 에너지를 대형 프로젝트에 집중할 수 있었을 테니 말이다. 1927년부터 거대 왕국의 실제 1인 지배자가 된 요제프 스탈린은 소련이 가진 잠재력을 온전히 활용해야 한다고 생각했고 이를 위해 대형 프로젝트들을 적극 추진했다. 밖으로는 서구 사회에 사회주의의 위력을 과시할 것이며, 안으로는 소련 국민들에게 사회주의 체제의 성과를 보여주고자 함이었다. 레닌이 주로 전동화에 힘을 쏟았던 반면 스탈린은 운하 건설과 수력 발전소에 최대 가치를 두었다. 따라서 그 시절에는 대형 수자원 프로젝트들이 많이 진행되었다.

스탈린의 첫 대형 프로젝트인 모스크바 지하철부터가 이미 기술의 역작 이상을 추구하였다. 지하철은 정치국원 카가노비치(러시아의 정치가. 제화공 출신으로 18세에 볼셰비키 당원이 되었다. 경제 건설에 수완을 보여 1930~1935년 당 모스크바시 위원회 제1서기 시절에 산업도시화를 진행하고 지하철을 건설했다―옮긴이)의 표현대로 '앞으로 건설될 새 사회의 상징'이었다. '대리석 한 조각, 시멘트나 강철 한 조각, 에스컬레이터 한 계단마다 신인류의 정신이, 우리의 사회주의 노동력이 들어 있다. 우리의 피, 우리의 사랑, 신인류와 사회주의 사회를 위한 우리의 투쟁이 들어 있다.'

소련의 대형 프로젝트 목록은 끝이 없다. 제일 유명한 것으로 몇 개만 꼽아보면 우랄 산맥 남쪽의 철강 도시 마그니토고르스크, 발트 해와 백해를 연결하는 벨로모르 운하, 길이가 거의 4000킬로미터에 이르는 바이칼 아무르 철도, 러시아 맨 동쪽의 시베리아 철도, 당시로서는 세계 최대의 수력 발전소를 갖추었던 우크라이나 남쪽의 드네프로스트로이 댐 등이 있다. 2차 대전 전후의 프로젝트들은 대부분 굴라크(1930~55년 소련의 강제수용소. 정식 명칭은 러

11장 자연을 혁명하라 293

시아어로 교정矯正노동수용소 관리본부다― 옮긴이)에 수용된 죄수들의 강제노역으로 이루어진 것이다. 당시 그 악명 높은 수용소에 수용된 인원이 250만 명에 달했고 그들이 치른 피의 대가는 막대했다. 1933년에서 1944년까지 소련 전역에서 총 1200만~1500만 명이 수용소에 감금당했고 그중 5분의 1은 그곳에서 목숨을 잃었다. 최대의 강제수용소가 몇 채나 있었던 시베리아는 세계 최대의 감옥이라는 오명을 얻었다.

스탈린 치하였던 1928년에 시작된 1차 5개년 계획으로 댐과 운하, 수력 발전소 및 철도의 신축 및 확장 공사 계획안이 마련되었다. 최초의 대형 프로젝트는 우랄 산맥 남쪽의 마그니토고르스크로, 지금까지도 러시아 철강 생산의 상당한 부분을 담당하고 있다. 이어 도시와 공장 건설이 뒤를 이었고, 그중에는 극권 남쪽의 영구 동토대 노릴스크도 포함된다. 북시베리아의 노릴스크는 지금도 세계에서 가장 북단에 위치한 대도시로 환경오염이 가장 심한 지역 중 하나이기도 하다. 기존의 도시들 역시 단기간에 급성장을 이루었고 시베리아의 안가라 강과 예니세이 강에는 수력 발전소가 건설되었다. 2차 대전 중 독일군이 동쪽으로 진격해오면서 국토의 서쪽에 위치한 산업 지역 대부분을 장악하자 정부는 우랄 산맥 동쪽의 넓은 지역으로 시선을 돌려 특히 카자흐스탄과 서시베리아에서 대형 프로젝트에 착수했다. 300개가 넘는 기업과 그 직원들이 그곳으로 이주했다. 어림잡아 1000만~1700만 명이 시베리아로 거처를 옮겼다.

시베리아

시베리아는 극단의 땅이다. 서쪽으로 우랄 산맥, 동쪽으로 태평양을 바라보는 8000킬로미터가 넘는 그 광활한 땅은 아시아에 속하는 러시아 영토의 대부분을 차지한다(물론 유럽과 아시아의 경계는 지금도 논란이 그치지 않는 문제다). 소비에트 연방은 5개의 공화국과 9개의 자치 지역을 통합하였다. 시베리아는 러시아 연방의 전체 면적 중 3분의 2 이상을 차지한다. 그만큼 광활한 땅이지만 대부분은 인구가 극히 희박하며 여러 기후지대로 나뉘어 있어 긴 겨울 동안은 극한적 추위가, 짧은 여름에는 큰 더위가 찾아온다. 개발되지 않은 자연이 풍부한 한편으로 환경오염이 심각하고 북쪽에는 침엽수림과 툰드라와 호수가, 남쪽에는 스텝과 건조지역이 많으며, 산업 중심지와 인적 없는 오지가 병존하는 곳이다. 현재 약 2500만에 이르는 주민의 대부분, 즉 90퍼센트는 남쪽의 크고 작은 도시에 거주한다. 레나, 오비/카툰, 이르티시, 예니세이 같은 큰 강들은 합치면 길이가 무려 4000킬로미터를 넘는다.

기술자들과 프로젝트 입안자들은 일찍부터 시베리아로 탐욕의 시선을 돌렸다. 광활하고 자원이 풍부한 데다 아직 개발되지 않아 잠재력이 무궁무진한 땅에 왜 관심이 없었겠는가. 18세기부터 아직 머뭇거리기는 했지만 그 땅을 개발하려는 시도가 있었다. 19세기 말에는 1990년대 시베리아로 유형을 간 작가 즐라토폴스키가 미래주의적 거대 산업도시의 꿈을 작품에 담았다. 그곳의 주민들은 과학과 기술, 예술의 공동 노력 덕분에 생활수준이 매우 높고 돈도 많을 뿐 아니라 편안한 생활을 누릴 수 있다. 일은 정말 조금만 하면 된다. 그의 비전은 유토피아에 불과했지만 시베리아를 인간에게 유익한 땅으로 만들겠다는 생각은 그 이후로도 멈추지 않았다. 노동조합원이자 시인이었던 알렉세이 가스제프는 1차 대전 중에 즐라토폴스키의 비전을 이어받아 그의 '시베리아 판타지' 《엑스프레스》를 썼다. 그 작품에서 급행열차 '파노라마'를 타고 우랄에서 태평양까지 가는 시인은 미래지향적 볼셰비키의 황홀한 미래 비전을 펼쳐놓는다. 그는 미래주의자들의 전통을 계승해 현대식 기계와 기술의 성과, 속도를 열렬히 칭송한다. 길들여지지 않은 인적 드문 시베리아의 광활한 대지는 촘촘한 교통망을 갖춘 산업 지역으로 변신한다. 이곳에서도 밝은 미래는 대지를 두터운 눈으로 뒤덮는 자연과의 전쟁이 낳은 결과다. 인간의 의지와 기술의 축복이 '잠자는 미녀' 시베리아를 화려한 산업도시로 피어나게 한 것이다. 기차는 마지막으로 발트해협 밑의 터널을 지나 알래스카로 달려간다.

1948년 소련 공산당은 자연에 대한 총공격을 선언한다. '스탈린식 대형 자연개조플랜'의 시작이었다. 얼마 전까지만 해도 입안자들의 스케일이 너무 크다고 비판하고 심지어 그들은 야만적이라고 욕하기도 했던 스탈린이었다. 하지만 이제 그는 2차 대전의 피해를 회복하는 재건 단계가 끝났다고 선언하고 강 건너로 출발하자고 외쳤다. 무엇보다 예상보다 높은 성장률에 늘어나는 전기 수요를 발전소의 생산력이 따라가지 못하므로 '흰 석탄'으로 불리는 수력을 이용하자는 취지였다. 아직 핵의 시대가 열리기 전이었다. 전 세계가 화석 연료와 달리 무궁무진하고 깨끗한 수력을 미래의 에너지원으로 꼽았다. 수력을 이용하기 위해 전 지구에서 댐이 건설되었다. 20세기 동안 전 세계적으로 80만 개의 소형댐과 4만 5천 개의 대형댐이 건설되었다. 후자를 위해 약 1백만 평방킬로미터의 땅이 물속에 잠겼고 최고 8천만 명이 고향을 잃었다. 댐은 '20세기의 기적'으로 칭송되었고 피라미드와 비교되기도 했다. 심지어 이집트 대통령 나세르는 댐은 피라미드와 달리 산 자들의 것이라고 말하면서 댐의 중요성을 강조하였다. 소련에서도 댐의 잉여가치가 강조되었다. 댐은 에너지를 생산하고 배수 및 급수에 이용할 수 있으며 마시는 물을 공급하고 선박 운행에 유익하며, 기간시설로 활용되는 것은 물론 여가와 관광 자원으로도 이용할 수 있다고 말이다.

이 시기 소련 정부가 자랑스럽게 선전한 계획들로는 볼가 강 양쪽, 남부의 흑해와 카스피 해 사이, 그리고 북부의 모스크바스베르들로프스크(예카테린부르크) 구간의 수력 프로젝트였다. 그런 계획들은 소련의 위성국가들에게 사회주의 맏형의 권력과 위대함을 알렸다. 예를 들어 앞에서도 인용했던 동독의 청소년 책《우주, 지구, 인간》의 1955년 판에는 책 맨 끝에 접히는 컬러 시도기 붙어 있고 이런 설명이 곁들여진다. '소련 공산당의 결의를 근거로, 과학이 이룩한 최고의 성과로 무장한 채 소련 국민은 거대한 인공호수와 수많은 수로를 건설하고 광범위한 그린벨트를 조성하며 거대한 수력 발전소를 짓는다. 그것이 자연의 얼굴을 바꾼다.'

첫 대형 프로젝트 중 하나가 브라트스크 발전소였다. 1954년부터 1966년까지 예니세이 강의 지류인 안가라 강에 댐을 건설해 세계 최대의 인공호수가 탄생한 것이다. 100개가 넘는 마을이 수몰됐고 12만여 명이 고향을 잃었다. 다른 댐들도 뒤를 이었고 그중에서 크라스노야르스크와, 80년대에 와서 완공되었지만 현재 러시아 연방에서 가장 큰 댐인 예니세이 강변의 사야노고르스크를 꼽을 수 있겠다.

그런 매머드급 프로젝트들은 수많은 소련 국민의 고향을 앗아갔다. 대충 계산해도 총 8만 평방킬로미터(네덜란드 면적의 두 배), 2600개의 마을, 165개의 도시, 수십만 개의 공장, 거대한 농지와 임야가 물속에 잠겼다. 그보다 더 나쁜 것은 그런 공사들이 수십만의 목숨을 앗아갔다는 사실이다. 특히 가혹한 노동과 열악한 환경에서 강제노역에 시달린 수용소 죄수들의 희생이 컸다.

스탈린의 후계자 후르시초프는 전임자와 상당히 다른 길을 걸었지만 이 방향, 특히 농업의 산업화만큼은 스탈린의 정책을 고수했다. 그래서 남부 지방의 거대한 스텝 지역을 도시로 만들도록 허용했지만 경제적 효과는 그리 크지 않았다. 그는 또 첨단기술, 특히 마이크로 전자와 핵에너지, 우주 기술 분야에서 미국과 경쟁을 벌였다. 우주 정복의 상징이 가진 홍보 효과를 미국보다 먼저 인식해 미국보다 먼저 우주 공간을 선점했고 실제로 그 사건의 홍보 효과는 막대하였다. 스푸트니크 충격은 말 그대로 서방 세계에 엄청난 충격을 주었다. 소련은 세계 최초로 인공위성을 우주로 쏘아 보냄으로써 체제 경쟁국인 미국을 깔아뭉갰다. 그리고 그 즉시 양대 열강은 냉전의 또 다른 전선이던 우주 공간에서 몇십 년에 걸친 경쟁을 시작했다.

브레즈네프가 사랑한 프로젝트

흐루시초프의 뒤를 이어 1964년 모스크바 정치국을 장악한 레오니트 브레즈네프 역시 대형 프로젝트를 멈추지 않았다. 다만 이제 그 의미가 국가의 답보상태를 위장하기 위한 선전용 사업으로 변했을 뿐이다. 서구에서는 70년대에 들어서면서 대형 기술 프로젝트의 실과 득을 보다 차분하게 따지게 되었고 비판적 여론의 목소리가 높아졌지만 소련은 해체가 임박한 순간까지도 여론을 크게 의식하지 않은 채 국가가 대형 프로젝트들을 계획했다. 국가의 검열, 당과 국가 지도부의 무소불위의 권력은 거대 프로젝트의 의미를 따져볼 공개 토론을 허용하지 않았다. 그러므로 브레즈네프의 시대에도 여전히 대형 프로젝트가 줄을 이었고, 특히 스탈린 시대에 시작한 바이칼 아무르 철도가 완공되고 바이칼 호숫가에 거대한 제지 시설이 들어섰다.

1953년 스탈린이 사망한 후에도 시베리아의 산업화는 계속되었다. 브레즈네프 시대에 들어서서는 광산, 중공업, 에너지 확보에 특히 주력했다. 막대한 양의 가스와 석유를 발굴 및 채굴했고 다시 한 번 수력학 프로젝트에 관심을 쏟았다. 하지만 뭐니 뭐니 해도 브레즈네프가 가장 애정을 쏟은 사업은 시베리아 강들의 진로 변경이었다.

시베리아의 큰 강들을 '쓸모없이' 북해로 흘려보낼 것이 아니라 우회시켜 남부와 카자흐스탄의 건조 지역으로 보내 배수에 활용하자는 아이디어는 최근의 것이 아니었다. 대부분의 큰 강들이 북쪽으로 흐르기 때문에 국토 발전에 전혀 도움이 되지 않는 것은 오래전부터 기술자와 관료들의 고민거리였다. 시베리아에는 물이 풍성한데도 정작 물이 필요한 남쪽은 전혀 그 물을 얻어 쓸 수 없었다. 시베리아 강의 6분의 1만 남쪽으로 흐를뿐 나머지는 다 북쪽으로 흐르기 때문이다. 따라서 1868년 이미 농업학자이자 기후학자였던 러시아 지리학회 회원 뎀첸코가 북쪽으로 흘러가는 오비 강과 그 지류들 및 예니세이 강의 물줄기를 중앙아시아로 돌리자고 제안한 바 있다. 목표는 카스피 해의 수면을 70미터까지 높이자는 것이었다. 그렇게 되면 카스피 해가 아조프 해(우크라이나, 러시아, 크림 반도 사이에 있는 흑해의 내해)와 연결될 것이다. 호수의 면적을 생각하면 엄청난 양의 물이 아닐 수 없다. 당연히 증발되는 물의 양도 늘어날 것이고 따라서 강수량도 많아질 것이었다. 하지만 일개 지리학회 회원이 주장하기에는 너무 큰 프로젝트였다. 뎀첸코의 야심찬 비전은 실현의 기회를 얻지 못했다.

10월 혁명이 끝나고 등장한 신세대가 다시 그 아이디어를 채택했다. 1920년에서 1936년까지 여러 종류의 계획안이 나왔지만 모두 제대로 시작도 해보기 전에 폐기되고 말았다. 하나같이 오비 강, 이르티시 강, 예니세이 강에 댐을 쌓아 강줄기를 남쪽으로 돌려서 남과 북의 분수령인 투르가이 분지를 지나게 하자는 내용이었다. 펌프 시설을 이용해 물을 분수령 너머로 보내 남쪽으로 흘려보내자는 의견도 있었다. 하지만 아직 시베리아를 사업 대상으로 삼은 제안서는 없었다.

2차 대전이 끝나고 아시아 쪽 영토에 대한 소련의 관심이 커지면서 한 기술자가 비슷한 프로젝트를 제안했다. 그의 이름을 따서 '다비도프 계획'으로 불리며 소련 국경 너머까지 유명세를 떨쳤던 프로젝트였다. 다비도프는 1949년에 쓴 기사에서 이렇게 외쳤다. '우리는 공산주의를 건설한다. 우리는 지상의 삶을 변화시킨다. 소비에트 국민이 쉬지 않고 공산주의를 향해 진군하는 이때 우리가 사는 지구를 개조하라는 임무, 주변 자연을 변화시키라는 임무는 매우 중요한 의미를 갖는다.'

다비도프 계획의 목적은 물을 (직접적으로는 관개, 간접적으로는 기후 변화를 통해) 농업에 활용하는 것만이 아니었다. 수력을 이용해 에너지를 얻고 북극해의 카라 해, 시베리아 남부의 바이칼 호, 소련 남부의 카스피 해를 연결하는 선박 항로를 건설하자는 의도도 있었다. 그러자면 우선 이르티시 강의 물을 받아들인 오비 강을 약 80미터 높이의 댐으로 막아야 한다. 그러면 거대한 인공호가 생길 것이고 25만 평방킬로미터가 넘는 면적에 5친 입방킬로미터가 넘는 물이 찰 것이다. 서시베리아의 저지대에 운하를 건설해 이 새로 만들어진 호수를 남서부의 아랄 해와 연결시킨다. 그리고 거기서부터 계속 일련의 댐과 인공호를 만들어 카스피 해까지 나아간다. 총 구간이 약 4천 킬로미터에 달할 것이다. 물론

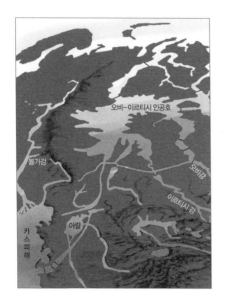

오비-이르티시 인공호

볼가강

오비강

이르티시 강

카스피해

아랄

다비도프 계획의 구상도
강줄기에 작업지역이 표시되어 있다

처음에는 오비 강과 이르티시 강에서만 물을 끌어올 것이지만 프로젝트 후기 단계에 가면 더 서쪽에 있는 예니세이 강까지 막아 물을 끌어올 것이다. 그 물을 카스의 최상류로 끌어가 거기서 다시 운하를 통해 오비와 예니세이의 분수령을 넘는다. 그리고 그곳에서 케트 강을 거쳐 오비 강으로 돌아올 것이다.

이데올로기의 지원과 시너지 효과에 대한 강조에도 불구하고 야심찬 계획은 많은 비판을 받았다. 물론 남부 지역은 득을 많이 보겠지만 환경 및 기후에 미칠 영향을 두고 논란이 있었다. 엄청난 면적이 물에 잠기면서 농업 및 임업에 중요한 지역은 물론이고 몇 개의 도시까지 사라지게 될 처지였다. 주요 교통로도 같은 처지로, 그중에는 경제적으로 매우 중요한 시베리아 횡단열차도 포함되었다. 또 오비 강과 예니세이 강의 상당 부분을 우회시킬 것이기 때문에 북극해로 들어가는 수량은 심각하게 줄어들 것이다. 건축비와 물류비 역시 비판의 대상이 되었고 대형 치수사업 탓에 늪으로 변할지 모를 서시베리아 분지의 수분대사 변화도 우려를 불러일으켰다. 가시적인 경제적 결과가 나오려면 몇십 년이 걸릴 것이다. 엄청난 양의 흙은 말할 것도 없고 너무나 많은 돈이 들어갈 것이다. 프로젝트에 필요한 흙의 양이 최고 150억 입방킬로미터라는 계산도 나왔다. 2천억 루블이라는 비용은 더 충격적이었다.

소비에트의 세계 개조
———

다비도프 계획은 초기 프로젝트 기획안 중에서 가장 유명한데도 30년대의 다른 프로젝트와 마찬가지로 거의 실천에 옮겨지지 못했다. 세부적인 차이는 있지만 대부분의 프로젝트들이 항로개척과 수력을 통한 에너지 확보에 중점을 두었다. 그러다 시간이 흐르면서 건조한 남부의 관개 쪽에 더 주력했고 1930년부터는 해수면이 가라앉고 있던 카스피 해에도 관심을 쏟았다.

　카스피 해의 수량 감소는 우연한 일이 아니었다. 시베리아 남부와 카자흐스탄에 농지가 확장되면서 필요한 관개시설이 늘어났다. 하필이면 수량이 한정된 바로 그 지역에서 말이다. 따라서 카스피 해의 수면이 눈에 띄게 줄어들기 시작했다. 중앙아시아에서는 아랄 해의 수량이 급감했다. 양대 지류인 아무 다르야 강과 시르 다르야 강의 물을 우즈베키스탄과 카자흐스탄의 목화 농장으로 끌어다 쓰면서 생긴 현상이었다. 70년대부터는 미처 아랄 해에 도착하기도 전에 강줄기가 마르는 일이 빈번했고, 강줄기가 점점 약해지다가 나뉘어 호수가 되는 일도 드물지 않았다. 한때의 항구 도시 아랄이 지금은 해안선에서 수십 킬로미터 멀어지게 된 것도 다 그런 이유다.

이런 이상 징후 때문에라도 더더욱 다비도프의 야심찬 프로젝트를 쉽게 버리지 못했다. 농업은 소련의 흥망성쇠를 좌우할 필수적인 경제부문이었다. 그러니 그 분야에서 자급경제를 진척시키겠다는 시도에서 나온 것은 무엇이든 함부로 흘려듣지 못했다. 프로젝트의 타당성을 조사하기 위한 거대 기구가 활동에 착수했다. 다비도프의 제안 이후 200여 조직에서 수십만 명이 이 문제를 검토했고, 계획서를 입안하고 연구 프로젝트를 제출하고 회의를 열고 책을 출간했다. 수십억 루블의 국고가 투자되었다. 이제 이 투자를 정당화하기 위해서라도 실천을 하지 않을 수 없게 된 것이다.

결정권을 쥔 기술 관료들과 그들의 책상에서 만들어진 논리만 보면 사업을 하지 않을 수 없었다. 당장 넘쳐나는 북부의 물을 덜어 남부에 갖다 주어야 하는 것이다. 더구나 제안서가 나올 때마다 경쟁이라도 하듯 옮겨야 할 물의 양이 늘어났다. 추천하는 사업 방식도 점점 점입가경이었다. 1995년에 나온 제안서는 지금의 우리 눈으로 보면 기가 막혀 말이 안 나올 지경이다. 핵폭발을 이용해 지표면을 바꾸자는 계획이었다. 핵의 힘으로 눈을 녹이고 흙을 이동시키고 운하를 파자는, 말 그대로 산을 옮기자는 소리였다. 실제로 당시에는 적지 않은 곳에서 핵폭발 실험을 실시했다. 인구밀도가 높은 지역도 예외가 없었다. 공해가 너무 심한 볼가 강과 공해는 물론이고 수면까지 가라앉는 카스피 해와 아랄 해를 걱정한 것으로 미루어 환경의식이 전혀 없었다고는 할 수 없다. 하지만 설사 눈속임용 환경의식이 아니었다 해도 그것은 악마를 쫓으려고 바알세불(신약성서에서 사탄의 별명으로 사용된 명칭. 주인이라는 의미의 바알과 사당이라는 의미의 세불의 합성어다. 신들이 거주했던 사당의 주인이라는 뜻이다— 옮긴이)을 불러들이는 것과 같은 격이었다.

당시 추구하던 해결책은 두 가지 사업으로 나눌 수 있다. 우랄 산맥 서쪽의 유럽 땅에서는 호수나 강과 라차 호, 보췌 호, 쿠벤스코예 호의 물을 운하를 통해 볼가 강으로 유입하기로 했다. 나중에는 오네가 호와 페초라 강의 물까지 더 끌어올 예정이었다. 그렇게 되면 볼가 강은 물론이고 러시아 남부와 코카서스에도 수력발전소와 관개시설을 지을 수 있다. 시베리아 부분의 프로젝트는 더 야심찼다. 이르티시 강과 오비 강의 물을 나누어 남부로 수송하자는 것이었다. 이르티시 강은 차후에 댐을 쌓아 물줄기를 완전히 바꿀 예정이었다. 그야말로 자연에 맞선 혁명이있다. 치명적인 환경 문제를 해결한다지만 사실 문제의 원인은 더 깊은 곳, 과거의 환경오염에 있었는데도 말이다.

시바랄이라는 이름의 거대한 운하는 2200킬로미터를 지나 아랄 해 북쪽의 저수지를 채울 예정이었다. 소련에서, 아니 전 세계

어느 곳에서도 그 정도로 어마어마한 규모의 치수 사업은 계획된 적이 없었다. 몇십 년이 걸릴지 모를 사업은 규모와 비용만 보더라도, 빙하를 마주하고도 도저히 멈출 수 없는 거대한 대양기선을 상기시킨다. 결정권자들의 눈에는 '실패하기에는 너무 큰' 사업이었다. 있을 수 있는 문제는 끈질기게 무시하거나 축소했다. 시베리아 강의 방향 전환이라는 '세기의 프로젝트'가 빙산과 충돌하기 직전 멈춰 서게 된 이유는 오직 하나, 소련이라는 거대한 국가가 붕괴되기 시작했기 때문이다. 그전까지는 멈추지 않고 달렸다. 1976년 소련 공산당 25차 당대회는 시베리아 프로젝트를 통과시켰다. 아랄 해와 카스피 해의 상황이 날로 심각해졌고 흉작으로 인해 수확량이 눈에 띄게 감소해 곡물 수입이 불가피하다는 이유에서였다. 우선은 추가 계획과 검토로 준비에 만전을 기하겠지만 1982년부터 50년에 걸쳐 실행하겠다는 내용이었다.

저항의 목소리

초기만 해도 소련 정부는 대형 프로젝트의 환경 파괴에 반대하는 소수의 목소리를 잘 다스릴 수 있었다. 하지만 시베리아 남부의 바이칼 호에 치수 사업을 계획하고 산업단지를 조성하겠다고 하자 불만이 높아졌다. 그사이 유네스코 세계문화유산으로 등재된 바이칼 호는 300만 년 이상의 역사를 자랑하며 세계에서 가장 깊고 물의 양이 풍부한 호수로 면적이 벨기에 땅만 하다. 또 세계에서 가장 깨끗한 물을 자랑하며 세계 담수의 5분의 1을 담고 있으며 다른 곳에서는 찾아볼 수 없는 수많은 동식물종이 사는 귀한 생물 서식 공간이다. 가뜩이나 환경오염으로 몸살을 앓는 바이칼 호에 유해물질을 다량 함유한 종이와 셀룰로오스 공장을 짓겠다는 계획이 발표되자 소련에서는 처음으로 환경운동이 일어났다. 그 운동의 상징적 인물이 작가 발렌틴 라스푸틴이다. 소련의 경직된 정치와 장기 침체로 몸살을 앓던 경제도 환경운동의 활성화에 한몫을 했다.

이들 환경활동가들이 거둔 최고의 승리는 역시나 시베리아 강 프로젝트의 저지였다. 그들이 주장한 반대 이유는 다양했다. 안 그래도 공장들이 뿜어내는 유해물질의 양이 엄청난 북부에서, 강물까지 남부로 돌려 희석시킬 물의 양이 줄어든다면 유해물질의 농도는 급증할 것이다. 또 북부의 습지는 말라버릴 것이며 강의 어획량도 격감할 것이고 동식물 환경도 크게 악화될 것이다. 치수 사업의 장밋빛 미래에 대한 의혹도 높아졌다. 무엇보다 극지방의 기후 변화가 임박했다는 우려가 커졌다. 프로젝트 입안자들이 감소 수량의 해결책으로 내세운 효과는 다른 국가 차원의 치수 사업으로도 충분히 달성할 수 있다는 비판의 목소리도 나왔다. 더구나 공사를 하면 수많은 문화재가 파괴될 것이고 시베리아의 아름다운 자연경관과 문화도 훼손될 것이었다. 거기에 엄청난 규모의 이주 대책과 그것이 몰고 올 사회적 파장도 실로 어마어마할 것이다.

작가 발렌틴 라스푸틴은 시베리아 강 프로젝트에 대해서도 활발히 반대 활동을 펼쳤다. 시베리아 출신인 그는 '사회주의 리얼리즘'에 맞서 전통적인 서사방식과 보수적 가치를 대변하던 소위 마을 작가였다. 서방에서는 80년대 초 영화로도 제작된 《안녕 마초라》라는 소설의 작가로 유명했다. 브라트스크 댐이 건설되면서 곧 물속으로 가라앉게 될 마을 마초라의 마지막 시절을 담은 소설이다. 자연과 가까운 전통적인 마을 공동체의 삶이 대도시의 익명적 삶과 극명하게 대조된다. 이들 마을 문학의 대표자들은 반소비에트적이고 때로는 민족주의적 냄새가 강한 자연 및 전통의 찬양으로 자연을 정복하려는 군사적 소비에트 문학에 저항하였다.

비판의 목소리가 잦아들기는커녕 날이 갈수록 높아가자 프로젝트 입안자들과 당국도 가만히 있을 수 없었다. 1985년까지 프로젝트를 수정하기 위한 갖가지 시도가 있었다. 동시에 검열을 통해 저항의 목소리가 밖으로 새 나가지 않도록 신경을 썼다. 하지만 1985년 봄 미하일 고르바초프가 권력을 장악하면서 사태는 극적 전환점을 맞게 된다. 신임 서기장이 페레스트로이카와 글라스노스트 정책을 통해 투명성과 여론의 참여를 확대하면서 시베리아 치수 사업 계획 역시 설 자리를 잃게 된 것이다. 사방에서 공격이 쏟아졌다. 1985년 12월과 1986년 6월의 작가회는 비판의 최고봉이었다. 마침내 1986년 당서기 고르바초프는 프로젝트의 중단을 지시한다. 그 결정에 막대한 비용 부담과 여론의 압박이 얼마나 영향을 미쳤는지는 알 수 없지만 아마 적지 않은 역할을 했을 것이다. 1986년 8월 20일, 소련 공산당 중앙위원회 기관지 《프라우다》는 마침내 야심찬 프로젝트의 중단을 선언하였다.

90년대에 나온 보고서들을 보면 '세기의 프로젝트'를 담당했던 당국과 연구소가 얼마나 부패했는지 알 수 있다. 복잡하게 얽힌 관계, 충성심, 온갖 구실로 서로가 서로를 지지하고 정당화하면서 프로젝트의 목숨을 연명해 나갔던 것이다. 모두가 한 배에 탄 운명이었다. 하지만 사실 그들이 쌓아올린 집은 위태롭기 짝이 없었다. 약간의 외부 압력에도 쉽사리 무너지고 만 카드로 지은 집이었으니 말이다.

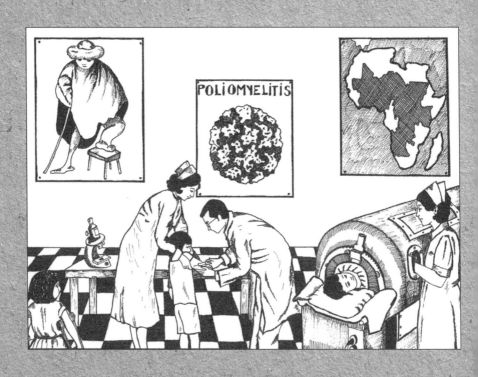

Chapter 12

한 모금의 백신
– 세계보건기구의 소아마비 근절 프로젝트

✤　　2010년에 나온 미국 작가 필립 로스Philip Roth의 소설
《네메시스》는 1944년의 과거로 독자들을 데려간다.
뜨거웠던 그해 여름, 뉴저지 주 뉴와크에서는 2차 대전을 제치고
새로운 대화 주제가 떠올랐다. 뉴욕 서쪽에서부터 다가온 (가상
의) 전염병이 바로 그 주인공이다. 당시 미국인들의 가슴을 졸이
게 했던, 아동 및 청소년들에게 특히 많이 발병했던 전염병, 바로
소아마비였다. 로스의 소설에선 뉴와크 중에서도 특히 조용한 유
대인 주거지역 위커익 지역에서 소아마비 환자가 급증한다. 주민
들은 병원균이 어떻게 퍼지는지 알지 못했고 따라서 별다른 대응
책을 마련하지 못했다. 병원균은 마치 악마의 룰렛처럼 무작위로
그 지역 아이들을 하나둘 쓰러뜨렸다.

환자 수가 늘어나고 사망자 수까지 증가일로를 걷자 원인이 무
엇인지를 두고 추측이 난무했다. '누군가 흑인 파출부를 위커익

으로 들어오지 못하게 막아야 하지 않을까 고민 중이라고 말한다. 그들이 슬럼에서 소아마비를 끌고 올지도 모르기 때문이란다. 다른 이는 돈을 통해, 이 사람 저 사람 손으로 옮겨 다니는 지폐를 통해 병이 옮는다고 말한다. 그래서 그는 지폐나 동전을 만지고 나면 꼭 손을 꼭 씻어야 한다고 주장한다. 우편물은? 다른 이가 묻는다. 바이러스가 우편물로 전염될 수도 있지 않아? 편지가 누구누구의 손을 거쳐 전달되는지 한 번 생각해봐.'

그것 말고도 갖가지 추측이 무성했다. 길모퉁이 핫도그 가게까지 의심을 받았다. 파리를 박멸해야 한다는 의견이 가장 많은 동의를 받았고 관청에서도 주민들에게 파리를 조심하라고 경고했다. 아이를 산이나 바다로 피신 보내는 사람들도 있었고 그럴 형편이 안 되는 부모들은 아이를 보호하기 위해 온갖 대책을 강구했다. 하지만 전염병은 날로 번져나갔다. 무서운 전염병을 막아줄 예방주사가 아직 나오지 않은 시절이었다.

병의 역사

———

백일해, 천연두, 홍역, 소아마비 같은 전염병은 인류와 대부분의 시간을 함께한 동반자다. 아마도 약 1만 년 전, 병원균이 살아남을 수 있을 정도로 인간 공동체가 커졌을 때 처음 등장한 것으로 추측된다. 열악했던 위생 상황은 전염병 확산을 촉진시켰고 다른 질병 및 굶주림 역시 인간을 전염병에 취약하게 만들었으며 가축과의 접촉도 병원균의 전파를 가속화시켰다. 특히 이, 벼룩, 파리 등이 병원균의 숙주이자 서식지였다. 19세기까지 유럽에서 성인의 3분의 1이 전염병으로 사망했다. 높은 영아 사망률에 대해서는 굳이 말할 필요가 없겠다.

이 전염병 중 하나가 소아마비다. 하지만 소아마비가 갑작스럽게 나타난 전염병으로 악명을 떨친 것은 아주 나중의 일이다. 최악의 시기는 20세기 초로, 주로 유럽과 북미, 그러니까 의학과 위생시설이 전체적으로 상당히 진보한 나라들에서였다. 그런 만큼 어찌할 방도가 없다는 무력감이 더 컸다.

소아마비를 유발하는 바이러스는 5천 년 동안, 아니 어쩌면 더 오래전부터 잠복 활동을 펼쳤다. 그 질병이 가끔씩 등장했다는 역사적 증거는 곳곳에서 포착된다. 의학사는 그 기원을 중동으로 의심하는데, 지중해 동쪽 끝의 메소포타미아, 이집트, 소아시아로서, 그 지역에서 두 곳으로 전파되었다고 본다. 하나는 인도, 중국을 거쳐 일본까지, 다른 하나는 이집트와 그리스를 거쳐 로마 제국까지.

소아마비균에 감염된 사람 열 명 중 아홉에게서는 아무런 증상이 나타나지 않는다. 나머지 경우에서는 여름 감기처럼 시작된다. 잠시 열이 나고 목이 칼칼하며 머리가 아프다. 심하면 구토가 나고 목과 등이 뻣뻣하다. 하지만 3~5일쯤 그런 증상이 나타나다가 무사히 넘어가는 사람들도 있다. 간혹 초기에 마비증상이 나타났다가도 다시 사라진다. 그런데 그 마비증상이 사라지지 않는 경우가 있고, 심지어 사망하는 환자도 있다.

바이러스의 유형은 세 가지다. 그중 하나(타입 1)가 대부분의 경우에서 지속적 마비를 일으키는 범인이다. 바이러스의 진원지는 인간이다. 대부분은 감염되었지만 병에 걸렸는지도 모르거나 미약한 증상을 느끼는 보균자들이다. 접촉을 통해 전염되고 드물지만 기도를 통한 전염 사례도 있다. 증상은 평균 1~2주 후에 나타난다. 무사히 이겨내고 나면 면역력이 생긴다. 아이들만 걸리는 병이 아니기 때문에 소아마비라는 명칭은 정확한 것이 아니다. 보다 정확한 이름은 폴리오^{Polio}로, 의학명 폴리오미엘리티스의 줄임말이다.

고대 이집트의 석회암 비석에는 다산의 여신 아스타르테에게 제물로 바쳐진 수비꾼 로마^{Roma}가 새겨져 있다. 기원전 14세기에 제작된 이 작품은 아마도 소아마비의 오랜 증거로 보인다. 로마의 오른쪽 다리가 정상이 아니어서 지팡이를 짚고 있기 때문이다. 그런 식의 기형은 소아마비가 남긴 전형적인 후유증이다. 그보다 더 오랜 고고학적 증거물도 있다. 기원전 4000년으로 추정되는 기형의 뼈로, 고고학자들은 그것이 가장 오래된 소아마비의 증거라고 추측한다. 기원전 12세기 초 왕위에 오른 지 6년도 채 안 되어 스무 살의 젊은 나이로 세상을 떠난 파라오 시프타의 안짱다리 역시 소아마비의 결과로 추정된다. 그 밖에도 소아마비 후유증으로밖에 설명할 수 없는 마비증상과 기형을 가진 어린아이에 대한 기록들이 수없이 많다. 기원전 4세기 유명한 그리스 의사 히포크라테스도 여러 저서에서 소아마비가 원인인 것으로 추정되는 발육정

지 증상들을 설명한다.

고대에서 18세기까지는 소아마비를 입증할 증거가 그리 많지 않지만 대신 전형적인 소아마비 기형임을 알 수 있는 그림 자료들은 제법 남아 있다. 네덜란드 화가 히에로니무스 보스가 16세기 초에 그린 그림에는 왼쪽 다리가 불구인 한 남자가 발을 발판에 올려놓고 오른쪽으로는 지팡이를 짚고 있다. 스페인의 바로크 화가 후세페 데 리베라(1591~1652)가 그린 〈안짱다리 소년〉 역시 소년이 그런 다리를 갖게 된 원인이 소아마비임을 짐작할 수 있다. 스코틀랜드 낭만파 시인 월터 스코트는 1808년에 나온 자서전적인 글에서 소아마비를 앓았던 자신의 경험담을 이렇게 기록했다. '생후 18개월까지 나는 정말 건강하고 활달했다. 그런데 어느 날 밤 이상하게도 잠을 자지 않으려고 했고, 내가 하도 방 안을 뛰어다니니까 부모님이 나를 붙잡아 억지로 침실로 데려갔다. 그것이 마지막이었다. 그 후 나는 한 번도 그런 식으로 활달하게 움직인 적이 없다. 다음날 아침 이를 빼고 났을 때처럼 열이 났다. 열은 사흘 동안 계속되었다. 나흘째 되던 날 나를 목욕시키려고 보니 오른쪽 다리에 힘이 없었다고 한다.' 스코트는 아무런 치료도 받지 못했다. 60년 후 세상을 떠날 때까지 그는 오른쪽 다리를 마음대로 움직일 수 없었다.

18세기 말 처음으로 영국 의사들이 특히 어린아이들에게 많이 찾아오는 이 마비현상에 대한 집중 연구를 시작했다. 독일의 경우 첫 기록이 1840년이므로 그 이전의 사례들은 알려진 바가 없다. 지금의 슈투트가르트에 있는 칸슈타트 출신의 의사 야코프 폰 하이네가 열과 통증에 이은 마비증상 14건을 연구했다. 그리고 처음으로 이 병이 중앙신경체계, 특히 척수에 문제를 일으킨다고 추측했다. 그는 관찰 내용을 1860년에 나온 저서의 2판에 담았는데 그 책의 제목이 《척수성 소아마비》였다. 몇 년 후 스웨덴의 소아과 의사 카를 오스카 메딘은 소아마비의 전염성을 밝혀냈다. 이 두 선구자들의 업적을 기리는 뜻에는 이 병을 하이네-메딘 병이라고 부르기도 한다. 폴리오미엘리티스라는 이름은 프랑스 신경학자 장 마르탱 샤르코에게로 거슬러 올라간다.

1880년경까지만 해도 소아마비는 풍토병이었다. 즉 지역에 국한되어 산발적으로 나타났다. 물론 스웨덴, 노르웨이, 영국, 미국 남부 지역, 브라질, 대서양 남부의 영국령 섬인 세인트헬레나 등에서 전염병의 양상을 띠기도 했지만 1880년 이후 본격적으로 유럽에서 자주 발병했고, 그 정점이 1887년의 스톡홀름이었다. 그 무렵 소아마비는 장기간에 걸쳐 번져나갔고 전염의 규모도 점점 커져 전 유럽, 북미를 거쳐 오스트레일리아와 나머지 지역까지 퍼져나갔다.

1905년 스웨덴과 노르웨이에서 소아마비는 처음으로 대형 전염병의 양상을 띠었다. 그 이전 양국에서 십여 건이 발병한 적이 있고 1905년 초반에도 몇 건이 발생했지만 7월에 들어서면서 본격적으로 스웨덴의 환자 숫자가 급증하더니 전국을 휩쓸었다. 확인된 경우만 총 천 건이 넘었고 특히 남부에서 환자가 많이 발생했다. 그렇게 많은 환자가 전염된 사례는 처음이었다. 1905년 스웨덴 소아과 의사 이바르 비크만은 그 병이 도로와 철도를 타고 확대된다는 사실을 밝혀냈다. 그러니까 활발한 왕래가 전염병의 확대를 촉진하며 학교 역시 증폭기 역할을 한다는 것이다. 이로써 이 병이 사람에서 사람으로 전염된다는 사실이 확인되었다. 물론 당시만 해도 정확한 전염 경로는 아직 밝혀지지 않은 상태였다. 어쨌든 그의 연구 결과 덕분에 소아마비의 전염성에 대해서는 다들 인정하지 않을 수 없게 되었다. 그 밖에도 비크만은 보기에 멀쩡한 사람들도 병을 옮길 수 있으므로 환자를 격리하는 방법으로는 전염병을 막을 수 없다는 사실도 밝혀냈다.

하필이면 이 시기에 전염병이 왕성하게 활동한 이유는 위생 수준의 향상으로 설명이 가능하다. 태어나면서부터 세균과 접촉을 덜하게 되어 저항력이 떨어졌던 것이다. 소아마비 병원균은 배설 과정을 통해 방출되는데, 아이들이 병원균과 접촉을 덜할수록 그에 대한 면역력도 낮아진다. 그런데 이렇게 전체적으로 위생 상태가 좋아진 상황에서 청결이 나빠지면 다시 바이러스가 확대되는 것이다.

스칸디나비아에서 처음으로 전염병의 양상을 띤 후 유럽 대륙과 영국 곳곳에서, 1880년대 초반부터는 북미에서도 소아마비의 대규모 확산이 목격되었다. 특히 1907년과 1916년 미국이, 그중에서도 북동부 주들과 뉴욕이 심한 타격을 입었다. 1907년 5월부터 뉴욕에서 소아마비 환자가 늘어나더니 9월에는 최고치에 도달했다. 그해 한 해 동안 약 800건의 발병 사례가 확인돼 미국 최고 기록을 갱신했다. 9년 후에는 브루클린에서 시작된 소아마비가 뉴욕 시 전체를 휩쓸어 세계 최고, 최악의 기록을 남겼다. 1916년 수도와 이웃 주의 주변 지역에서 약 2만 3천여 명의 환자가 발생한 것이다. 대도시 주민들은 공포에 휩싸였다. 특히 아이를 기르는 부모들의 근심이 이만저만이 아니었다.

1921년부터 소아마비는 전 세계로 퍼져나갔고 1954년 백신이 개발될 때까지 기세를 꺾지 않았다. 처음에는 온대 기후대의 문제라고 생각했지만, 2차 대전의 와중에 대규모 피난민과 이주민이 이동하고 신생 국가들이 건설되고 식민지 정책이 바뀌면서 소아마비는 온대를 넘어 열대와 아열대로까지 퍼져나갔다. 이제 소아마비는 전 세계의 문제가 되었다. 교역의 세계화는 전염의 경로마저 확산시켰기에 전 세계적인 박멸만이 가장 효과적인 조치라는 사실에 모두가 공감했다. 하지만 그러자면 먼저 백신을 찾아야 했다. 백신의 개발이 시급했다. 특히 미국의 의학자들이 심한 압박감을 느끼며 백신 개발에 열을 올렸다.

그사이 치료 방법도 많이 개선되었다. 특히 '음압 인공호흡기'가 개발되면서 전염병으로 인한 높은 사망률이 많이 줄어들었다. 이 기계는 횡경막 마비를 동반해 호흡이 힘든 환자들의 치료에 이용되었다. 하지만 환자 입장에서는 비록 생명은 구했을지언정 무시무시한 폐소공포의 경험을 피할 수 없었다. 현대식 인공호흡기가 개발될 때까지 널리 사용된 그 음압 인공호흡기는 환자를 (소아마비의 경우 대부분 아이들이었는데도) 인체 크기의 관 속에 집어넣고 머리만 밖으로 나오게 한 후 횡경막 마비 정도에 따라 몇 시간, 심

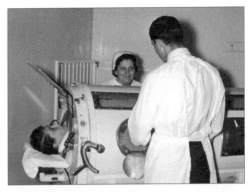

현대식 인공호흡기가 나오기 전까지 사용되었던 음압 인공호흡기

한 경우 며칠 동안이나 그대로 두었다. 밀폐 상태에서 저혈압을 유발하여 환자를 수동적으로 호흡시키는 원리였다. 오늘날까지도 우리가 소아마비를 겁내는 이유는 짧은 다리로 절름거리며 걷는 아이들의 영상 때문만이 아니다. 거대한 병원에 줄지어 늘어선, 아이들을 감금시킨 무시무시한 인공호흡 장치 역시 소아마비는 무서운 병이라는 이미지를 심는 데 큰 역할을 했다. 운이 좋으면 간호사가 옆에 앉아 동화책을 읽어주었지만 아무리 그래도 호흡기의 경험은 트라우마로 남았다.

원인을 찾아서

150년 전 독일 의학자 로베르트 코흐는 그 무시무시한 전염병의 원인이 아주 작은 유기체라는 증거를 제출했다. 그는 1876년 탄저병의 병원균을 발견했고 세균학을 정초定礎했으며 훗날에는 결핵과 콜레라의 병원균을 분리하기도 한 인물이다. 그 이후 수많은 병원균들이 확인되었고, 성능 좋은 전자 현미경 덕분에 박테리아는 물론 더 작은 바이러스까지도 발견되었다. 로베르트 코흐의 선구적 업적에 힘입어 병원균을 막는 효과적인 방법을 찾기 위한 추격전이 벌어졌다. 한편에서는 감염을 예방하고 질병의 진행을 억제하는 백신을, 또 한편에서는 효과적인 약품, 특히 항생제 개발에 힘을 쏟았다. 실제로 전염병 예방 백신 덕분에 1880년에서 1980년 사이 백 년 동안 서유럽에서는 기대수명이 두 배로 늘어났다.

소아마비 백신을 개발하자면 우선 바이러스를 분리해야 했다. 우리가 잘 아는 ABO형 혈액형을 발견한 바 있는 오스트리아 혈청학자 카를 란트슈타이너와 동료 에르빈 포퍼가 1908년 소아마비 바이러스를 발견하였다. 이들은 소아마비로 사망한 아이의 척수액을 원숭이에게 주사해 그 병이 전염병이라는 비크만의 가설을 입증했다. 훗날 이들은 소아마비 바이러스를 저장하는 데도 성공한다. 하지만 백신이 제조되기까지는 몇십 년이 더 필요했다. 1948년 세 명의 미국 전염병학자들(존 엔더스, 토머스 웰러, 프레더릭 로빈스)이 소아마비 바이러스를 살아 있는 세포로 배양하는 데 성공했고, 그 공로로 노벨 의학상을 수상했다.

1930년대에도 소아마비의 피해자였던 미국 대통령 프랭클린 델라노 루스벨트의 열정적인 지원에 힘입어 백신 개발의 노력은 있었지만 성공하지는 못했다. 하지만 1954년 마침내 미국에서 백신이 생산되었고 수십만 명의 아이들을 대상으로 하는 대규모 임상 실험을 통해 성능을 테스트했다. 백신 제조에 처음으로 성공한 주인공은 미국 면역학자 조너스 소크Jonas Salk와 피츠버그 대학의 연구원들이었다. 정부는 실험이 끝나자마자 1955년 순식간에 백신의 사용 허가를 내렸고 역시나 순식간에 국가 차원의 접종 프로그램이 실시되었다. 한 달도 채 안 되는 사이 5대 제약회사가 약 4백만 명분의 백신을 제조했다. 소크의 백신은 수많은 어린아이들을 소아마비의 위험에서 구하였다. 하지만 미국 최대 의약 스캔들의 주인공이 되기도 했다. 백신 혈청의 허가가 너무 성급하게 떨어진 데다 제조과정의 부주의 탓에 살아 있는 바이러스가 든 백신이 시중에 유통되었고, 그로 인해 미국 서부에서 수십만의 아동이 소아마비에 걸려 십여 명이 목숨을 잃었던 것이다. 1955년 5월 일시적으로 접종 프로그램이 중단되었다. 그 극적인 사건으로 소크는 직접적인 책임이 없었음에도 미국에서 영웅으로 추앙받을 기회를 놓치고 말았다.

서독에서 마지막으로 소아마비가 전염병의 양상을 띤 해는 1961년이었다. 동독의 경우 1년 전에 이미 경구용 백신이 도입된 터라 단 4건밖에 발생하지 않았다. 하지만 서독은 1961년 약 4600명이 소아마비에 걸렸고 그중 300명이 넘는 사람이 목숨을 잃었다. 소크가 개발한 예방 주사가 사용되고는 있었지만 의사들이 아직 열심히 홍보를 하지 않았던 것이다. 그 사건으로 1962년에는 서독에도 경구용 예방백신이 도입되었다. 경구용 백신은 생백신이다. 생백신이란 힘을 죽여 병을 일으킬 수 없는 없지만 인체가 항체를 형성하도록 도와주는 병원균을 말한다. 이 새 혈청 개발 작업을 주도한 사람은 신시내티 대학의 앨버트 세이빈Albert Sabin이었다. 그가 개발한 백신의 경구용 형태는 이후 다른 질병 백신에도 응용되었다.

성급한 환호

────

이런 백신의 개발과 전염병 예방 정책은 특히 서구 산업국가들에서 막대한 성과를 거두었다. 당시에 나온 의학자들의 발언 내용을 보면 성공에 대한 환호가 그대로 반영되어 있다. 노벨 의학상을 수상한 오스트레일리아 세균학자 프랭크 맥팔레인 버넷은 1962년에 이렇게 말했다. "전염병의 정복은 인류가 환경과 싸워 올린 최고의 승리다. 이 성공은 (……) 원칙적으로 완벽하다." 그로부터 몇 년 후 전염병학자이자 미국 공중위생국장인 윌리엄 스튜어트는 이렇게 선언했다. "전염병 문제를 세상에서 완전히 제거했으며 전염병과의 전쟁에서 승리했다고 선언할 시간이다." 그리하여 마침내 영국 세균학자 존 케언스는 이렇게 단언했다. "서구 세계는 전염병으로 인한 죽음을 무찌른 것과 진배없다."

에이즈와 사스처럼 전 세계로 순식간에 퍼져나갈 수 있는 위험한 전염병이 아직 활개를 치는 상황에서 이들의 기대는 너무 섣부른 희망이라는 것을 우리는 잘 안다. 그렇지만 그런 기대와 희망이 우리에게 큰 도움이 된 것 또한 사실이다. 그런 기대 덕분에 전 세계적으로 각종 예방 활동이 펼쳐졌으니 말이다.

케언스가 앞에서와 같이 말했던 때는 1978년이다. 이듬해 세계보건기구는 홍역이 근절되었다고 선포했다. 홍역은 수 세기 동안 세계 인구 변화에 큰 영향을 미쳤고 수많은 사람들에게 고통을 안겼던 전염병이다. 1948년 유엔 특별 조직으로 창설된 세계보건기구는 헌법에 쓰인 대로 전 인류에게 최고의 건강 수준을 안겨주는 것을 목표로 하며 특히 전염병 퇴치에 힘을 쏟고 있다. 1977년 10월 말에 기록된 사례가 마지막 홍역 환자였다. 소말리아 남부의 항구도시 메르카에 사는 23세의 남성이었다. 실제로 홍역의 퇴치는 20세기를 통틀어 세계 공중 보건제도가 올린 최고의 성과 중 하나로 꼽힌다. 말라리아나 프란베시아(열대, 아열대지방에 유행하는 매독과 같은 질환으로 매독 트레포네마와 흡사한 열대 프란베시아 트레포네마의 감염에 의해 발병하는 스피로헤타 감염증이다— 옮긴이) 같은 다른 전염병은 많은 노력에도 불구하고 아직 근절되지 못했다. 홍역 퇴치에 힘을 얻은 세계보건기구는 소아마비를 다음 목표로 징했다. 전 세계적인 접종 활동과 각국 정부의 지원을 바탕으로, 홍역과 마찬가지로 소아마비를 지구상에서 근절시키겠다는 의지를 불태웠다. 1988년 5월 제네바에서 열린 제41차 총회에서 세계보건기구는 2000년까지 소아마비를 지구에서 추방하겠노라 선언했다.

근절이란 병원균을 통한 '자연적인' 전염을 완전히, 장기적으로 종식시키겠다는 의미다. 당시만 해도 아직 전 세계에서 발병하는 소아마비 건수가 연간 약 35만 건에 달했다.

하지만 소아마비의 근절은 홍역보다 훨씬 복잡한 문제였다. 그 사실은 세계보건기구도 잘 알고 있었다. 소아마비 역시 홍역과 비슷하게 사람에서 사람으로 전염될 뿐 동물에서 옮지는 않았지만 대신 병원균의 종류가 3가지였다. 그래서 홍역과 달리 여러 차례 예방접종을 해야 하는 전염병이므로 전 세계적으로 따지면 비용이 만만치 않았다. 그런데 정작 자금을 댈 서구 산업사회는 이 프로그램에 큰 매력을 느끼지 못했다. 백신이 개발된 이후 자국에서는 소아마비 피해가 거의 없었기 때문이었다. 물론 홍역에 이은 다음 후보로 소아마비를 선택한 것이 옳다는 목소리도 많았다. 소아마비는 오로지 인간에게서 인간으로 전염되기 때문에 바이러스의 생존을 보장하는 숙주 동물이 없다. 따라서 전염 기간이 장기적이지 않아서 몸이 건강한 사람은 감염될 위험이 높지 않다. 몸 밖으로 나온 바이러스는 불과 몇 달밖에 살지 못한다. 거기에 예방 접종까지 하게 되면 바이러스의 전염 경로를 장기적으로 차단할 수 있다. 세계화된 지구에서 중앙아프리카의 소아마비 근절은 부자 나라들에게 도움이 될 것이다. 또 설사 직접적인 이익이 없다 하더라도 인도적인 차원에서 전염병 근절에 노력해야 마땅했다.

세계인의 건강이라는 헤라클레스의 임무

소아마비 근절은 헤라클레스의 12가지 임무에 버금가는 힘겨운 과제였다. 힘과 결단력을 갖춘 세계보건기구 같은 국제적인 기구가 필요했다. 여러 차례의 접종이 필요한 터라 세계보건기구가 각국의 보건부에 협력을 요청하고, 각국 정부가 다시 국민을 대상으로 접종을 장려하는 방식이 필수적이다. 문화적인 측면 때문에라도 이런 방식의 접근이 효과적이었다. 문화적·종교적 이유로 접종을 거부하는 사례가 적지 않았으므로 지속적인 계몽활동이 필요했던 것이다. 세계보건기구의 활동을 지원하는 파트너 조직들도 등장했다. 자선 단체인 로터리 인터내셔널, 구글 재단, 빌 & 멜린다 게이츠 재단 등이 대표적인 단체들이다. 여기에 인도적 단체들과 비정부기구들이 세계적인 네트워크를 구축하여 비용의 4분의 1을 부담하고 있다.

사실 소아마비 근절 프로그램은 세계보건기구 역사상 최대의 도전이었다. 인구의 70퍼센트 이상이 이미 소아마비에 면역력을 갖춘 국가들에게는 바이러스의 완전한 근절을 독려했다. 면역률이 70퍼센트 이하인 국가들에게는 최대한 신속하게 면역률을 70퍼센트 이상으로 끌어 올리도록 요구했다. 마지막으로 소아마비에서 완전히 해방된 국가들에게는 접종 활동을 지원하고 전문지식을 타 국가들에게 전달해달라고 부탁했다. 모든 국가에 소아마비가 발병한 경우 철저히 기록하고 지속적으로 환자를 보살필 의무를 부여했다.

세계보건기구의 자료에 따르면 소아마비 근절 사업에 들인 비용은 지금까지 총 80억 달러다. 천문학적 비용 말고도 놀라울 정도의 노력이 투자되었다. 사람이 들어갈 수 없는 지역, 미개발 지역까지 가리지 않고 전 세계적인 감시망과 실험실망이 구축되었다. 약 2천만 명의 자원 봉사자를 포함하여 수백만의 인력이 최대의 접종률에 도달하기 위해 지구의 마지막 오지까지 밀고 들어갔다. 세계 모든 아동에게 여러 번의 접종을 실시한다는 계획이었다.

소아마비 근절 프로그램이 시작된 이후 예방접종을 받은 아동은 총 25억 명에 이른다. 200개국이 참여해 의학적, 물류학적 기간 시설을 접종 프로그램에 제공했다. 제네바의 세계보건기구 본부가 프로젝트를 조직하고 기록했다. 그런 식의 대규모 프로젝트는 항상 복병이 나타나게 마련이지만 1988년 프로그램을 시작할 당시에는 모두들 십여 년만 지나면 소아마비도 역사의 그늘로 사라지게 될 것이라 기대했다.

프로그램의 내용은 다음과 같았다. 전 세계 아동 열 중 아홉에게 첫 돌이 되기 전 4회의 예방접종을 실시한다. 효과를 높이기 위해 국가별로 접종일을 정해 아이의 면역 상태와 관계없이 5세 이하의 모든 아동에게 접종한다. 각국은 15세 이하 아동에게서 소아마비가 발병할 경우 정확히 기록하고 환자의 소아마비 병원균 조사를 허락할 의무가 있다. 마지막으로 소아마비 병원균의 마지막 저장소로 보이는 국가나 지역에서 더 집중적으로 접종을 실시한다. 즉 해당 지역의 5세 이하 모든 아동에게 1개월 이내에 두 번씩 접종을 시키는 것이다. 최상의 효과를 위해 접종 팀이 차례차례 한 집씩 가가호호 방문한다.

이런 세계적 차원의 프로그램 덕분에 발병 수치는 뚝 떨어졌다. 1988년에서 1991년까지 소아마비 발병 사례는 절반 이하로 급감했다. 1988년만 해도 북미와 남미의 남부 지역, 유럽의 일부 지역과 오스트레일리아를 제외한 나머지 지역에서는 여전히 소아마비가 풍토병이었다. 하지만 3년 후 소아마비는 남미의 서북부 몇 개국을 제외한 북미와 남미 전 지역, 모로코, 발칸의 몇 개국을 제외한 전 유럽에서 완전히 근절되었다. 1994년에는 북미와 남미 전지역이 소아마비의 해방구로 선포되었고 아프리카 북부와 남부몇 개국, 동남아시아, 몽골의 상황이 눈에 띄게 개선되었다. 그리고 마침내 1997년에는 중앙아프리카 대부분, 대부분의 아랍국, 터키, 인도, 파키스탄, 태국, 캄보디아, 라오스 등지에서도 소아마비의 위험도가 풍토병의 수준으로 낮아졌다.

물론 만사가 순탄했던 것만은 아니다. 가장 큰 장애물은 전쟁, 특히 중미와 남아시아, 사하라 이남 아프리카에서 일어난 분규였다. 분쟁 지역에서는 소아마비를 비롯한 모든 전염병이 발병하기가 훨씬 쉽다. 예를 들어 90년대 체첸 전쟁 때도 그랬고, 타지키스탄, 아프가니스탄, 이라크, 아프리카의 콩고, 나이지리아, 시에라리온, 소말리아, 수단 등지에서도 그랬다. 전쟁을 피해 난민이 이동하면서 접종 프로그램이 난항에 빠졌고 아예 불가능한 사태도발생했다. 예를 들어 1999년의 앙골라가 그랬다. 세계보건기구의프로젝트가 시작된 지 10년째 되던 해 르완다 지방에서 아프리카 역사상 최대 규모로 소아마비가 번져나갔던 것이다. 이유는 앙골라 내전으로, 전쟁을 피해 약 80만 명의 난민이 르완다로 몰려들었다. 난민의 대다수는 분쟁지역 출신으로, 정치적·사회적 상황 탓에 접종이 제대로 이루어지지 못했던 지역이었다. 난민촌의 열악한 위생상태가 전염병을 촉진시켰다. 비상조치로 1999년 4월 불과 이틀 만에 64만여 명의 르완다 및 다른 분쟁지역의 아동에게 예방접종을 실시했다.

중립 기구들이 의학적 예방조치와 치료를 위해 일시적인 휴전을 종용했지만, 항상 성공적이었던 것은 아니다. 종교적인 이유에서 접종을 기피하는 지역도 적지 않았고 접종에 대한 두려움을 정치적으로 이용하는 세력들도 있었다. 2003년 나이지리아에서 그랬듯 당국과 세계보건기구의 설명과 달리 백신이 안전하지 않다는 소문을 퍼트리는 것이다. 또 하나의 문제는 이미 소아마비로부터 안전한 지역으로 병원균이 다시 들어오는 경우였다. 날로 증가하는 여행 인구를 감안할 때 중대한 문제가 아닐 수 없다. 실제 이런 방식으로 2000년대 초 인도, 파키스탄으로부터 불가리아, 조지아, 레바논, 중국으로, 아프가니스탄으로부터 이란으로 병원균이 유입되었다. 또 니제르와 나이지리아에서부터 이웃국인 부르키나 파소와 가나로 병원균이 들어왔다.

이렇게 병원균이 재차 전파된 데에는 많은 국가들이 안심하고 예방접종을 소홀히 하면서 면역력이 전체적으로 떨어진 점에도 그 원인이 있었다. 보건당국의 안일함도 있겠지만 백신의 면역 자체가 떨어진 데에도 이유가 있었고 개별 가정에서 부모들이 접종의 필요성을 절박하게 느끼지 않게 된 데에도 큰 원인이 있겠다. 이런 문제들에 직면하여 2000년 세계보건기구는 그동안 괄목할 만한 성과는 있었지만 원래의 목표—새천년 초반까지 지구에서 소아마비를 박멸하겠다는 목표—는 달성하지 못했다는 점을 인정했다. 그럼에도 어쨌든 태평양 지역은 완벽한 안전지대로 선언했다. 나아가 2000년 한 해 동안 총 5억 5천만 명이라는 기록적인 숫자의 아동이 소아마비 예방접종을 받았다.

새로운 시작

———

2004년 1월 세계보건기구는 다시금 2008년까지 소아마비 캠페인의 목표를 달성하겠다는 전략을 세웠다. 아직 소아마비 안전지대로 확인되지 못한 19개국에서 그 여건을 조성하겠다는 것이 그 목표였다. 특히 아직도 소아마비가 풍토병으로 발병하는 6개국, 즉 아프가니스탄, 이집트, 인도, 니제르, 나이지리아, 파키스탄에서 최대한 빨리 전염 경로를 차단하고자 했다. 다른 국가들에서 소아마비에 대한 경각심이 많이 약화된 상황에서 시급한 문제가 아닐 수 없었다. 그런 나라들의 경우 앞에서 언급한 위험국가들로부터 병원균이 유입될 위험이 크므로 역시나 재접종에 박차를 가했다. 예를 들어 2004년 서아프리카와 중앙아프리카, 그중에서도 특히 나이지리아와 차드에서 수단으로 병원균이 들어오면서 그해 5월 분쟁지역 다르푸르를 중심으로 환자가 급증했다. 한 해 전에는 단한 명의 환자도 없었는데 말이다. 2004년 11월에는 사우디아라비아에서 수단 여행객이 소아마비에 걸렸다. 다행히 긴급조치 덕분에 병원균의 환산은 막을 수 있었다. 하지만 같은 사건이 발생한 예멘의 경우에는 사태가 좋지 않았다. 파급의 위험을 고려해 전국적 차원에서 접종이 실시되었지만 2005년 초반의 6개월 동안 264명의 환자가 발생했다. 이곳 역시 한 해 전에는 발병 건수가 한 건도 없었다. 정부는 가가호호를 방문하며 캠페인을 벌였다. 바이러스는 수단과 사우디아라비아에서 발생한 소아마비와 동일한 종으로 확인되었다. 2005년 4월에는 인도네시아에 소아마비가 창궐했다. 첫 환자는 자바섬 서쪽에 사는 어린 여자아이였다. 이곳 역시 원인균이 수단과 동일종으로 확인되었다. 다행히 긴급조치 덕분에 환자 수는 55명에 그쳤다.

6개 소아마비 후진국 중에서 인도, 파키스탄, 나이지리아가 특정 지역을 중심으로 가장 많은 발병 건수를 기록했다. 이에 세계보건기구는 해당 국가들의 보건부를 종용해 필요한 조치를 취하겠다는 전략 플랜에 서명하도록 했다. 가장 성공적인 결과를 낳은 국가는 아시아 3개국, 인도, 파키스탄, 아프가니스탄과 전염률이 최저로 떨어진 이집트였다. 탈레반이 장악한 아프가니스탄의 일부 지역과 정부 활동이 원활하지 않은 파키스탄 특정 지역에서는 여전히 발병률이 높았다. 파키스탄과 아프가니스탄이 인접국이어서 국경을 넘어 교역하는 통에 계속해서 바이러스를 주고받는다는 사실 역시 문제를 더 어렵게 만들었다.

2008년이라는 목표 역시 지킬 수 없었고, 여전히 여러 나라에서 소아마비는 풍토병으로 남아 있었다. 그럼에도 인도와 나이지리아에서는 괄목할 만한 성과를 거두었다. 2009년에서 2010년 사이 나이지리아에서는 382명에서 8명으로, 인도에서는 431명에서 39명으로 발병률이 급감했다. 남은 문제 국가는 파키스탄으로 2009년에서 2010년 사이 심지어 환자가 더 증가해 인도와 나이지리아를 합친 숫자보다도 많았다. 더불어 안전지대로 분류된 지역에서도 다시 환자가 발생했다. 2010년의 발병 건수 중 80퍼센트 이상이 아프리카의 앙골라, 차드, 콩고, 세네갈, 마우레타니아, 그리고 네팔에서 발생했다.

2002년 세계보건기구가 소아마비 안전지대로 선언한 유럽과 아시아 지역에서도 2010년 봄 다시 환자가 발생했다. 인도에서 유입된 바이러스가 타지키스탄에서 환자를 발생시킨 것이다. 수도 두샨베를 중심으로 약 500명의 환자가 발생했고, 그 숫자는 전 세계 발병 환자의 3분의 2에 해당하는 것이었다. 다행히 타지키스탄과 인접국들에서 5세 이하의 거의 모든 아동에게 예방접종을 실시해 추가 확산을 막은 덕분에 7월부터는 더 이상 추가 환자가 발생하지 않았다. 하지만 바이러스는 러시아, 투르크메니스탄, 카자흐스탄으로도 유입되었다. 이처럼 전 세계적으로 병이 근절되지 않는 동안에는 최대한 높은 접종률이 병의 확산을 막는 최고의 방법일 수밖에 없다.

세계보건기구는 소아마비 근절의 목표 시한을 다시 한 번 연기했다. 현재 목표는 2012년 연말이다. 남은 발병 지역마저 완전히 소아마비 안전시대로 선포하겠다는 것이다.

이번에도 목표를 이루지 못하고 야심찬 계획을 다시 연기할지도 모른다는 우려가 나오고 있다. 그러나 세계보건기구와 파트너들은 어떤 어려움이 닥쳐도 노력을 포기하지 않을 것이다. 아무리 힘든 난관이 닥쳐도 마지막 몇 미터를 앞에 두고 마라톤을 포기할 수는 없는 일이다. 오히려 지금까지 이룬 성과를 생각하며 더 힘과 용기를 모을 일이다. 계획처럼 소아마비의 완전 퇴치에는 실패했어도 그동안의 노력은 결코 헛되지 않았다. 소아마비 발생 건수의 99.5퍼센트가 줄었으니 말이다. 2010년에는 전 세계에서 단 717건의 소아마비 발병 사례가 보고되었다. 수십 년 전과 비교하면 턱없이 적은 숫자다.

그렇게 본다면 실패는 일시적이다. 언젠가 인류는 그 원대한 목표에 도달할 수 있을 것이다. 야심찬 계획의 마지막 역사는 실패도 얼마나 위대할 수 있는지를, 그 실패에 얼마나 엄청난 선행이 담겨 있는지를 기록할 것이다. 이상적으로 들릴지 몰라도 인류 복지의 꿈은 아무리 원대하다 해도 지나치지 않다. 낙담은 아무것도 바꾸지 못한다.

옮긴이_ 장혜경

연세대학교 독어독문학과를 졸업했으며, 같은 대학 대학원에서 박사 과정을 수료했다. 독일 학술교류처
장학생으로 독일 하노버에서 공부했다.
전문 번역가로 활동 중이며, 《우리의 노동은 왜 우울한가》, 《백일야화》, 《사물의 심리학》, 《기억력, 공부의
기술을 완성하다》 등 다수의 문학과 인문교양서를 우리말로 옮겼다.

위대한 실패

초판 1쇄 발행일 2014년 5월 20일

지은이 베른트 잉그마르 구트베를레트
옮긴이 장혜경
펴낸이 김현관
펴낸곳 율리시즈

책임편집 김미성
디자인 Song디자인
종이 세종페이퍼
인쇄 및 제본 올인피앤비

주소 서울시 양천구 목4동 775-19 102호
전화 (02) 2655-0166/0167
팩스 (02) 2655-0168
E-mail ulyssesbook@naver.com
ISBN 978-89-98229-09-2 03900

등록 2010년 8월 23일 제2010-000046호

값 15,000원

이 도서의 국립중앙도서관 출판시도서목록(CIP)은 서지정보유통지원시스템
홈페이지(http://seoji.nl.go.kr)와 국가자료공동목록시스템(http://www.nl.go.kr/kolisnet)에서
이용하실 수 있습니다.(CIP제어번호: CIP2014014216)